"十一五"国家重点图书出版规划项目（02BJY045）

国家自然科学基金项目（项目编号：70440004）

大 连 理 工 大 学 9 8 5 工 程 项 目

*21*世纪
科技与社会发展丛书
（第五辑）

丛书主编 徐冠华

区域创新与生态效率革命

姜照华 等 ／著

科学出版社
北 京

内 容 简 介

本书是国家自然科学基金项目"中德老工业基地'技术进步-资源效率'创新模式比较研究"的成果。本书通过中国各省市的实证比较和建模分析,研究区域创新的体系结构、运行动力、效率,以及区域创新体系的发展轨迹、布局调整等规律;在此基础上,研究区域创新对经济增长和节能减排、可持续发展的促进作用,并从较为长期的角度,以辽宁为例,研究区域创新对提高生态效率的变革作用。

本书可供广大区域经济管理人员、科技人员和有关研究人员使用,也可作为高等院校有关专业研究生、高年级本科生的教材或参考书。

图书在版编目(CIP)数据

区域创新与生态效率革命/姜照华等著.—北京:科学出版社,2012
(21世纪科技与社会发展丛书)
ISBN 978-7-03-034361-1

Ⅰ.①区… Ⅱ.①姜… Ⅲ.①区域经济-国家创新系统-研究-辽宁省
Ⅳ.①F127.31

中国版本图书馆 CIP 数据核字(2012)第 098203 号

丛书策划:胡升华　侯俊琳

责任编辑:侯俊琳　牛　玲　程　凤/责任校对:宋玲玲
责任印制:徐晓晨/封面设计:黄华斌

科学出版社出版
北京东黄城根北街 16 号
邮政编码:100717
http://www.sciencep.com
北京凌奇印刷有限责任公司 印刷
科学出版社发行　各地新华书店经销

*

2012 年 7 月第 一 版　开本:B5(720×1000)
2019 年 1 月第四次印刷　印张:13 1/4
字数:267 000
定价:68.00元
(如有印装质量问题,我社负责调换)

总　序

　　进入 21 世纪，经济全球化的浪潮风起云涌，世界科技进步突飞猛进，国际政治、军事形势变幻莫测，文化间的冲突与交融日渐凸显，生态、环境危机更加严峻，所有这些构成了新世纪最鲜明的时代特征。在这种形势下，一个国家和地区的经济社会发展问题也随之超越了地域、时间、领域的局限，国际的、国内的、当前的、未来的、经济的、科技的、环境的等各类相关因素之间的冲突与吸纳、融合与排斥、重叠与挤压，构成了一幅错综复杂的图景。软科学为从根本上解决经济社会发展问题提供了良方。

　　软科学一词最早源于英国出版的《科学的科学》一书。日本则是最早使用"软科学"名称的国家。尽管目前国内外专家学者对软科学有着不同的称谓，但其基本指向都是通过综合性的知识体系、思维工具和分析方法，研究人类面临的复杂经济社会系统，为各种类型及各个层次的决策提供科学依据。它注重从政治、经济、科技、文化、环境等各个社会环节的内在联系中发现客观规律，寻求解决问题的途径和方案。世界各国，特别是西方发达国家，都高度重视软科学研究和决策咨询。软科学的广泛应用，在相当程度上改善和提升了发达国家的战略决策水平、公共管理水平，促进了其经济社会的发展。

　　在我国，自十一届三中全会以来，面对改革开放的新形势和新科技革命的机遇与挑战，党中央大力号召全党和全国人民解放思想、实事求是，提倡尊重知识、尊重人才，积极推进决策民主化、科学化。1986 年，国家科委在北京召开全国软科学研究工作座谈会，时任国务院副总理的万里代表党中央、国务院到会讲话，第一次把软科学研究提到为我国政治体制改革服务的高度。1988 年、1990 年，党中央、国务院进一步发出"大力发展软科学"、"加强软科学研究"的号召。此后，我国软科学研究工作体系逐步完善，理论和方法不断创新，软科学事业有了蓬勃发展。2003～2005 年的国家中长期科学和技术发展规划战略研究，是新世纪我国规模最大的一次软科学研究，也是最为成功的软科学研究之一，集中体现了党中央、国务院坚持决策科学化、民主化的执政理念。规划领导小组组长温家宝总理反复强调，必须坚持科学化、民主化的原则，最广泛地听取和吸收科学家的意见和建议。在国务院领导下，科技部会同有关部门实现跨部门、跨行业、跨学科联合研究，广泛吸纳各方意见和建议，提出我国中长期科技发展总体思路、目标、任务和重点领域，为规划未来15年科技发展蓝图做出了突出贡献。

在党的正确方针政策指引下，我国地方软科学管理和研究机构如雨后春笋般大量涌现。大多数省、自治区、直辖市政府，已将机关职能部门的政策研究室等机构扩展成独立的软科学研究机构，使地方政府所属的软科学研究机构达到一定程度的专业化和规模化，并从组织上确立了软科学研究在地方政府管理、决策程序和体制中的地位。与此同时，大批咨询机构相继成立，由自然科学和社会科学工作者及管理工作者等组成的省市科技顾问团，成为地方政府的最高咨询机构。以科技专业学会为基础组成的咨询机构也非常活跃，它们不仅承担国家、部门和地区重大决策问题研究，还面向企业提供工程咨询、技术咨询、管理咨询、市场预测及各种培训等。这些研究机构的迅速壮大，为我国地方软科学事业的发展铺设了道路。

软科学研究成果是具有潜在经济社会效益的宝贵财富。希望"21世纪科技与社会发展丛书"的出版发行，能够带动软科学的深入研究，为新世纪我国经济社会的发展做出积极贡献。

徐冠华

2009 年 2 月 11 日

第五辑序

随着经济与社会的发展，软科学研究的体系和成果为经济与社会发展的科学决策提供了重要支撑。"21世纪科技与社会发展丛书"的出版，旨在充分挖掘国内地方软科学研究的优势资源，推动软科学研究及其优秀成果的交流互补和资源共享，实现我国软科学研究事业的健康发展，为我国经济与社会发展的科学决策做出积极贡献。

大连市有着特殊的地缘位置，地处欧亚大陆东岸、辽东半岛最南端，东濒黄海，西临渤海，南与山东半岛隔海相望，北依东北平原，是东北、华北、华东及世界各地的海上门户，与日本、韩国、俄罗斯、朝鲜等国往来频繁。作为著名的港口、贸易、工业、旅游城市，大连市的经济社会发展对于东北地区、全国乃至整个东北亚地区都有着重要的战略意义。这个大背景为大连市软科学的发展提供了肥沃的土壤，同时大连市还拥有众多大学、科研院所及高水平的科研队伍，因此，大连市发展软科学有着得天独厚的优越条件。近年来，大连市的软科学事业发展很快，已经在产学研合作、自主创新、体制改革、和谐社会建设、公共管理、交通运输、文化交流等领域，开展了深入而广泛的软科学研究，取得许多令人瞩目的成绩。

通过"21世纪科技与社会发展丛书"的出版，大连市软科学研究的优秀成果及资源得到了科学整合。一方面，能够展现软科学事业取得的进步，凝聚软科学研究人才，鼓励多出高质量、有价值的软科学成果，为更多的决策部门提供借鉴和参考；另一方面，能够通过成果展示，加强与其他城市和地区软科学研究人员的沟通和交流，突破部门、地方的分割体制，改善软科学研究立项重复、资源浪费、研究成果难以共享的状况，有利于我国软科学研究的整体健康发展。

第五辑编委会

2011年2月5日

前　　言

在经济和社会发展方式转型的国际背景下，区域创新体系迅速崛起，依靠创新促进节能减排、提高自然资源利用效率和生态效率、促进低碳经济发展已成为世界各国的发展趋势。本书通过对中国各省市进行实证比较和建模分析，研究区域创新的体系结构、运行动力、效率及其发展轨迹、布局调整等规律；在此基础上，研究区域创新对经济增长和节能减排、可持续发展的促进作用，并从较为长期（1990～2020年）的角度，以辽宁为例，研究科技创新对提高生态效率（万元地区生产总值的生态足迹）的变革作用，从而为区域创新与可持续发展的一般均衡分析提供基础。

本书对辽宁2020年的生态效率进行了预测，预测结果较为乐观：辽宁生态利用效率将发生革命性的提高。在1990～2020年这30年里，辽宁的地区生产总值将增长13.4倍，生态足迹将增长3.18倍。这样，地区生产总值的增长倍数是生态足迹增长倍数的4.21倍，实现了4倍数"革命"。

本书是在笔者承担的国家自然科学基金项目"中德老工业基地'技术进步-资源效率'创新模式比较研究"（项目编号：70440004）成果的基础上完成的。

笔者指导的研究生刘建华、冯铁锁、齐雪芹、廉鑫等承担了大量的研究和写作任务，本书的一些内容直接来自他们的学位论文；研究生李佳、李鑫、朱建美、赵嵘、丛婉、罗湉等参与了一些最新资料文献的搜索、图表与格式整理、论证等工作。

本书在写作过程中得到了大连理工大学及大连市科学技术局许多学者、领导的指导和帮助，在此表示衷心的感谢。还要特别感谢科学出版社的编辑，他们对本书的编辑出版付出了大量智慧和劳动。

姜照华

2011年10月于大连星海湾

目　　录

第一章 区域创新分析的理论基础

第一节 国内外研究概况

一、国家创新体系

1841年，德国古典经济学家弗里德里希·李斯特的《政治经济学的国家体系》一书出版。他从国家的角度而不是从个体的角度，对后进国家的政治经济发展问题及后进国家在激烈的国际经济竞争中所应该采取的政治经济对策等问题进行的研究，对后来的技术创新研究工作者产生了很大的影响。

尽管李斯特首先提出了"国家体系"的概念，并且也已经充分认识到了科学技术在现代工业的成长和发展过程中所起的重要作用，但是，他没有围绕这些问题提供一个完整的理论分析框架。严格地说，李斯特的理论体系是粗糙的、零散的、不完整的。它的着眼点是国家专有要素，而不是科学技术在经济增长过程中的作用机理。真正从理论上提出这个问题和创新概念并为后来的学者指明了分析方向的是美籍奥地利经济学家约瑟夫·熊彼特，他在1912年出版的《经济发展理论》一书中首次提出"创新是一种生产函数的变动"的概念，并特别强调"经济的变革，诸如成本的降低、经济均衡的打破、残酷的竞争以及经济周期本身，都应主要归因于创新"。他是第一个从经济学角度系统提出创新理论的人，之后创新一直是国际上的研究热点，只是在不同国家、不同时期，其被赋予不同特点（约瑟夫·熊彼特，1990）。从某种意义上说，国家创新系统概念的首倡者之一——英国学者克里斯·弗里曼——正是从李斯特和熊彼特那里受到启发，提出国家创新体系概念的。

创新理论的研究，从创新理论鼻祖熊彼特基于个人"企业家精神"的创新和线性创新模型发展到创新"系统范式"和"合作范式"，再发展到提出"创新体系"的概念。创新体系这个词首先出现在对国家层面的研究上，即为国家创新体系研究。

国家创新体系这个概念产生于20世纪80年代中后期。然而，究竟是谁首先提出这个概念，国内外学术界存在很多争议。英国经济学家克里斯·弗里曼教授于1987年在《日本：一个新国家创新体系》中运用国家创新体系这一概念来分析日本经济实绩并产生了广泛的影响（Freeman，1987）。但是，弗里曼教授本人却认为，根据他的资料，丹麦奥尔巴格大学的技术经济学家 A. 朗德威尔是第一个使用"国家创新体系"这一概念的学者。但是，在由 A. 朗德威尔教授主编的《国家创新体系：建立一种创新互动型学习的理论》（1992 年出版）一书中，他却明确地指出第一个明确使用国家创新体系这个概念的学者是克里斯·弗里曼教授（Lundvall and Borras，1992）。但是几乎就在弗里曼教授的《日本：一个新国家创新体系》出版的同时，美国的理查德·纳尔逊教授也发表了有关美国国家创新体系的研究成果。国内外研究者对三人谁是国家创新体系概念的首倡者各执己见。

这三位学者早期的研究各有侧重。纳尔逊指出"现代国家的创新体系从制度上讲是非常复杂的，当它们涉及制度要素和每个企业时，它们既包括致力于公共技术知识的大学，也包括政府基金与计划"；弗里曼教授则侧重讨论日本国家创新体系的特色，而朗德威尔教授则着重研究技术创新过程中的创新者－用户相互作用问题，并把国家当做这种创新者－用户相互作用的基本框架。正是弗里曼、纳尔逊和郎德威尔三位的研究成果共同构成了当今国家创新体系的内核。此后，在世界范围内掀起一股国家创新体系的研究热潮，其中的代表人物除了以上三位学者之外，还有佩特尔、帕维蒂、多西和伦德瓦尔等（王春法，2002）。

二、区域创新体系的提出

随着经济全球化的发展，区域创新体系建设在区域经济发展中的重要性不断提高，成为创新理论和创新经济学研究的热点。例如，奥马认为，随着经济全球化和国际边界的消失，在经济意义上，"国家状态"日益让位于"区域状态"，区域成为真正意义上的经济利益体。英国卡迪夫大学的库克（Cooke）等在对欧洲企业的研究中也得出结论：虽然经济全球化和外资控股迅猛发展，但是这些企业关键性的商业联系仍然集中于区域范围之内。于是在区域发展理论和国家创新理论基础上出现了区域创新体系理论，并迅速成为创新体系研究的新热点。

英国的梅特卡夫教授认为，把国家作为一个单位来分析一个技术体系的动态图像可能范围太大了，因此"应该考虑一组特色的、以技术为基础的体系，以一个国家地理和制度为边界，而它们之间又进行联结，支撑国家或国际创新体系的发展"（Metcalfe，1995）。这是对区域创新系统较早的概括。库克教授对区域创新系统进行了较早和较全面的理论及实证研究，在库克、布拉茨克和海登里希主编的《区域创新系统：全球化背景下区域政府管理的作用》一书中，库克对区域创新系统的概念进行了阐述，认为区域创新系统主要是由在地理上互相分工与关联的生产企业、研究机构和高等教育机构等构成的区域性组织体系，而这种体系支持并产生创新。库克教授还认为，区域创新体系这一概念来自于发展经济学，它强调了企业经理在面临经济问题的社会互动中不断学习和改革而进行的选择，从而形成了企业的发展轨迹。这种互动超越了企业自身，它涉及大学、研究所、教育部门和金融部门等，当在一个区域内形成了这些机构部门的频繁互动时，就可以认为存在一个区域创新体系（Cooke and Heidenreich，1996）。库克等（Cooke et al.，2000）对区域创新系统的研究，从发展经济学的观点出发，从"区域"、"创新"和"系统"三个方面对区域创新系统进行界定，并且以此为基础分析了金融资本、制度性学习和系统创新的生产文化对区域创新系统构建的作用。克鲁格曼认为区域已经成为全球竞争力的关键要素，而且特别指出，区域创新体系成为组织成长和促进经济发展的关键（Krugeman，1991）。挪威学者魏格尔在探讨区域创新体系的概念时，认为广义的区域创新体系应包括五个方面：①进行创新产品生产供应的研究机构；②进行创新人才培养的教育机构；③进行创新知识与技术生产的研究机构；④对创新活动进行金融、政策法规约束与支持的政府机构；⑤金融、商业等创新服务机构。

区域创新体系研究的一个重要思想来源是产业聚集，最早注意到产业聚集效应的是英国的马歇尔。哈佛大学波特教授提出的集群的概念，可以说是区域聚集效应的再发展，推动了区域创新体系的研究。其中，波特在研究中，将国家创新体系的微观机制与其宏观运行实际联系起来，在经济全球化的大背景下考察国家创新体系。在他看来，国家的竞争优势正是建立在成功地进行技术创新的企业的基础之上的，这就是他的国家竞争力理论（Porter，1998）。这些都是区域创新体系研究的重要思想来源。

国内也有学者对区域创新体系作了研究，如王缉慈认为，区域创新系统是指区域创新网络各个节点（企业、大学、研究机构、政府等）在协同作用中结网而创新，并融入区域的创新环境中而组成的体系，即区域创新体系是区域创新网络与区域创新环境有效叠加而形成的系统。对区域创新体系和国家创新体系的关系，她认为区域创新体系是国家创新体系的基础和有机组成部分，是国家创新体系的子体系，体现了国家创新体系的层次性特征。区域创新成功的前提就是建立在本地企业间，以及在企业与科研机构长期合作基础上的本地创新网络。区域行为主体的互动是创新和技术发展中的关键因素。国内也有其他学者提出区域创新系统是以信任、可靠性、交换以及合作中的相互影响为条件，建立在微观规则基础上的秩序集合，区域创新系统内各成员之间相对稳定和有规律的信息流动使存在于这种集体经济团体中的体制得以形成（王缉慈，2001）。中国科技促进发展研究中心柳卸林认为，决定区域创新体系存在的几个重要因素是：①区域创新治理的模式；②区域专业化与演进；③区域专有因素、产业集群与区域产业体系；

④创新的核心边缘现象（柳卸林，2003）。

区域创新体系中的核心要素包括企业、公共研究机构、教育培训机构、政府机构和金融机构，此外还包括一些辅助支撑要素，如中介机构、企业孵化器和信息网络等。目前的研究主要集中在创新体系中主体的合作上，如创新体系中的产学研合作，知识、信息人员等要素在创新体系中的流动，政府政策对区域创新体系的影响，区域创新体系与产业及产业集群之间的关系，以及对各国较有代表性的产业聚集地的区域创新体系进行的实证研究（如美国的硅谷、印度的班加罗尔、意大利的威尼斯、德国的慕尼黑、芬兰的赫尔辛基等地区）。

国外对美国区域创新体系的研究主要集中在一些高新技术区域，如硅谷、菲尼克斯地区等。通过对这些案例的研究，他们提出了一些很重要的观点，其中就包括对企业和科研机构合作在区域创新体系中的作用。这些研究得出的一个结论性的观点就是区域创新体系中主体间高层次的合作对区域创新体系的创新能力影响很大。但这些研究往往集中在少数地区，并不能代表美国的普遍情况。此后一些研究者为了克服这一问题，进行了更广泛的研究。贾菲（Jaffe）论证了从一个州的层次来看，其专利水平不仅取决于科研机构（企业和科研机构两方面）的数量，也取决于大学的研究经费数量。

以硅谷为例，硅谷是世界信息技术和高新技术产业的中心，是许多驰名大公司的发源地，也是美国个人收入最高的地区之一。1998 年硅谷地区的生产总值为 2400 亿美元，占美国的 3% 左右，相当于中国国内生产总值（GDP）的 1/4 左右。以硅谷为蓝本的模仿活动遍及全球，但真正实现建造第二个硅谷目标的基本没有。其根本原因在于：硅谷的区域创新体系是基于地区网络、活跃的地区文化及广泛社会关系等产业要素的，而非各种要素的简单罗列，这恰恰是最难被模仿和复制的。硅谷形成了一个发展创新的地区网络。政府、企业、大学或学院、研究机构、培训机构、与其发展密切配合的风险投资中心，以及银行和非银行金融系统、资本市场、人才市场和技术市场等都是这个网络的要素。这些要素相互作用、相互影响，不断地创新、发展和融合，从而形成紧密联系的地区网络。硅谷的地区文化鼓励承担风险，也容忍失败。硅谷文化强调知识共享，相互学习和交流，特别是非正式的交流非常普遍。硅谷地区密集的社会网络和开放的人才市场也激励着创业者们不断进行新的试验和创业。企业内各部门是互相渗透的，企业之间以及企业与当地政府之间、商贸组织协会和大学之间同样有着密切联系（侯仁勇和胡树华，2004）。

综上所述，目前学术界对美国区域创新体系的研究很大程度上集中于具有代表性的地区现有体系的操作性与效率上，对区域创新体系的形成过程、演化机理的研究则相对较少。因此，本书以美国的区域创新体系为研究对象，对其区域创新体系的形成、发展、演化规律进行研究。

三、区域创新体系理论

根据柳卸林（2003）、赵伟（2005）等的文献分析，弗里曼最早提出国家创新体系（national innovation system）这一概念（Freeman，1987），受到了学术界的重视，并在许多国家得到研究。英国的梅特卡夫教授认为，将国家作为一个单位来分析一个技术体系的动态图像可能范围太大了。因此"应该考虑一组特色的、以技术为基础的体系，以一个国家地理和制度为边界，而它们之间又进行联结，支撑国家或国际创新体系的发展"。这是对区域创新体系（regional innovation system，RIS）较早的概括。

丁焕峰认为，区域创新体系是国际经济地理学研究的一个新领域，区域创新体系理论通过"后福特主义"、"产业群"、"区域的崛起"等经济的实践和经济理论的展开得到发展，它以系统的、动态演化的观点将新区域科学中的制度、文化、组织等因素与新马克思主义及新熊彼特主义的创新研究在市场机制起主导作用的背景下结合起来，解释区域进行系统化创新的能力和潜力，以及对制度、组织等环境条件的要求，从而建立区域学习创新、地方环境和区域增长之间的有机联系，组成一个有效的分析区域创新和区域经济发展理论的框架。区域创新体系借鉴国家创新系统的理论和方法研究一国内特定区域的创新问题。区域创新体系研究既是对创新系统理论的发展，又是对区域经济学的发展（丁焕峰，2001）。

区域创新体系理论的来源及基础主要有国家创新系统理论、进化经济学理论、新区域科学和现代区域发展理论、新产业区理论。国家创新系统理论从国家宏观角度来研究创新系统，区域创新体系建设是国家创新系统理论建设的基础和重要内容，区域创新体系可以从国家创新系统理论中吸取相关知识和研究方法，在国家创新系统理论的指导下对区域进行研究。进化经济学借用生物进化学变异、自然选择和遗传三大核心思想，从新的视角来表述经济主体、企业和市场，以动态的方法特别强调历史、常规、环境和机构对企业的影响。新区域科学和现代区域发展理论更强调学习创新和地方社会文化环境的重要性，这种环境通过地理邻近和聚集以方便各行为主体相互学习，进行技术创新、扩散、积累，把企业、客户、大学、科研机构、中介机构及政府机构联结起来组成一个较为有效的网络结构。新产业区理论则主要为区域创新体系理论提供实证支持。

库克和摩根讨论了德国巴登·符腾堡地区经济发展的因素、公司之间的动力网络联系、职业训练制度系统、研究开发中的投资、创新和技术的转移等区域创新体系中的互动问题。库克指出，当今，创新体系正被用于区域经济的各个角落。尤其值得注意的是基础理论研究的增长和实际政策对区域创新体系形成的帮助。过去的10年，欧洲施行过100多种区域创新体系方案。但是，现有区域创新体系的新的压力来自于知识经济的全球化，且这种全球化偏重于内部而避开外围。现在，新的处理创新赤字的方法正在欧洲出现，这也给真正的竞争、科学所扮演的角色、未来的研究和创新提供了想象力（Cooke，1996）。

库克研究了为什么城市经常是大型的创新中心，即便一些不太发达的城市也是这样。分析结果表明，这些城市的公共研究资源和私人商业资金集中起来，并为一些私人的非公共的科研服务部门所支持。他通过对城市和不发达地区创新的研究得出了一个科研风险资金模型，用来解释不同情况下的创新（Cooke，2002a）。

德洛瑞克斯等研究认为，区域创新系统理论包含两方面的内容：第一是创新活力，它包括企业与"知识组织"，如与大学、研究机构等的密切关系，这组成一个支撑性"知识基础设施"；第二是区域作为一个整体，可以通过某种治理安排来促进和支持这些关系。为此，区域可被视为一个学习"实验室"，并要形成地方性互动网络，它包括广泛的企业团体和治理结构，以促进创新（Doloreux et al.，2003）。

威格和伍德在探讨区域创新系统的概念时，认为除了企业外，广义的区域创新系统还应包括如下五个要素：①进行创新产品生产供应的研究机构；②进行创新人才培养的教育机构；③进行创新知识与技术生产的研究机构；④对创新活动进行金融、政策法规约束与支持的政府机构；⑤金融、商业等创新服务机构（Wiig and Wood，1995）。

布莱恩根据荷兰一些创新团体的调查而绘制出反映荷兰创新过程中的合作的立体框架图。从系统观察方面对创新进行分析，其中有输入因素（人才资源的受教育水平和研究开发）、生产能力参数（地区合作、国内合作和国际合作）和输出因素（新产品投入市场或者新的生产过程）。结果显示，创新的输入和输出参数因为区域的不同而有明显的差别（Bruijn，2004）。

迪茨研究了处理新区域政策的最合适途径是什么：当今的区域发展步入了一个新的舞台，哪些地区更能适应新的竞争环境。新的区域政策把注意力大多集中在企业之间和科研机构之间的合作关系，以及区域创新体系上。因而，评价方法也随之改变，应寻求能更好地评估这些政策影响的新方法（Diez，2001）。

兰布伊指出，企业和高校的研究部门是区域创新体系的一部分。区域创新体系和区域经济增长之间联系的本质是一个重要的问题。他还具体探讨了如何实现信息和知识的转化，如何把二者关系深入化的问题。创新网络的组建有两个功能：联合和传送。这两个功能对知识的产生和传播有重要的作用。网络系统包括节点、连线、传送强度。公司被看做是功能、组织形式和技术组成的节点。公司的不同部分在网络中有不同的作用，知识的传送只是公司和网络功能的一个方面。公司之间的联系是不稳定的，深入的动态联系是一个很好的描述。环境选择的变化需要持续的节点校正，这就影响到连接和强度。网络发展了像突发和深入结构这样的各种创新、竞争，知识的不同分布和创新的传播是联系的原动力，从而带动经济发展。信息和知识的转换还依赖于技术轨道，它决定特种技术发展的舞台和本质的深入。高校是新兴的网络化的技术的重要节点，特别是人力资本的生产（Lambooy，2004）。

斯腾伯格指出，人们现在对区域创新的重要性已达成共识，即要通过加强生产公司、服务公司和科研院所的合作来促进经济的发展。理论研究的重点是创新环境理论、网络理论、区域创新体系的发展和技术转移的成本——费用理论。他通过对不同区域的数据资料的分析显示出创新网络的重要性（Sternberg，2000）。

关于区域创新系统中科研机构、大学和企业等主体的合作方面，德国弗里奇提出了很多重要的观点。他通过应用数据模型对德国三个工业区内的企业合作进行了地区层次和企业层次两个方面的比较，发现地区间企业的合作倾向主要取决于小的产业部门的个体意向。而地域上的接近则是企业间横向合作，以及企业和科研机构合作中最重要的因素（Fritsch and Schwirten，1999）。但是，他对企业之间的合作行为和区域创新体系之间的关系尚没有明确的论述。弗里奇还提出了这样的观点，公共科研机构和企业之间的合作关系是一个很普遍的现象。而且，科研机构在产业部门的创新活动中起到了很积极的作用并且有巨大贡献。而科研机构对产业部门的创新的贡献主要与创新进程的前期活动有关，如新理论的提出和发展。他还通过相关论证，指出科研机构在区域创新体系中是关键的主体（Fritsch，2001）。

费希尔（Fischer，2001）在巴塞罗那、斯德哥尔摩和维也纳通过相同的问卷调查而获得了有关公司创新活动和合作的数据，这些数据包括了许多有关三个地区的创新体系的具体的和有意义的信息。这些信息对其他地区的政策制定者和研究人员有很大的启发。同时，他还进一步论述了三个地区的创新体系的不同之处及它们的创新体制的独特之处。

考夫曼认为，创新的概念在过去几年中发生了很大的变化，焦点从对单个企业的观察转移到了一个区域乃至一个国家的创新系统上。他们的调查分析显示，在斯泰利亚和巴斯克的区域创新过程中，合作是相当频繁的，而在坦佩雷和威尔士区域，这样的合作伙伴之间呈现较少的联系。在所有调查区域，顾客和供应商是占优势的创新合作伙伴。然而，在其他合作伙伴方面，区域之间有重要的区别。除价值链外，有关的主要合作伙伴：在斯泰利亚是大学，在巴斯克是技术转移机构和政府机构，在威尔士是政府机构。与创新有关的知识的提供和其他资源相联系的制度环境，区域之间是不同的。促进创新系统深入互动的要素，如科学技术知识、技巧和咨询的提供，更多地位于区域内，因为为了取得更好的效果，这些要素需要定期面对面地接触（Kaufmann，2000）。

卡尔弗特和森克尔分析和对比了两个欧盟成员国（爱尔兰和葡萄牙）的政策对生物创新体系发展的影响。从定性和定量两方面，对两个国家创新体系的成败进行分析，指出两个国家的不同。分析显示，总体来说葡萄牙的政策稍逊色，原因在于葡萄牙在工业需求方面存在不足。文章得出结论：在一个区域里，一个完整的创新体系只有将知识和信息的发展与商业化并重才能更好地加速科技的发展（Calvert and Senker，2004）。

洛伊等（Looy et al.，2003）阐述了地区经济政策是如何把企业家和创新带向成功的。更具体地说，通过详细的理论和经验分析来论述关键的要素可以将区域创新带向成功，这些关键的要素构成了一个稳定的合作体，这个合作体是以研究协会的存在为前提的。这些关键的要素形成了一个结构，形成了一个支持商业建议和服务的专业环境。他们用来自世界各地不同创新区域的经验材料来阐述这个合作体的影响。

在欧洲区域创新研究方面，必须要提到的是欧洲区域创新调查（Europe Regional Innovation Survey，ERIS）。ERIS 由德国五个不同的研究机构的多个学科的研究专家（包括地理经济学家和区域经济学家等）发起，他们的研究调查覆盖了欧洲巴登、南威尔士等 11 个地区。研究者们在这些地区共发放了 8600 份问卷。这项调查为国内外学者提供了宝贵的资料。德国弗劳恩霍夫系统创新研究学院的科绍斯基（Koschatzky）和科隆（Cologne）大学经济和社会地理系的斯腾伯格论述了 ERIS 的主要结论。通过研究发现，国家创新体系对企业的创新活动具有很大的影响，至少和区域创新体系的影响相当。创新合作的地域范围很大程度上取决于合作方的类型、企业及其所在产业领域的研究强度。例如，产业领域的技术密集程度越高，区域内各个企业间合作的可能性就越大。因此，区域创新政策的一个重要任务就是促进地区内企业合作网络的形成以及其他决定区域创新体系的因素的发展，并使区域内的创新网络与国际知识来源相联系（Koschatzky and Sternberg，2000）。

亨普希尔论证了从美国一个州的层次来看，其专利水平不仅取决于科研机构（企业和科研机构两方面）的数量，也取决于大学的研究经费数量。此后进行的研究，大多都克服了选择地区少的缺点，覆盖了美国很多的地区，并对不同地区间进行了系统和动态的比较。但是，通过对地区累积数和用于创新的科研经费的总额的比较发现，经费与科研机构对地区创新活动的贡献大小仍然很不明确。另外，区域创新体系的运作机理，以及其中相关因素和变量的关系，也仍然不明确，还需要从更加微观的层次上进行更深入的分析（Hemphill，2003）。

德洛瑞克斯指出，区域创新体系成为解释区域水平上的企业和公司创新进程的一个重要的途径。他调查不同区域内的中小型企业的创新活动，评估它们在区域创新体系中的地位。德洛瑞克斯的讨论基于加拿大渥太华和波弗特区域的实际资料，这些地区在产业结构和组织环境方面有各自不同的前提（Doloreux，2004）。

史密斯讨论了牛津区域创新体系的发展过程。通过对牛津情况的研究，讨论了创新和制度发展的关系。史密斯采用了历史的观点，说明基于信任的合作网络可以获得各种资源，从而在牛津建立和发展起一个个小规模的高科技公司（Smith，2003）。

阿兰认为科学与技术没有独一无二的区域发展框架，而决策者需要根据不同区域的情况制定合适的区域创新体系框架（Alain，2003）。

内森等（Nessen et al.，1997）在《组织创新：一体化的知识系统》这篇文章中想解释的问题是如何建立国家和区域的创新体制，增强其在全球中小型企业中的创新活力。与研究相关的问题是，中小型企业是怎样利用新知识、新技术、新技能去提高其改革活力和提高竞争优势的。这篇文章提出一个适用于区域改革的简单模式，这种模式能够克服那种已经被束缚的制度惯性。挪威的国家和区域创新体系体现在它的经济历史、经济结构和机构的设立方面。根据挪威的区域创新体系，文章简要总结了怎样在挪威设立一个有实效的区域创新中心。

美国的萨克森宁（Saxenian）认为创新体系在硅谷的崛起中扮演着重要角色。她分析比较了硅谷与马萨诸塞州 128 号公路的不同发展历程。她认为硅谷的发展之所以快于 128 号公路，就在于硅谷形成了网络化的创新体系，这一体系促进专业化厂商互相学习和互相适应。区域内密集的创新网络、开放的劳动力市场，促进了各种新探索和创业。公司间既互相竞争，又不断在新技术方面互相学习，企业内外横向沟通非常多，有利于企业与供应商、客户、大学等的交流。

区域创新体系研究的另一个范式是哈佛大学波特教授的产业集群理论。产业集群的优势：一是有利于产生当地的专业化供应商，进而产生外部规模经济效应；二是厂商的地理集群有利于专业技能的产生；三是有利于信息的溢出；四是有利于降低交易成本，促进创新。诺斯（North）的新制度经济学认为，制度是人们的一套行为规则及其实施机制。从这一角度对产业集群的解释是：集群的规则有利于建立信任，降低交易成本（North，1981）。

赫尔辛基区域发展中心研究了赫尔辛基如何通过发展高技术产业集群，而使城市实现快速发展（1993～2001 年，信息产业的就业人数从 4 万人增加到 7 万人；1994～2000 年全地区就业人数从 50 万人增加到 65 万人，地区生产总值年均增长 4.4%）（Helsinki Region Centre of Expertise，2004）。

区域创新体系研究自 20 世纪 90 年代末在中国展开，国内部分学者也对其进行了探讨和研究。其中主要成果如下。

冯之浚认为区域创新体系是指由某一地区内的企业、大学和科研机构、中介服务机构和地方政府构成的创新系统。他认为区域创新系统运行机制主要包括以下几个方面。①利益驱动机制：在社会层面上是各种动力机制的确立；在宏观层面上是各创新主体以企业为核心，在高额预期创新利润的驱动下主动结合，并在合理配置资源与分割利益的基础上，进行高效率的创新活动。②学习培训机制：通过吸纳、应用、扩散新的知识，提升创新主体的素质和创新能力；继续教育是学习培训机制的核心。③决策信息机制：创新决策主体对整个区域创新过程中涉及的创新目标、创新方案选择、方案实施及措施与监控做出决定，包括决策主体、决策权、决策信息和决策原则四个基本要素。④竞争协作机制：涉及各类创新主体，但以企业间的竞争协作最为重要（冯之俊，1999）。

胡志坚和苏靖认为，区域创新体系是某区域内由参加新技术发展和扩散的企业、大学和研究机构、政府组成的，是创造、储备和转让知识、技能和新产品的相互作用的网络系统（胡志坚和苏靖，1999）。

潘德均认为，区域创新体系是指地方内有关部门和机构相互作用而形成的推动创新的网络（潘德均，2001）。

周亚庆和张方华认为区域技术创新体系是区域范围内科技体系、教育体系、资金体系、文化、政府和企业等为科学技术而努力的因素相互作用的系统（周亚庆和张方华，2001）。

黄鲁成认为，区域创新体系是指在特定的经济区域内，各种与创新相联系的主体要素（创新的机构和组织）、非主体要素（创新所需要的，物质条件）及协调各要素之间关系的制度和政策网络（黄鲁成，2000）。

程津培从区域创新体系的角度强调了建设创新型城市、创新型国家的意义。他指出：中国很多地方和区域的发展主要走的还是引进资金、技术的生产要素拉动型的发展道路。从全国来看，企业已经成为科技投入的主体，但还远没有成为创新活动的主体。很多企业都形成了一种资本依赖、技术依赖、品牌依赖的依附型发展局面，同时这种依赖不仅仅体现在一般企业的发展思路上，还部分地体现在我们的一些政策、制度甚至文化层面上。所以，贯彻落实科学发展观，尽快实现经济社会发展由投入等要素拉动型向创新型转变对国家的未来发展尤为重要。程津培强调，经济增长和国家的可持续发展要靠一批具有自主创新能力的企业推动。只有形成一批创新型的企业、一批创新型的城市和区域，国家才能成为创新型的国家（程津培，2004）。

柳卸林分析了区域创新体系研究的由来与内涵，对为什么要建立区域创新体系这一问题从区域创新治理、区域专业化、区域专有因素、创新的核心边缘四个方面进行了论述，并分析了区域创新体系建设对中国的意义（柳卸林，2003）。

李正风等指出创新资源整合是提高国家创新能力的重要手段，国家创新体系的特点直接影响并制约创新资源整合的方式，也带来创新资源整合中的特殊问题。其从政府与市场的关系、国家体制框架、技术创新模式和知识分配力四个维度，探讨了中国创新体系的特点，并进而分析中国创新资源整合的相关问题（李正风和张成岗，2000）。

龚荒指出：区域创新体系是介于国家创新系统和企业技术创新系统之间的中观层次的创新系统；构建区域创新体系要处理好四个关系，即区域创新体系和国家创新体系的关系、区域创新体系和企业技术创新体系的关系、行政区域与经济区域的关系、不同等级创新区域之间的关系；并提出构建以中心城市为基地的区域创新体系（龚荒，2003）。

丁堃从由经济、社会和生态所构成的复杂系统实现可持续发展的要求出发，从绿色创新系统知识的生产、传播和应用的过程，绿色创新系统投入产出的运行过程角度，运用复杂适应系统理论探讨了绿色创新系统的结构和功能，揭示了在不同结构划分下，绿色创新系统结构及其功能的复合机制（丁堃，2009）。

李虹从区域创新体系的概念入手，分析了区域创新体系的构成及其结构，阐述了影响区域创新体系构成的因素和建设区域创新体系应遵循的原则。在对企业技术创新的动力机制进行研究的基础上，重点分析了区域创新体系的动力机制，找出了提高区域创新体系运行效率的途径（李虹，2004）。

郑春白等指出：与东部地区相比，中西部区域创新体系的特色之一就是大中型企业的作用突出，是技术创新的主导力量；科研机构和高等院校是中西部地区科学研究的主要依托和高新技术产业化的源头，国有经济是聚集创新资源、执行创新活动的主要载体；与东部典型地区区域创新体系的块状布局相比，中西部的区域创新资源则呈现出另一种类型"聚集"——创新资源与创新体系的点状分布，点状分布的特点是少数大中城市创新资源高度集中，是区域创新的源头，而多数地区的创新资源严重匮乏，区域创新资源和活动不均衡。他还提出面向县域经济发展，推进县（市）创新体系建设（郑春白，2005）。

近年来，已有一些学者开始关注中国区域创新能力的研究。例如，中国科技发展战略研究小组1999年进行的地区科技竞争力的研究（《中国科技发展研究报告（1999）》研究组，1999），尚勇和朱传柏对区域创新系统理论的介绍。这些研究得到了一些有益的结论，如对中国区域发展中的科技和经济的"强强组合"和"一强一弱"的分类（尚勇和朱传柏，1999）。陈光和唐福国也建立了一个指标体系，对中国各地的技术创新能力进行了分析（陈光和唐福国，2001）。总体而言，这些研究还缺乏对中国区域创新能力进行更加全面、综合、动态的评价。为此，以柳卸林和胡志坚为首的中国科技发展战略研究小组的成员从2000年开始了对中国区域创新能力的研究，发现中国区域经济增长多样性及经济快速增长的地区与其创新能力的关系。研究报告在这一研究的基础上，对中国区域创新能力做出判断，并对中国区域经济发展与创新能力的关系提出了看法。通过评价中国区域创新能力，比较每个地区的创新能力的强项和弱项，有利于国家判断区域创新能力的走向和成因，帮助地方政府了解本地区的创新能力，并找到今后的工作出发点，找到中国区域创新的集聚点，揭示区域创新能力的发展趋势（中国科技发展战略课题组，2002）。

在政府政策对创新体系的支持作用方面，美国华盛顿大学公共和商业管理学院的亨普希尔认为，美国的产业竞争政策强调对技术创新的商业化，表现出了对整个国家创新目标的推动作用。竞争性政策的传统经济目标是拓宽消费者的选择空间和促进市场效率，美国的竞争性政策，强调对技术创新的商业化，表现出了对整个国家创新目标的推动作用。竞争性政策的传统经济目标是拓宽消费者的选择空间和促进市场效率，现在则体现出在基于网络的全球化商业环境中对持续创新（在技术和制度两个方面）的激励作用。在新近形成的富有创新活力的产业领域中，反垄断政策的加强需要一个新的理论基础来为政府干涉竞争提出底线，并且政府的补贴必须以不干涉创新过程"破坏性的重建"的特点为前提（Hemphill，2003）。

朱奇和奥顿指出，确定产业政策从来就不是一件很容易的事情。在传统意义上，产业政策和提高产量与经济繁荣相一致。而部门产业政策措施，如出口信贷、贷款担保计划等覆盖每个地区的企业。这两种政策措施和科学技术措施，都是通过刺激在研究开发领域、教育领域、培训领域的投资来提高创新效率的。这就产生了三种产业政策，即区域产业政策、部门产业政策和创新政策。这三种政策的关系对一个好的政策设计是必不可少的。他们就探讨了这三种政策的发展和相互作用，以英国和欧洲的产业政策为背景，主要涉及有关区域创新策略问题（Michiehe and Oughton，2001）。

张发余从演化经济学的角度分析了区域创新，介绍了区域创新分析方法从结构分析向过程分析的转换，强调区域创新是一个过程而不是一种结构。这种方法更加注重区域创新中各个行为主体之间的互动，各个主体之间的结网和协同过程。从而把区域创新由静态的结构分析转向动态分析。他还运用演化经济学的方法分析了中国经济转型时期的区域创新问题，特别是对政府在创新中的作用作了分析（张发余，2001）。

顾新借鉴国家创新系统理论和方法，从知识流动、产业集聚、空间集聚三个方面分析了区域创新系统的运行机理。知识流动重在分析知识在系统要素之间的流动，是要素间互动的重要方式；产业集聚描述系统运行过程中，由关联企业专业化协作形成产业簇群的机制；空间集聚描述系统运行过程中创新活动空间推移机制（顾新，2001）。

冷俊峰和任胜钢阐述了区域创新体系对中部经济社会发展的作用，并对制度建设的必要性进行分析，认为制度可以为创新主体提供激励、能拉动科技创新需求、决定科技创新的方式和效率、强化区域创新网络。他们还提出了中部区域创新体系制度建设的三项原则和八个方面的对策（冷俊峰和任胜钢，2006）。

帝布莱森对中国区域创新体系进行了研究。他认为目前中国已初步形成珠江三角洲创新体系、长江三角洲创新体系、天津－北京创新体系等区域创新体系（Debresson，2001）。

阎官法等在"河南省区域创新体系建设研究"中从社会主义市场经济建设、国际经济一体化发展、科技体制改革、区域竞争力提升等方面论述了河南省区域创新体系建设的必要性，又从组织结构、功能结构、技术结构、地域结构等方面提出了构建全省区域创新体系的基本框架以及对策措施。配合中原城市群建设，建设中原城市群区域创新体系。中原城市群是河南省经济社会发展的龙头，要进一步发挥该地区科技资源相对集中的优势，围绕电力工业、信息产品制造业、汽车及装备制造业、食品工业、化学工业和新型建材工业等优势产业，充分发挥中央驻河南省科研单位的作用，进一步发挥中原城市群高新技术产业开发区技术创新优势，整合和优化科技资源配置，加强科技创新平台建设，提高企业技术创新能力，使其成为全省科技创新的"活力区"和"辐射源"（阎官法等，2005）。

王志敏在"河南省区域创新体系构成要素实证研究"中研究了河南省区域创新体系的构成要素，主要是通过对影响河南省企业创新成功的主要因素的实证分析，归纳出河南省区域创新体系的构成要素并对各要素的重要程度进行评估（王志敏，2005）。

四、复杂适应系统理论方法

西蒙曾将 20 世纪有关复杂性的研究分为三个阶段。第一阶段是第一次世界大战后，以"整体论"（holism）、"完形论"（gestalts）等为代表，具有强烈的反"还原论"（reductionism）色彩；第二个阶段出现在第二次世界大战后，以"一般系统论"（general systems）、"信息论"（information）、"控制论"（cybernetics）等理论和概念为特征；第三个阶段的复杂性研究有"耗散结构"（dissipative structures）、"自组织临界理论"（theory of selforganized criticality）、"混沌"（chaos）、"灾变"（catastrophe）、"分形"（fractals）、"细胞自动机"（cellular automata）和"遗传算法"（genetic algorithms）等（Simon，1996）。

复杂适应系统（complex adaptive system，CAS）理论是美国霍兰（Holland）教授于 1994 年在圣达菲研究所成立 10 周年时正式提出的。圣达菲研究所聚集了一大批从事物理、经济、生物等科学研究的顶级人物，他们将自己在各自领域的新发现贡献出来、相互交流、相互启发，从而形成了一系列重大进展与成果。不久前，它被评为全美国最优秀的 10 个研究所之一。复杂适应系统理论就是在这样一个环境中孕育和诞生的。作为一门新兴的交叉学科，复杂适应系统理论将冲破自牛顿时代以来一直统治着科学的线性的、还原论的思维方式，并能有效地处理人类面临的许多重大问题。用圣达菲研究所首任所长乔治考温的话说，它是"21世纪的科学"。

复杂适应系统理论的兴趣聚焦在复杂性的产生、维持机理以及研究方法诸方面，它认为从物理学到化学、生物学、社会学、经济学等领域的复杂现象和行为皆来自于自组织、涌现和适应诸过程，故它们是"复杂适应系统"。这种系统在与外部环境交互作用的过程中，通过自适应改变系统本身的组织结构、规则和行为特点，来实现不断向前发展和演化。

虽然复杂适应系统理论提出的时间不长，但由于其思想新颖和富有启发，已经在许多领域得到了应用。许国志认为，经济学可以说是复杂适应系统产生的最主要的背景之一，因此也是复杂适应系统理论最先得到应用的领域之一。把经济系统看做是由具有适应性主体构成的、处于不断形成的动态过程中的复杂系统，这种新的思路为经济学开辟了一个更为广阔的新天地……在管理和控制方面，复杂适应系统理论的思想也正在得到应用。复杂适应系统理论将系统的组成要素视为具有适应性的智能主体（在区域创新体系中，政府、高校、企业、科技中介、金融机构等都是智能主体），强调这些智能主体的行为及规则的变化是系统进化的根本动因，因而这一理论对区域创新体系等领域的研究具有很强的指导意义（许国志，2000）。

目前复杂适应系统的建模和仿真研究已经成为一个热点。区域创新体系的建模问题属于半结构化或者非结构化的建模问题。近年来，与本书相关的主要研究进展如下：基于规则的建模（modeling by rule）理论，典型的如基于主体的建模（multiagent simulation）；运用复杂适应系统理论在个体行为基础上分析群体行为特征。目前已经有许多支持复杂适应系统的工具平台，著名的有源于美国圣达菲研究所的 Swarm，其他的还有 Ascape，Repast，TNG lab，Agent Sheets 和 Star Logo；基于演化的建模（modeling by evolution）理论，如系统演化模型。北京师范大学以方福康为首的研究小组采用动力系统方法研究经济系统复杂性时分析了经济增长的基本模式，提出了渐进式、阶跃式和 J 模式 3 种情况，深入分析了 J 模式的机制和特点，以及 J 结构在经济系统和其他系统中的应用（方福康和袁强，2002）。

目前的一个前沿是基于多智能体的模拟仿真模型。智能体，英语为 agent，在经济学中是代理或者中介的意思，在智能决策支持系统理论中被理解为有一定智能行为的主体。一般认为智能体是在复杂动态环境中执行一定任务的自主或半自主的对象，它将知识和推理相结合，与环境协同作用、共同进化。基于多智能体的建模仿真方法，模拟组成系统的个体以及个体之间的相互作用关系，为决策支持的研究提供了新的思路。复杂适应系统理论的创立者霍兰德（Holland）把智能体作为与物理环境进行交互作用、能够独立决策的实体的模型，这些实体可以是人，也可以是组织体系。

在国内，龚小庆从哲学的角度，运用发生认识论和整体论哲学的观点介绍和分析了复杂适应系统理论，重点分析了复杂适应系统的七个要素。他指出，复杂性来源于适应性，而适应的机制是靠因果过程与随机过程的巧妙结合实现的，它遵循广义因果律；复杂既不是绝对的秩序也不是绝对的混沌而应是诞生在秩序与混沌的边缘；复杂现象的任何科学解释离不开广义因果律（龚小庆，1999）。

赵建世等在对水资源配置系统的复杂性及其复杂适应机理进行分析的基础上，应用复杂适应系统理论的基本原理和方法，构架了全新的水资源配置系统分析模型；同时对系统的动力机制、主体行为特性和系统状态的评价方法进行了描述，形成了一个较为完整的研究体系，用于分析水资源配置系统的演化规律，并应用这种分析方法对中国南水北调工程对受水区水资源配置的影响进行了研究（赵建世等，2002）。

张兵等运用复杂适应系统理论的基本原理，整合了当前对企业可持续发展的研究成果，通过深入分析核心理念、资源平台、位势平台、制度平台、能力平台五大要素之间的相互关系，建立了企业可持续发展的金字塔模型，对企业可持续发展动力机制进行了探讨（张兵等，2004）。

李振龙通过分析复杂适应系统的特性，用环境、资源、智能体、流四要素来描述复杂适应系统，并从智能体的竞争-合作关系出发，应用博弈论的相关知识对复杂适应系统进行了分析研究，并以城市交通系统为例进行了分析说明（李振龙，2003）。

冯彦杰和王浣尘提出，企业战略的绩效主要取决于企业拥有的战略资产、所在行业的战略行业因素及其对应关系，随后在此基础上设计出了一种基于智能体的企业战略绩效仿真模型，通过仿真来验证和探索战略管理理论，以解决企业战略问题研究中数据收集困难、主要依赖个别案例研究来归纳理论的问题。仿真结果表明，这种方法对找出战略的适用条件和进行各种战略的绩效对比具有很大的指导意义（冯彦杰和王浣尘，2003）。

袁宇涛和李金林指出了金融系统是经济领域中的一类复杂系统，它的复杂性体现为组成元素的数量规模大、种类多、系统内部结构多样，应当引入复杂适应系统理论对其进行研究，以期从一个崭新的角度解释现象、研究问题和提出对策；指出了建立概念模型和模拟模型是应用复杂适应性研究金融问题的两个着眼点，复杂适应系统理论的发现是研究与管理金融事务的新思想与契机（袁宇涛和李金林，2003）。

廖守亿和戴金海从认识论和方法论的角度来讨论了复杂性，他们认为复杂性是客观世界的本质属性，必须用反还原论（整体论）的方法来研究复杂性问题。

他们给出了复杂适应系统的一个描述性定义，指出计算机仿真是研究复杂系统的有效手段；分析、阐述了复杂适应系统的研究方法基于智能体的建模仿真方法学及其应用情况，对基于智能体的建模方法进行了比较深刻的论述（廖守亿和戴金海，2004）。

顾珊珊和陈禹以复杂适应系统理论为指导思想，利用 Swarm 平台建立了基于多主体离散的动态交通模拟系统。使用自底向上的建模方法进行模拟：将车辆及信号灯作为具有适应性的主体，利用元胞自动机模拟动态交通流，同时将激励学习方法与遗传算法相结合，对信号灯周期进行自适应优化。通过主体不断的"学习"，交通系统在宏观方面涌现出一定的动态特征和规律，比较了完全自组织控制模式及加入预警机制两种情况下各宏观量的变化情况（顾珊珊和陈禹，2004）。

刘洪和姚立从复杂适应组织的概念出发，将组织看成是一个复杂自适应系统，通过对传统组织与复杂适应组织的比较，用复杂性科学理论来研究企业组织计划、组织、控制和发展等原理与方法，通过培育组织的涌现行为来保持组织的活力和生存能力。他们根据复杂性科学研究所取得的成果，对企业管理的复杂适应系统理论作了研究探索，发展了企业管理理论，为管理者提供复杂环境下组织变革的基本理论（刘洪和姚立，2004）。

龚小庆结合经济发展过程中的某些事实分析了涌现和演化这两个在现代系统科学中占据重要地位的基本概念；指出涌现是"秩序的形成"过程，而演化则是"秩序的跃迁"过程，整个经济系统的演化过程是以一次又一次新结构的涌现为自己的阶梯的，因此经济系统的演化明显地具有"断续平衡"和"路径依赖"的特征。文章结合经济系统中的某些现象探讨了作为复杂适应系统的经济系统的基本特征，进一步指出经济系统是一个具有分形特征的多层次的规则耦合关系网（龚小庆，2004）。

迟妍等应用复杂适应系统理论，分析了现代军事系统的性质与特点，得出了军事系统是复杂适应系统的结论；并从基本思想、研究内容和应用前景等方面，阐述了军事复杂适应系统理论的基本框架，简要介绍了它的主要研究方法——基于智能体的建模仿真方法（迟妍等，2004）。

在实际应用上，薛领和杨开忠采用基于智能主体建模的方法设计了一个城市演化的模拟模型，旨在探索城市中居民、企业等大量微观主体非线性互作互动而导致的宏观空间结构的演化过程。针对城市空间演化的几种典型模式，利用在 Swarm 环境下实现的多主体（multi-agent）城市模拟系统，通过微观层面的动态模拟进行分析和对比，并结合定性的认识对所模拟的城市演化模式进行了评价和讨论，为可持续的城市规划和管理提供理论支持（薛领和杨开忠，2003）。

目前国外已有若干应用复杂自适应系统理论研究创新及区域创新体系的文

献。佩卡和法焦洛指出，建模者们需要不断在解决整体的理论方法建模和精确描述以解释某种特殊现象的建模方式之间权衡。一种新的模拟模型能够应对这种挑战，主要是将这种平衡外向化：所谓的基于智能体的建模被越来越多地用于技术经济现象的建模。本书主要讨论由研究演化发展模式等所导致的对建模的新的要求。这些研究的理论解释大多来源于新熊彼特技术经济学说，而由基于智能体的建模来证实其可能性（Pyka and Fagiolo，2005）。

梅特卡夫指出，对于不断变化的经济增长、创新和竞争而言，新熊彼特技术经济学说与进化和复杂自适应系统之间的关系的相关思想是一致的。确实，我们的理论基于这样一个假设，作为具有适应性的进化系统，技术和经济都是由许多相互作用、相互影响的部分构成的。它们对经济的作用基于在互相作用时所形成的不断修正和细化的内部规则。我们相信这一方法能够提供对技术经济进程的新的理论理解，并为经验主义的询问提供新的视点，同时也为基于计算方法的对演进过程的建模提供了新的机会。我们也相信这一方法对我们的将来具有很强的政策和战略意义（Metcalfe，2000）。

泰勒指出，知识和区域经济发展会议的一个中心议题就是讨论知识和创新的地理范围问题。该文对创新系统中合作者信息的大致地理范围进行了研究；并运用基于智能体的建模方法对合作创新与地理距离之间的关系进行了研究，结果是合作的数目几乎呈反平方增长。然而，模拟的地理方面不能改变这样一个令人吃惊的结果，即企业在创新活动中呈现出极大的差异（Taylor，2005）。

耶特里和拉米耶对由人与人之间的关系所决定的空间，即社会网络的理论和经验研究进行了总结。社会网络代表了人们在此网络中的关系，而个体则是连接这些关系的纽带和节点。此外，图像理论在文献中被用于描述社会网络的一些属性并被总结为"小世界"的概念。这一概念也可用于解释为什么有些部门间的关系能够在当地和国际两个层面上影响到不同的地域。本书的实证部分采用了一个简介的方式，采用模拟技巧这一方法对技术创新和经济的复杂性进行了概括。这一模型研究了企业（潜在的创新者）数目和消费者动态变化。模型中，消费者作为推动企业进行创新的竞争性环境（熊彼特的定义），通过消费者和企业间的相互作用而使创新作为一个关系商品出现（Ietri and Lamieri，2004）。

温德莱姆和伯奇豪尔运用了两进程多智能体的模拟模型来检验在何种条件下能够在网络的外向性表现出来时获得技术演化。用数据来确定一个技术演化可能性的动态计量经济学模型时，四个关键因素需要被确定。第一，在新技术产品的直接效应和老技术产品的网络效应之间的权衡。第二，新老技术公司的相对创新表现。第三，价格差异导致了生产回报的增长。第四，新老公司花在研发产品上的时间将优于进入该行业的时间（Windrumand and Birchenhall，2005）。

弗伦肯指出，复杂性理论在当今社会科学模型中的影响力越来越大。在创新和新技术中，大多数的研究集中在技术改造和技术扩散方面，而对创新过程的关注则相对较少。本书讨论技术创新的三组模型：确定地域模型、网络模型和渗透模型。这些模型能在分析内部相互作用的复杂结构（技术要素之间，参与创新的不同部门之间）的同时避免"参数过多"。本书在最后讨论了在复杂适应系统理论的运用中存在的理论挑战和不足之处（Frenken，2004）。

兰德公司在《新的增长基础——美国创新系统的今天和明天》的研究报告中，鲜明地指出可以把国家创新系统看做一个整体的复杂自适应系统，其演进过程中所表现出来的本质与生物界并无二样，正是基于此，它表现出了与复杂自适应系统相符合的现象：国家创新系统由许多不同类型的部门组成，这些部门按照不同类型的激励机制、目标、行业规则和其他决策系统运行；这一系统以其自身组织的自组织性为特点，研究机构的网络和联系通过系统中所有的关键部门按照某些规则所产生的无数行动联系而产生；这是一个拥有很多反馈回路和信号的系统。其关键步骤首先是基础研究，之后是应用研究，然后是开发、创新、改进并最终扩散；这一系统的成果几乎不可能按照任何有意义的时间过程来预测，政策制定者们必须考虑他们所采取的哪些行动是必要的，哪些是不必要的，该做什么和为谁而做。最重要的是，在国家创新系统中政府究竟应该充当一个什么样的角色（RAND，2002）。

网络创新是指相互关联的若干创新演化进程（产品创新、工艺创新进程）之间形成的网络化的知识链接、扩散、转移、应用关系。如果用"前馈神经网络"表达这种网络化的创新关系，那么神经网络的每一个节点代表某个产品创新（或工艺创新）的状态，而神经网络的每一层的各个神经元代表同一时期的各个产品创新（工艺创新）的状态，下一层的神经元受上一层的神经元的影响；从网络化的视角看，区域创新体系是由科研网络、技术开发网络、新技术应用网络构成的网络化体系，因而可以从科研网络、技术开发网络、新技术应用网络这三个方面对区域创新体系的发展程度进行评价。基于网络化视角的区域创新体系评价指标体系，反映"科研网络"的指标是合作论文数/论文总数、论文的群体紧密中心度、研发经费/国内生产总值，反映"技术开发网络"的指标是合作专利数/专利总数、专利的群体紧密中心度、专利集中度，反映"新技术应用网络"的指标是技术市场成交额/技术改造经费、国家科技计划项目成交额/技术市场成交额、进出口总额/外国直接投资（FDI）总额、企业出卖技术的成交额/技术市场成交总额，对应这些指标的权重分别是 0.05、0.11、0.12、0.12、0.12、0.11、0.11、0.07、0.08、0.11。

任锦鸾和顾培亮在《基于复杂理论的创新系统研究》一文中，分析了随着经济的发展创新理论的研究进程，指出了创新系统的复杂性主要体现为创新的多主体性、创新主体的主动性、创新系统的多层次性、技术本身的复杂性、创新的涌现性、创新环境的复杂性。在对复杂性理论归类的基础上，比较了中外复杂理论和方法的异同。然后，依据复杂理论建立了创新系统的结构框架（任锦鸾和顾培亮，2000）。

金吾林和郭元林在《运用复杂适应系统理论推进国家创新系统建设》一文中指出，国家创新系统中包含了许多要素，各要素相互连接起来构成一个具有相互作用、信号、反馈、思想、信息、资源和服务的密集网络，是一个复杂适应系统。需要用复杂适应系统理论才能有效解决。因此，运用复杂适应系统理论和方法研究国家创新系统就顺理成章了，就可以利用复杂适应系统研究的理论成果来讨论国家创新系统，包括国家创新系统的建构模型（金吾林和郭元林，2004）。

何铮和谭劲松在《复杂理论在集群领域的研究——基于东莞 PC 集群的初步探讨》一文中，将复杂理论运用于集群研究，以东莞个人计算机集群为例进行了探索。文章首先将集群视为一个复杂适应性系统，然后从环境设计、正反馈、边界约束及不确定性结果四个角度详细分析了其自组织过程的不同机理，提出集群内各组织相互作用、共同演进是集群形成和发展的根本动因，强调单个因素的有限作用（何铮和谭劲松，2005）。

五、当前区域创新研究中存在的问题

综观对区域创新体系的研究可以看出，虽然专家学者围绕区域创新体系的概念、内容、构成要素、功能结构、动力机制、创新能力评价、创新体系发展模式和构建等展开过热烈讨论，对若干理论问题达成了一些基本共识；在实践上，政府部门和学术界为了推进区域创新体系建设也作了不少努力和尝试，但从总体上说，无论在系统性和深度方面都有待进一步拓展。

通过对国内外近年来区域创新体系研究的综述，区域创新体系研究主要存在以下问题。①没有对区域创新体系做出明确的定义。众所周知，明确的概念是科学研究的基础。但是，探讨区域创新体系的学者至今都没有对区域创新体系做出一个科学的界定，这不利于区域创新体系研究成果的交流，也不利于区域创新体系研究的学习积累。②区域创新体系研究尚没有形成一个内部一致、逻辑严密的理论体系。区域创新体系中一些主要研究领域，如区域创新网络和区域创新环境，由不同学术背景的学者分别探讨，看待同一问题的视角不同，结论自然也有差异，尚缺乏一个更高层次的有效整合，使区域创新系统理论还缺乏整体性；加上在现有文献中，案例的实证分析多，而理论的系统探讨少，表明区域创新系统理论的科学建构远未完成。③对区域创新体系的特殊性没有给予应有的重视。探讨区域创新体系的学者，一般都把区域创新体系看成是国家创新系统的一个同构体，没有认真讨论区域层次创新体系的特殊性。这样在理论上很难把区域创新体系与国家创新体系区分开来，在实践上也难以给区域层次政府提供应有的科学指导。④没有理顺区域创新体系作为研究对象与作为研究方法的关系。显然，区域创新体系可以作两种理解：把它视为研究对象与把它视为研究方法。前者研究区域创新体系何以存在、由什么要素构成、有什么作用机制等；后者应用系统观点与方法探讨区域创新现象，把区域创新视为一个系统过程，同时引入学习经济的思想，把区域创新看做是主体集体学习和互动的结果。当然，上述两者不是截然分开的，分析作为研究对象的区域创新体系离不开系统分析，而作为研究方法的区域创新体系的应用对象就是区域创新现象。⑤多数学者多从各自领域来观察研究区域创新体系构建问题，各专业领域的研究成果较多，而综合性的研究成果较少。⑥对区域创新体系的定性研究较多，而定量研究成果较少，尤其是区域研发投入强度、区域创新体系效率评价、区域创新体系演化模型等仍需进行综合、系统、拓展性的研究。⑦国外理论的引进与吸收，理论与实践的结合仍值得进一步探讨。在结合区域具体实践方面的成功案例不多，尚未找到实际应用的突破点，不能充分地为政府决策提供科学的依据和可操作的对策。

第二节　区域创新体系的概念界定和框架

一、概念界定

国外的许多学者都提出了自己对区域创新体系的定义。库克于 1992 年正式提出区域创新体系概念：企业及其他机构经由以根植性为特征的制度环境系统地交互学习。我们可以从三个方面来进一步阐释这个定义：第一，"交互学习"相当于知识在生产系统内通过交互作用结合而成的各类不同行为主体的一种集体资产；第二，"环境"指的是一个开放的地域综合体，包括规则、标准、价值观，以及人力和物质资源；第三，"根植性"包括企业内外创造和复制经济及知识的过程，这些过程一般是通过某种特定的社会交互形式来完成的，可以呈现不同的形式而增加复制的难度（Maskell and Malmberg，1999）。该定义的关键在于根植性这一概念，否则区域创新系统将等同于国家创新体系的迷你版（Asheim and Isaksen，1997）。

阿什海姆和伊萨克森对区域创新体系研究做出如下定义：区域创新体系是由支撑机构围绕的区域集群。根据阿什海姆的观点，区域创新体系主要由两类主体及他们之间的互动构成：第一类主体是区域主导产业集群中的企业，同时包括其支撑产业；第二类主体是制度基础结构，如研究和高等教育机构、技术扩散代理机构、职业培训机构、行业协会和金融机构等，这些机构对区域创新起着重要的支撑作用（Asheim and Isaksen，2002）。

国内一些学者对区域创新体系的定义也提出了自己的观点。胡志坚和苏靖(1999)认为，区域创新体系主要由参与技术开发和扩散的企业、大学和研究机构组成，并有市场中介服务组织广泛介入和政府适当参与的一个创造、储备和转让知识、技能和新产品的相互作用的创新网络系统。它是国家创新体系的子体系，体现了国家创新体系的层次性特征。

王缉慈认为，区域创新体系是指区域创新网络各个结点（企业、大学、研究机构、政府等）在协同作用中结网而创新，并融入区域的创新环境中而组成的系统，即区域创新体系是区域创新网络和区域创新环境有效叠加而成的体系（王缉慈，1999）。

任何区域创新体系的定义都不能过于死板，因为它必须可以灵活地运用到许多可能的操作类型上。另外，任何定义又都要具有足够的一般性的特征以将区域创新系统与非系统的、非区域的及非创新相关的设置区别开来。因此，结点、渠道和流通这几个因素所起的作用与所有其他的系统相关分析一样，至关重要。基于此，我们认为科学的、技术的、金融规范的及组织的知识都是创新成功的要素。技术-经济网络为流通机构提供渠道，结点包括知识中心（如实验室）、知识转移机构、法律和技术咨询、金融工程、政府机构、企业等。区域，在这一方面是次中心，超越地方政府实体，既代表着公共组织也代表着私有组织。创新是新知识应用的商业化过程，不管是提高现有生产率、生产效果或产品质量，或者少数的将核心技术和理论重新运用而产生的根本性的技术创新或重组。作为一个社会体系，区域创新体系是一个开放的系统，与国家创新体系、其他地区的创新体系，以及国际创新结点和网络保持联系。

综上所述，本书认为区域创新体系可以定义如下：区域创新体系是以推动区域内新技术或知识的生产、流动、再创新和转化为目的的社会网络体系，是在特定的经济区域内，与区域创新资源相关联的各种主体要素（创新机构和组织）和非主体要素（创新所需的物质条件），以及协调各要素之间关系的制度和政策网络。

关于区域创新体系的概念，另一个值得探讨的问题就是区域的界定。从以上对区域创新体系的定义看，"区域"的边界是不清楚的，如经济学家习惯于从国际范围把区域定位在"次大陆"的宽度，而管理学界则习惯于从更为微观的政府治理机构来讨论。本书将"区域"界定为一国之内的"省"（或州、县）。

二、区域创新体系的框架结构

在本部分，本书论述的重点是区域中的各种因素如何组合才能够促成区域创新的成功；反过来，区域创新策略如何才能够调动起区域中的各个因素以期产生最大的经济效益。这些问题反映了创新过程的复杂性，它取决于组织能力、知识的溢出效应、开放系统建构的知识整合，以及区域创新政策的潜在重要影响。在实际中，创新的起因和来源是多样的，系统方法解释了这个复杂性：整体创新能力不仅依赖于特定机构的表现，而且更依赖于它们作为知识生产和使用系统中要素相互之间的作用，以及它们与社会制度（如价值、观念、法律制度等）的关系；创新不是按照完美的线性秩序发生的，而是通过创新体系中各要素之间的各种反馈回路发生的。区域创新体系的特征在很大程度上依赖于区域的制度基础。制度基础是指以法规或习俗方式建立起来的"游戏规则"，这些规则减少了创新过程中的不确定性，不同的制度安排将导致不同的创新行为和后果。在很多的情况下，一种可以有效地促进创新的制度安排，比在研究开发上投放更多的资本产生的系统效率更高，对经济增长的推动更有力。这也是为什么区域创新体系非常强调"制度"影响的原因。从某种意义上说，区域创新体系是从更为广阔的社会文化环境和社会经济的宏观角度研究不同企业和区域的创新行为和创新绩效差异的结果。

一个区域的特点决定了一个区域的创新体系不可能与其他地区相同，目前，也很难发现可被其他地区模仿照搬的区域创新体系的最优结构，但对不同类型创新体系中的可比特征进行比较分析是非常重要的，因为只有通过这样的比较分析，才能发现现有区域创新体系中不完善的地方。

首先，我们探讨两个关键的次级体系：知识生产体系和知识利用体系。知识生产体系由公共和私有实验室、研究型大学、传播知识的中介组织和公司等组成。虽然从一个给定区域的外部获取的知识相对于在已给定环境下产生的知识具有更高的价值和复杂性，但正是一个区域研究选择和综合知识的能力揭示了其知识生产组织系统运作的能力。体系的这些联系同样延伸到知识利用的次级体系当中。这一体系主要由企业组成，尤其是那些在区域或者全球的价值链中表现出系统性的企业，而在区域中表现出系统性的企业又往往存在横向的网络关系，或者是在区域性的产业集群中表现出横向或者纵向联系。创新又是一个互动的学习过程，成功的创新不仅来源于企业内部不同形式的能力和技能之间多角度交流的反馈，同时也是企业与它们的竞争对手、合作伙伴，以及其他众多的知识生产和知识持有机构之间互动的结果。知识利用体系的效率决定了体系的知识配置力，从某种程度上说，知识配置力比知识的生产更重要。与创新有关的知识配置包括知识在大学、研究机构和产业界之间的配置；知识在市场内部及在供应者和使用者之间的配置；知识的再利用和组合；知识在分散的研究开发项目之间的配置及两用知识（军用和民用）的开发。区域创新体系的知识配置力影响到在其中从事创新活动的风险性大小、获得知识的速度及社会资源重复浪费的程度。创新体系的知识配置力是衡量区域创新系统效率的重要指标。知识利用体系中的个体媒介

（如风险投资家、管理会计、专业法律和顾问公司等）使得这种系统内的交互更加便利和通畅。最终，两个次级体系富有成效地互相影响并和区域内外的实体互相作用。上面所提到的各主体间的联系，绝大多数可以通过涉及实际情况调查的社会科学的研究方法进行分析，因此"系统性"是可以被测试的。也就是说，虽然区域创新体系都具有鲜明的与其他地区不同的特点，但是它们作为系统运作的效率的高低，也就是"系统性"，是由一些共通的特性决定的（Cooke et al.，2003）。

其次，来看更微观的层面，即区域创新体系中的主体。区域创新体系中的主体包括企业、政府、高校、研究机构、科技中介机构及金融机构。在区域创新体系中，各主体的地位、作用和它们之间的各种关系，如合作、竞争等极其复杂。在这方面的研究中，弗莱贝格工业大学的弗里奇提出了很多重要的观点。他通过应用数据模型对德国三个工业区内的企业合作进行了地区层次和企业层次两个方面的比较。发现地区间企业的合作倾向主要取决于小的产业部门的个体意向。而地域上的接近则是企业间横向合作，以及企业和科研机构合作中最重要的因素。但是，他对企业之间的合作行为和区域创新体系之间的关系尚没有明确的论述（Fritsch，2001）。他还与施维尔腾共同提出了这样的观点，公共科研机构和企业之间的合作关系是一个很普遍的现象。而且，科研机构在产业部门的创新活动中起到了很积极的作用并且有巨大贡献。而科研机构对产业部门创新的贡献主要与创新进程的前期活动有关，如新理论的提出和发展。他们通过相关论证，认为科研机构在区域创新体系中是关键的主体（Fritsch and Schwirten，1999）。

本书认为，各行为主体以各自不同的功能和优势，对区域创新体系的完善和发展发挥各自的作用，也就是说区域创新体系内的各个主体以其独有的功能对整个系统的效率产生作用。各个主体通过发挥自己的功能与其他主体产生联系，从而体现出整个系统的优势。由于各区域的经济发展水平、政策环境、区域文化、产业集群等一系列因素都不同，在不同的区域创新体系中，主体的作用和地位是不同的。然而，这些主体在区域创新体系中所应起到的作用还是具有一定的共性的。

（1）企业。企业在诸多行为主体中是核心主体，是区域创新体系中最活跃、最核心的部分。在区域创新体系中，企业始终是技术创新的主体，即创新决策主体、创新投资主体、创新研发主体和创新风险收益主体。

（2）政府。区域创新体系建设是一个复杂的系统工程，政府作为体系中的一个重要主体，有着举足轻重的作用。政府工作适当，可以推进区域创新体系建设。政府工作对区域创新体系建设的作用主要是营造环境、建设服务支撑环境、协调服务、组织领导、配置资源和直接对创新活动进行投入。

（3）大学和其他研究机构。研究机构从形式上可以分为两种。一种是独立的公共的研究机构，主要由国家提供资金，其研究领域多为基础研究和对国民经济、社会发展、国家安全、国家综合实力等具有广泛影响的技术开发。另一种是从属的研究机构，从属于企业的研究机构主要面向市场和顾客进行研究开发。传统上从属于大学的研究机构的主要职能是进行知识创新、传播和转移，并从事与教育相关的基础研究，但是近年来，大学作为研究机构与企业及政府的产学研合作正日益成为区域创新活动的重要形式。

（4）中介服务机构。科技中介服务机构的建设有利于增强和提高企业技术创新能力，加快信息资源的流通和社会资源的整合，实现创新资源的优化配置，促进科技成果转化。技术创新中介服务机构的重要功能是对技术创新成果持续不断地再利用，使创新产生多次效应，特别对有共用性和实用价值的技术创新成果进行广泛的推广使用。

（5）金融机构。金融机构特别是风险投资机构为创新活动的发展提供良好的金融支持。这些金融机构不单具备为企业创新提供资金的功能，同时还起到了对创新的风险和收益进行鉴别的作用。金融机构的支持是创新活动发展的重要保证。

第三节　区域创新体系的运行动力与效率

一、区域创新体系运行动力

动力机制是指创新动机的产生及其作用于创新主体产生创新行为的机理。所谓区域创新的动力机制，是指研究区域创新系统在运行过程中，各创新主体的活动特别是企业技术创新活动与其所处的社会环境系统中的多种要素相互关系、相互作用，以及这些要素与外部环境之间所形成的互动关系的总和。

区域创新体系运行的关键在于以企业为主体的技术创新能力的不断提高。技术创新的动力机制有多种解释。一元论中有技术推动和需求拉动模式，双方各自强调了技术供给和社会需求的重要性。技术推动模式认为技术是外生的变量，科学技术的发展决定了技术创新的规模，其论据是在科学技术上有重大突破之后往往会有技术创新的集中产生。需求拉动模式则认为社会需求是技术创新的决定因素，其支持者认为缺乏需求的技术不会获得商业上的成功。二元论则对这二者进行了综合，认为技术创新是由技术推动和需求拉动共同产生的。三元论认为除上述两方面原因外，政府对技术创新的组织规划和激励也是技术创新产生的一种动力。

技术创新作为一种以企业为主体的经济行为，受到企业内在动力和外在环境刺激双重影响。企业技术创新的根本动力因素是企业基于竞争对手对技术创新收益的预期，正如波特所言，技术创新的根本动力就是获得竞争优势（迈克尔·波特，1998）。

企业技术创新的内在动机在外部环境因素的刺激下得到加强，这种外部环境刺激主要来自企业、市场与政府三个层面。为此，应该从企业内部和外部各影响因素相耦合的角度，对作为技术创新主体的企业进行全面的激励机制的设计与完善。其中，第一个层面是企业内在的动力激励，要通过产权安排、组织设计、管理制度创新，从企业内部构建企业技术创新的内部激励系统；第二个层面是市场层面的外在激励，是通过市场体制建设，推动创新成果交易，形成规范的竞争市场，从企业外部以市场力量来推动企业技术创新；第三个层面是政府层面的外在激励，通过政府的财政政策、金融政策、法律政策、知识产权保护政策、中小企业政策等的完善与创新，用非市场的手段来推动企业技术创新，对企业技术创新进行导向和激励，并为其构筑一个理想的政策、法律环境。通过这一基本架构，在企业内部形成完善的技术创新动力系统，在企业外部营造推动技术创新的激励和支持系统，使企业真正成为创新的主体，不断推动技术创新（杜伟，2004），如图1-1所示。

图1-1 区域创新运行动力

伴随知识经济时代的到来，技术创新成为衡量一国竞争力的关键因素，成为综合国力竞争的核心和国家长远发展的根本与依靠，因此，国家非常关注创新，国家作为技术创新主体之一的作用也更加突出。不仅予以大量的直接投资与扶持，还制定了一系列鼓励技术创新的政策，营造利于创新的社会环境，力图从国家整体上完成动员与部署。而全球经济一体化的加速趋势使各国间的竞争变得越来越迂回曲折。区域的产业作为一个国家经济的承载体，在这一背景下其地位变得更加重要。例如，美国经济的活力就有赖于地区层次的创新和竞争力的创造。美国硅谷之所以成为世界各地竞相效仿的模式，就是因为硅谷作为一个区域是成功的，而不是去效仿其中的某个企业或公司。对于技术创新而言，真正的焦点转变为地区或区域的软环境建设状况。因为全球化移去了人为的贸易和投资壁垒，使传统投入要素可以从许多不同的地区获取，仅有传统投入要素优势的地区或区域持续吸引企业或公司等产业进驻的能力变得弱小，创新资源特别是创新人才的流动性促使各个区域想方设法留住和吸引创新资源，使创新的软环境变得更加受重视（高策和郭淑芬，2003）。

二、区域创新体系运行效率评价

复杂适应系统理论认为智能体的行为规则的变化是系统进化的根本动因。从复杂适应系统理论的观点看，区域创新体系的复杂行为现象来自于自组织、涌现和适应诸过程。这种系统在与外部环境交互作用的过程中，通过自适应、涌现改变系统本身的行为规则，从而不断向前发展和演化。区域创新体系中的智能体（企业等）能够与环境及其他智能体进行交流，在这种交流的过程中"学习"或"积累经验"，不断进行演化学习，并且根据学到的经验改变自身的结构和行为规则。各个底层智能体通过交互、交流，可以再上一层次，在整体层次上突现出新的结构、现象和更复杂的行为，如新层次的产生、分化和多样性的出现、新聚合的形成、更大的智能体的出现等；涌现是"新行为规则、新秩序的形成"过程，而演化则是"规则和秩序的跃迁"过程。区域创新体系效率提高的过程是以一次又一次新的规则结构和秩序结构的涌现作为阶梯的，因此具有"断续平衡"和"路径依赖"的特征。

在主体的适应过程中，某个规则赢得竞争的能力建立在该规则过去的有用性（usefulness）上，每一个规则都被系统动态地分派了一个强度（strength），它反映出规则对系统的有用性。描述主体行为方式的规则并非一成不变，它们是可以被淘汰和更新的。此外，由于系统总是处于动态变化之中，主体的规则集合也会随着主体的演化不断地更新，这种规则的更新就是规则之间交换、突变、组合的过程。这个过程就类似于生物体遗传进化的过程。规则集中的多条规则就如同生物体内存储的多条染色体，不同的染色体之间为了主体更好地生存，既竞争又合作，主体内部模型中共生的染色体越多，主体的行为就越有广泛的适应性。

从复杂适应系统思想的角度看，区域创新体系是一种多层次的规则耦合关系网。所谓制度体系是管束智能体行为的一系列规则（正式规则、非正式规则）及其实施机制。制度不是单一的规则，而是多种规则的体系，这些规则之间有着各种复杂的、非线性的动态关系。

从作用机理来看，多种多样的规则和制度在区域创新体系中最基本、最本质的作用是提高创新要素资源的配置效率。因而，可以采用效率分析的方法来测算规则和制度的"好坏"，数据包络分析（data envelopment analysis，DEA）正是这样一种方法。这将促进复杂适应系统理论与运筹学等管理数学方法的进一步交叉和融合。

借鉴国家创新体系的有关概念，每一个国家都有一种推动创新体系的制度安排，即使是经济发展水平相同的国家也会有各自不同的国家创新体系，因而有不同的创新制度安排。创新体系的制度安排和网络结构是一个创新活动系统效率高低的决定因素。我们同样可以对区域创新体系提出相同的结论，即在相同的经济发展状况下，不同的区域创新体系都会存在不同的创新体系效率。值得强调的是，由于技术创新是区域经济发展的根本动力，如果区域之间存在技术创新效率的差距，那么其结果必然是区域经济发展的不平衡。由此可见，研究分析区域创新体系的效率已成为一个重要问题。

第二章　中国区域创新的动力与效率分析

第一节　中国区域创新体系的建构

区域创新体系方法为分析中国区域创新活动中的问题提供了新的思路，有助于我们把握中国创新活动活力不强和系统效率不高的症结，寻找提高中国区域创新体系整体创新能力的途径。过去，人们习惯采用点、线的分析方法，而缺乏从系统的角度来分析创新活动中存在的症结的观念，从而导致注重要素分析，而缺乏从系统的角度看待要素，注重从线性的角度分析创新系统各要素之间的联系，而忽视在系统之中各个要素之间的互动关系。我们可以借鉴美国区域创新体系建设的经验，对照其创新体系来分析中国现有区域创新体系的不足，并提出改善中国区域创新体系构建的对策。

一、中国区域创新体系构建的问题分析

本书将借鉴美国区域创新体系演化规律，分析中国区域创新体系建设中存在的问题，主要数据来自《中国科技统计年鉴（1993）》、《中国科技统计年鉴（2004）》、《中国科技统计年鉴（2010）》。

在中国的区域创新体系中，首先，企业所起到的作用在不断增大，并朝着合理的方向发展，政府和企业的投入比例是比较合理的。

从表2-1可以看出，企业所占比重在2000～2006年是逐年增加的，2006～2009年波动幅度不大；而研究与开发机构所占比重则是逐年递减的；高等学校所占比重维持在一个比较平稳的状态，波动不大。

表 2-1　按执行部门分组的研究与开发（R&D）经费内部支出所占比重　　（单位：%）

年份	企业所占比重	研究与开发机构所占比重	高等学校所占比重
2000	59.95	28.80	8.56
2001	60.43	27.67	9.82
2002	61.18	27.28	10.14
2003	62.37	25.92	10.54

续表

年份	企业所占比重	研究与开发机构所占比重	高等学校所占比重
2004	66.83	21.95	10.22
2005	68.32	20.94	9.89
2006	71.08	18.89	9.22
2007	72.28	18.54	8.48
2008	73.26	17.58	8.45
2009	73.23	17.16	8.07

其次来看科研投入和产出布局的比较。由于中国的行政区数目较之美国差距较大，所以在计算集中度时，本书选取各指标的前四名进行计算。1992年中国科技人力资源的集中度为34.75%，2003年，中国科技人力资源的集中度为34.72%，维持在比较稳定的水平。科技人力资源投入的集中度为34%左右，较之美国的40%左右稍微偏低。科技人力资源数量1992年全国排名前四的省（直辖市）为北京、四川、上海和辽宁，而2003年前四名变为北京、上海、广东和山东。下面着重分析经费集中度和专利集中度。

（1）经费集中度。1992年，科研经费总额排名前四的省（直辖市）分别为北京、上海、江苏和四川。其经费总额占全国的比重为40.34%。到2003年前四名的省（直辖市）中没有了四川，广东的科研经费增长迅速，上升到了第四位。北京仍然居第一位，江苏超越上海居第二位。2003年科研经费的集中度为44.34%，呈现了上升的趋势。到2009年，上海没有排进前四，江苏越过北京位居第一，北京位居第二，广东又上升一位，山东挤进四强。2009年科研经费总额排名前四的省（直辖市）经费总额占全国的43.83%，经费集中度呈下降趋势。

（2）专利集中度。1992年，获得国内专利授权数排名前四的分别是北京、辽宁、山东和江苏。1992年专利数的集中度为34.72%。2003年，专利数前四名分别是广东、上海、浙江和北京，专利数的集中度为45.83%。2009年，专利数排名前四位的分别是江苏、广东、浙江和上海，专利的集中度为56.95%。经费和专利集中度的情况见图2-1和表2-2。

2009年科研经费总额第一的江苏在专利数目上并未进入前四，而经费总额第二的北京在专利数目上位列第三。这说明中国区域创新体系在投入和产出布局上存在一定的不合理性，才会导致投入和产出的不匹配。

最后来看高等院校资金来源部门的投入比例情况。1992年中国高等院校科研经费筹集总额为24.88亿元，其中政府比例为53.55%、企业比例为36.95%，其他来源为9.50%。到2003年，政府、企业和其他来源比例分别为53.53%，

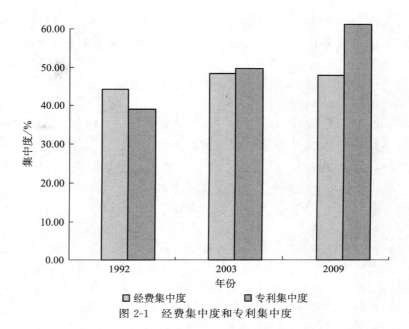

图 2-1 经费集中度和专利集中度

表 2-2 中国 1992 年、2003 年和 2009 年经费集中度和专利集中度 （单位：%）

项目	1992 年	2003 年	2009 年
经费集中度	40.34	44.34	43.83
专利集中度	34.72	45.83	56.95

36.54%，9.03%。2003 年的比例与 1992 年相比几乎没有什么变化。其中，1992 年企业投入大学的科研资金为 9.1 亿元，占企业科研经费总投入的 5.65%，占高校总经费的比例为 36.95%；到 2003 年，企业投入大学的科研经费占企业科研经费总投入的比例为 5.56%，大学经费中企业来源的比例为 36.54%。这说明区域创新体系中企业对高校的投入还是比较高的。再看政府投入，1992 年和 2003 年，政府的投入比例都为 53% 左右，对比美国的同期数据我们可以看出，政府对高等学校的科研投入还需要提高。其他机构的投入比例同美国同期数据比较则相差很大，这说明高校和其他机构之间的联系不够紧密。

2009 年中国高等院校科研经费筹集总额为 468.17 亿元，其中政府比例为 56.00%、企业比例为 36.67%，其他来源为 6.3%。其中，2009 年企业投入大学的科研资金为 171.67 亿元，占企业科研经费总投入的 4.12%，占高校总经费的比例为 36.67%。

中国区域创新体系构建中存在以下几个问题。

第一，除企业和政府之外，其他机构对大学科研活动的支持不够。这说明区域创新体系的某些要素之间的联系尚有不足之处。这种系统要素之间的联系不紧密会导致区域创新体系的系统效率得不到充分的发挥。产生这一问题的原因有两个。一方面是主体之间缺乏密切联系和交流，知识扩散不够，创新体系中的知识无法流畅的传输和获取，系统效率不高；另一方面是区域创新体系中的中介组织、生产力服务中心（企业孵化器）、科技创业服务中心、技术转移机构、人才交流机构、经纪人队伍、评估咨询机构的发展不能适应创新的需求，无法有效地促进知识在创新体系中的流动。

第二，政府对大学科研活动的支持力度还需要提高。与美国大学相比，中国高校在创新体系中的核心研究机构的地位尚有较大差距。这一方面是因为中国高校的整体科研能力客观不足；另一方面与政府的投入和支持也有很大关系。众所周知，近年来中国对一些重点大学的投入不断加强，这对大学提高自身的科研能力是一个有利的支持因素，但是对比美国的数据我们可以看出，这种支持和投入的力度还应该继续提高。

第三，区域创新体系的布局分布存在着一定的不合理性，这种不合理性表现为投入和产出的不匹配。这一方面是由中国的区域特点决定的。例如，陕西由于拥有的高等学校数量较多而在科技人力资源和论文产出方面较为突出，但其经济发展水平却限制了在促进科技成果转化、技术转移、科技服务、培育高新技术和成果等方面的能力，所以在科研经费投入和专利产出方面它的排名并不靠前。另一方面，除去区域特点，投入布局的不合理说明政府在引导创新活动的宏观协调方面存在问题。具体说来就是鼓励创新的制度机制和政策体系不配套、不健全，对创新的发展缺乏整体带动性，对提高创新体系的效率影响不大（郑秉文，1998）。

二、区域创新体系的动态随机一般均衡模型体系

目前，国内外对区域创新体系进行了很多案例研究和定量研究（如投入产出分析方法、系统动力学分析方法、计量经济学方法等），但利用模型来支持有关政策的分析还不够。而动态随机一般均衡分析方法则是最近发展起来的一种新的建模方法。苏敬勤、姜照华、李鑫等运用动态随机一般均衡的分析方法（DCGE方法），建立国际化背景下区域创新体系的四部门（企业、高校、政府、国外）模型，形成对区域创新体系进行政策模拟的定量分析框架。

1. 企业创新行为模型

建模依据：在区域创新体系中，对于处于创新主体地位的企业而言，其行为模式是专利的增长与创新剩余成正比。所谓创新剩余是指创新带来的收入减去创新成本，因而有下述模型

$$A_{j,\ t+1} - (1 - \delta_j)A_{j,\ t} = \phi_j(Y_{j,\ t} - C_{j,\ t}) \tag{2-1}$$

式中，$A_{j,t}$ 为 j 省市企业在第 t 期期初拥有的知识产权（用有效专利数量代表）；δ 为专利的失效率，因而 $A_{j,t+1} - (1-\delta_j) A_{j,t}$ 为有效专利的增长；$C_{j,t}$ 为 j 省市企业在第 t 期的创新费用，$Y_{j,t}$ 为 j 省市企业在第 t 期由创新带来的收入；ϕ_j 为有效专利的增长与创新剩余的比例关系。对某个省市的创新主体企业 j，其预期的效用贴现和最大化，即考虑下面的优化问题：

$$\max_{\langle C_{j,t}, A_{j,t}\rangle} E_t \left[\sum_{i=0}^{\infty} \beta^i U(f_{j,t}) \right]$$

$$\text{s.t.} \quad A_{j,t+1} = (1-\delta_j) A_{j,t} + \phi_j (Y_{j,t} - C_{j,t}) \tag{2-2}$$

式中，E 为预期；U 为创新的效用函数；β 为贴现因子；$C_{j,t}$ 为 j 省市企业在第 t 期的创新费用；$Y_{j,t}$ 为 j 省市企业在第 t 期由创新带来的收入；$A_{j,t}$ 是 j 省市企业在第 t 期期初拥有的知识产权（用有效专利数量代表）；δ_j 为专利的失效率，并且假设由创新带来的额外收入 $Y_{j,t}$ 是外生变量。若要进一步完全刻画创新的行为，则还需要考虑创新收入的变化规律。在式（2-2）中，现假设创新收入 Y_t 是外生变量，因而不妨假设它由下面的方程描述：

$$Y_t = \tau_t g_t Y_{t-1} + w_t \tag{2-3}$$

式中，w_t 为随机误差，这里假设它是均值为零的白噪声。其中 g_t 是与创新的国际化程度相关的一个函数。对创新收入的不确定性，如果要进一步求解模型，需要考虑的一个问题是预期采用什么样的形式，是采用自适应预期、理性预期，还是其他预期，不同的预期形式也将会影响求解的结果。这里，假设采用理性预期，即

$$x_{t+k} = E_t x_{t+k} + \eta_{t+k}, \quad E_t(\eta_{t+k}) = 0, \quad k \geqslant 1 \tag{2-4}$$

式中，$E_t x_{t+k}$ 为在第 t 期对变量 x 在第 $t+k$ 期的预期；η_{t+k} 为预期误差。在以上假设下，模型的最终解可表示为

$$C_t = (1-\delta) A_t / (1+r) \phi_t + \frac{1+r}{1+r-\tau g} Y_t + \frac{r}{(1+r)^2} w_t / \phi_t \tag{2-5}$$

2. 高校（包括科研院所）的知识生产模型

建模依据：在区域创新体系中，对于处于创新源头的高校而言，其行为模式是为社会提供高价值的科研成果（论文等）和人才。

第 s 个省市的高校（科研院所）的知识生产采用下面的知识生产函数形式：

$$z_t(s) = q_t [j_t(s)]^\alpha [n_t(s)]^\beta \tag{2-6}$$

式中，$z_t(s)$ 为第 s 个省市的高校（科研院所）的知识产品的收入（获取的科研经费）；$j_t(s)$ 为第 s 个省市的高校（科研院所）发表的国内论文数；$n_t(s)$ 为第 s 个省市的高校（科研院所）发表的国际论文数；α 和 β 分别为产出关于国内论文数和国际论文数的替代弹性。

知识产品的生产可通过下面的优化问题来刻画：

$$\min_{\{j_t(s),\, n_t(s)\}} \quad [u_t j_t(s) + v_t n_t(s)]$$

$$\text{s.t.} \qquad z_t(s) = q_t \, [j_t(s)]^{\alpha} \, [n_t(s)]^{\beta} \tag{2-7}$$

式中，u_t，v_t 分别为发表每篇国内论文的价值、发表每篇国际论文的价值。

3. 政府的诱导作用

建模依据：在区域创新体系中，对于处于组织协调者、推动者和裁判员地位的政府而言，其行为模式是利用财政政策（财政投入、税收工具）和货币政策、产业政策、国际技术贸易政策等刺激和诱导企业等进行创新投入，从而促进经济社会快速和谐发展。创新投入 R 主要包括政府投入 S、企业投入 C 和其他投入 H（包括高校、科研院所的投入，金融和中介结构的投入，以及来自国外的投入），令 m 代表其他投入 H（包括高校、科研院所的投入，金融和中介结构的投入，以及来自国外的投入）与企业的创新投入的比例，即

$$m = \frac{H}{C} \tag{2-8}$$

则创新总投入 R 的模型是

$$\sum_{j=1}^{n} (1 + m_j) C_j + S = R \tag{2-9}$$

创新者在企业投入与政府投入之间做出组合投入的选择，而政府的主旨是使由政府的投入诱导的企业的投入最大化。效用函数采用如下形式：

$$U = \prod_{j} ((1 + m_j) C_j - \theta_j)^{\mu_j} \left(\frac{S}{T} \right)^{\mu_s} \tag{2-10}$$

式中，U_j 为效用函数；C_j 为企业创新投入；θ_j 为企业自发的创新投入量；S 为全国的财政科技投入；T 为全国的有关税收；μ_j 为各区域的边际投入倾向。

4. 国际化条件下对国外技术的需求

建模依据：在国际化条件下，自主创新实质上是引进技术和国内技术的复合、综合、融合，并掌握自主知识产权的过程。

从技术需求的角度，可分为对国内技术的需求和对国外技术的需求，考虑到国内技术和国外技术引进的替代弹性，自主创新实质上可以看成是引进技术和国内技术的复合、综合、融合、改进和提升，因而可以建立下列模型：

$$D_t = \eta [\varepsilon^{\frac{1}{\sigma}} QD_t^{1-\frac{1}{\sigma}} + (1-\varepsilon)^{\frac{1}{\sigma}} QM_t^{1-\frac{1}{\sigma}}]^{\frac{\sigma}{\sigma-1}} \tag{2-11}$$

式中，D_t 为总的技术需求；QD_t 为对国内技术的需求；QM_t 为对引进技术的需求；σ 为引进技术和国内技术的替代弹性；ε 为国内技术需求占总需求的比重情况；η 为自主创新的规模放大系数。

这样，综合上述模型，得到如下方程组：

$$
\begin{cases}
C_t = (1-\delta)A_t/(1+r)\phi_t + \dfrac{1+r}{1+r-\tau g}Y_t + \dfrac{r}{(1+r)^2}w_t/\phi_t \\[2mm]
\dfrac{j_t}{n_t} = \dfrac{\alpha v_t}{\beta u_t} \\[2mm]
z_t(s) = q_t\big[j_t(s)\big]^\alpha\big[n_t(s)\big]^\beta \\[2mm]
\zeta Q_t - \theta_t = \dfrac{\mu_j S_t}{\mu_S T_t} \\[2mm]
\dfrac{QD_t}{QM_t} = \dfrac{\varepsilon}{1-\varepsilon}\left(\dfrac{PM_t}{PD_t}\right)^\sigma \\[2mm]
A_{t+1} = (1-\delta)A_t + \delta_1 Q_{t+1} \\[2mm]
QD_t = B_t Q_t{}^x j_t{}^\phi
\end{cases} \tag{2-12}
$$

关于这个方程组的参数的确定方法，可以利用计量经济学方法，也可以采用直接校准、广义矩方法、模拟矩方法、极大似然估计法、贝叶斯估计法等。

面对经济波动、技术变革性冲击、重大体制变迁等环境的不确定性，为了促进区域创新体系国际化的健康稳定发展，需要进行相应的政策创新。在不确定性的条件下，需要通过财政政策（财政科技投入、税收工具）、金融政策、产业技术政策、国际技术贸易政策、产学研合作政策等政策的创新，促进区域创新体系国际化的健康稳定发展。因而需要研究上述模型中的内生变量与财政政策（财政投入、税收工具）、货币政策、产业政策、国际技术贸易政策的动态随机的稳定的关系。例如，国内技术需求与政府补贴的关系，产学研合作及高校科技经费收入的减免税问题，技术引进的相关政策问题，等等。通过模型进一步的深化和实证化，研究各种政策及其组合对区域创新体系及国际化发展的推进作用。

三、几点对策和建议

首先，针对区域创新体系要素联系不紧密的问题，应该加强区域创新体系中各个构成要素之间的联系，形成网络，提高体系的效率，加强企业与高校、公共研究机构之间的联系。此外，还要加强创新支撑机构的建设。大力促进创新支撑机构的建设，使中介组织、生产力服务中心（企业孵化器）、科技创业服务中心、技术转移机构、人才交流机构、经纪人队伍、评估咨询机构的行为更加规范，其效率得到充分的发挥，真正起到促进科技成果转化、技术转移、科技服务、培育高新技术和成果等作用，起到促进知识网络联系的作用。

其次，针对科研布局的不合理性，应该根据各省市不同的区域特点，加强区域之间的交流与合作，按照各区域的竞争优势和区域分工建立起有利于双方、可以更加充分和高效发挥各自资源优势的合作机制；对科研能力较强的几个省市，应当通过政策倾斜和增加投入继续加强它们在科研方面的优势，其投入产出占

GDP 的比重的理想值应参考美国同期数据。此外，政府应当调整自身在创新活动中的作用，确立在支持创新方面的宏观协调职能，将主要精力放在制定政策、改善环境、为基础研究提供必要的支撑和促进界面及体系间的联系上。政府还需要加强相关部门制定和实施政策的协调作用，尤其对于创新政策来说，这种协调更是重要的，因为任何针对单一创新要素的政策若是没有系统其他要素及系统之间的协动，是不可能起到良好效果的（胡志坚，1999）。

最后，高校作为重要的科研机构，在提高自身科研能力的同时，还需要政府和其他机构加大投入支持力度。高校在注重理论研究的同时，也应当重视实际问题的解决及其科研成果转化，以期在创新体系中发挥更大的作用。政府对高校科研投入的比例应当在现有的基础上提高到占大学科研经费的 65％ 的水平上。要策动除政府、企业外的其他机构加强对大学科研的支持力度。政府要适时组织并策动社会多方面参与大学中对创新起重要知识支撑作用的科技活动，而且提供相应的政策等条件，使参与的各方可以分享到这类科技成果；政府应通过政策、项目等手段，降低那些妨碍高校与其他机构有效的合作研究活动和人才流动的制度壁垒，打破不利于建立合作的障碍，引导参与各方依靠各方的利益驱动，建立密切合作的机制。

第二节　区域 R&D 经费投入强度

一、影响 R&D 经费投入强度的因素分析

全社会 R&D 经费投入是指一国或地区政府、企业、个人、商业性金融、非营利机构等投入 R&D 活动中的资金的总和。全社会 R&D 经费投入强度是指一国或地区的 R&D 投入占其当年 GDP 的比重。

R&D 是整个科技活动的核心，它的好坏与成败将直接关系到国家、地区的科技发展水平、技术创新能力、经济发展后劲和社会福利水平。科技竞争力集中表现在 R&D 活动的资金、人才实力上。R&D 投入强度（R&D 经费/区域GDP）是国际通用的衡量一个国家、地区科技竞争力的核心指标，也是构成一个国家、地区综合实力最重要的指标之一。斯特恩等认为一个区域的创新能力由生产一系列相关的创新产品的潜力确定，最重要的因素是 R&D 存量，无论是企业R&D 还是政府 R&D，都能资助新技术、发明、设计和创新生产方式，从而影响创新能力的 R&D 边际产出。他们还发现仅 R&D 投入就能够解释经济合作与发展组织（OECD）国家之间创新能力差异的 90％（Stern et al.，2000）。

瑞士洛桑国际管理开发学院（IMD）每年发表的《国际竞争力报告》将R&D 投入强度列为考察一国或地区综合竞争力的重要指标（IMD，2007）。大幅

度增加对 R&D 的投入正成为世界许多国家或地区提升竞争力的重要战略。1991～1999 年，中国 R&D 投入强度一直在 0.6%～0.83% 徘徊，2000 年首次超过 1%，2001 年达到 1.09%，2003 年达到 1.31%，2005 年中国 R&D 投入强度不足 1.5%，而发达国家的 R&D 投入强度大都在 2.5% 以上。提高 R&D 投入强度是增强区域创新能力、实现产业升级和企业自主创新的需要。根据世界科技发展新趋势及中国未来经济社会发展的需要，《国家中长期科学和技术发展规划纲要（2006—2020 年）》做出了中国走创新型国家发展道路的战略选择，强调把增强自主创新能力作为中国科学技术发展的战略基点，提出了 R&D 投入强度在 2020 年达到 2.5% 的发展目标，各省区也都提出了自己 R&D 投入强度的目标。

但是，和发达国家甚至一些发展中国家相比，中国 R&D 投入强度偏低，许多地区在"九五"、"十五"期间制定的 R&D 投入强度目标没有完成，大多数企业 R&D 投入占销售收入的比重也很低。根本原因就在于创新投入主体的动力不足（刘建华和姜照华，2008），因此，本书通过对 R&D 投入强度的模拟分析来研究区域创新体系的动力问题。

成邦文和何榕指出，R&D 投入强度的变化是多种影响因素综合作用的结果，是一个复杂的动态过程，有其自身的规律性。定性与定量的分析表明，国家的经济实力、政府的科技投入以及企业的 R&D 活动是影响 R&D 投入强度的关键因素。国家经济实力对 R&D 投入强度的影响通过政府科技投入的加强与企业 R&D 活动能力的提高来起作用，政府科技投入的大小与企业 R&D 活动能力的强弱是国家经济实力的体现，也受其影响与制约（成邦文和何榕，2003）。

谭文华和曾国屏指出在社会经济正常运行和增长的条件下，R&D 投入强度的发展轨迹是一条类"S"曲线，并且可以把 R&D 投入强度变化的总过程大致地划分为缓慢增长阶段、快速增长阶段和基本稳定阶段三个阶段。科技投入与经济发展的阶段密切相关：在工业化初级阶段，R&D 投入强度一般不超过 1.5%；在工业化中级阶段，R&D 投入强度为 1.5%～2.5%；在工业化高级阶段，R&D 投入强度一般大于 2.0%。文中作者提出实现中国 R&D 投入稳定增长的几点思考：保持经济社会的稳定发展，是实现 R&D 投入持续增长的前提条件；政府投入仍是现阶段乃至今后相当长时期中国 R&D 投入的重要来源；继续完善市场经济体系建设有利于激发企业投入 R&D 的积极性和主动性；将对 R&D 投入的计划、政策等纳入法制化轨道有利于在制度上保障 R&D 有稳定的经费来源（谭文华和曾国屏，2005）。

赵捷通过分析中国 31 个省（直辖市、自治区）的经济发展与科技投入强度、市场机制、政策环境之间的关联性，指出中国各地区科技工作的差异：科技投入与经济发展"双强"地区北京，科技投入领先于经济发展的西部"三线"地区，其 R&D 投入强度高主要得益于政府的高投入；西部"三线"地区科技投入强度高，但经济实力弱的主要原因是军民科技创新体系分割；绝大部分省市政府的R&D投入强度低；绝大部分省市工业企业R&D投入强度低；在北京、天津和上海，外商投资企业已经成为工业企业R&D活动的主要投资者，而且天津、上海外商投资企业的R&D投入强度高于国有企业（赵捷，2004）。

江静建立模型对R&D投入强度差异的决定因素进行回归分析。通过分析影响中国各省（直辖市、自治区）R&D投入强度差异的因素，得出如下结论。①全国各省（直辖市、自治区）R&D投入强度发展很不平衡，省（直辖市、自治区）际差异随着时间变化有扩大趋势，决定各省（直辖市、自治区）R&D投入强度的因素与初始R&D投入强度有着密切的关系。不同的初始R&D投入强度水平下，R&D投入强度的决定因素也不同。②初始R&D投入强度较高的地区，R&D投入强度的决定因素主要是政府直接补贴和人力资本存量；R&D投入强度中等地区，产业结构和人力资本存量对提高R&D投入强度有着非常显著的影响；R&D投入强度较低地区，产业结构、人力资本以及GDP增长率都对R&D投入强度产生较大影响。③人力资本存量的增加可以提高R&D投入强度，但在不同的R&D投入强度水平的区域，其弹性略有差别（江静，2006）。

格里利谢斯认为，R&D投入是一种流量，是每年用于研究开发的费用支出，支出主体用它来进行研究开发活动，生产新的技术知识，而主体所拥有的技术知识大部分都是以往研究开发所生产的知识和经验的积累，即知识存量。它是影响技术进步的重要因素，是表征经济主体技术进步能力的重要指标。对于经济主体的生产活动而言，能够表明其技术开发能力和潜力的不是各年的流量，而是其所拥有的知识和经验的存量，这种存量构成了日后研究开发的基础（Griliches，1998）。

其他一些研究也表明，科技发展的动力因素包括政府的推动力、市场的拉动力及科技的"自我复制力"，但这些研究大都是定性分析，没有能够从投入主体相互影响的角度定量地分析和预测R&D投入强度。本书从复杂适应系统的角度出发，定量研究R&D投入主体之间、主体与环境之间的互动对区域R&D投入强度的影响。

二、区域 R&D 投入强度模型的建立

本书运用复杂适应系统理论的思想研究区域创新体系，把科技等研究对象作为复杂的生物进化系统，研究其要素之间交互作用的内生特性（aggregate properties）。

区域创新体系是一个多元、动态、竞争、协作、开放的复杂适应系统，R&D投入是其重要的支撑条件。区域创新体系是由具有适应能力的、主动的个

体、企业、高校、政府、中介机构等相互作用而形成的复杂网络（王贤文和姜照华，2006），具有自组织性和自组织能力，创新行为主体在系统环境的刺激和约束下，不断调整要素构成和结构，通过系统各行为主体充分发挥其主观能动作用，在创新系统内部自发、持续地产生出推动创新的动力，从而更好地实现创新系统的整体功能。

企业作为创新主体，在与环境的交互作用中遵循一般的刺激-反应模型（图2-2）。所谓适应性，就是指主体能够与其所在环境及其他主体进行交流，在交流的过程中不断"学习"或"积累经验"，并且根据学到的经验改变自身的结构和行为方式。例如，如果政府出台激励性的政策措施，那么企业就会响应。政府增加科技投入，企业就会相应地增加科技投入。

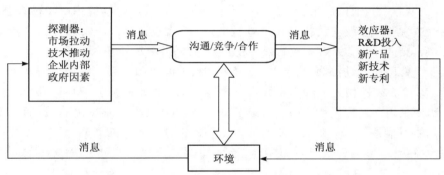

图 2-2 企业 R&D 投入的刺激-反应模型

莱温指出，复杂适应系统通常是指通过异质成分间非线性作用而自组织成等级结构，而这一结构又支配组成成分间的能量、物质和信息流，同时也受其影响。通过自组织，系统的整体属性由局部成分间的非线性相互作用产生，而系统又能通过反馈作用或增加新的限制条件来影响成分间相互作用关系的进一步发展。按照复杂适应系统理论的思想，区域创新体系的发展表现为"种群进化"式的演变过程。从发展动力上看，区域创新体系的一些计量指标（R&D 投入、论文、专利等）的增长主要受创新体系的繁殖力、创造力和环境影响力三种力的作用（Levin，1999）。

按照复杂适应系统理论，系统的演化动力主要来源于三个方面（刘建华和姜照华，2008）：①自身的积累、复制和惯性作用力，它与上一时期的发展状态成正比，这是一种正反馈关系；②环境的推动力，它是一个非线性的作用力，是刺激-反应的结果，这使系统的演化轨迹表现为一个受限生成的控制过程；③系统的创造力，它是通过某种要素的集聚而涌现出来的推动力。

就 R&D 投入而言，R&D 投入强度的演化动力主要来源于三个方面：①R&D 投入强度自身的积累、复制和惯性作用力，它与上一时期的 R&D 投入强度成正比，当上年 R&D 经费投入占地区 GDP 比重比较大时，当年 R&D 投入强度也会比较高；②政府的政策环境的推动力，它与政府的财政科技投入直接相关；③市场的拉力，它与 R&D 经费投入能够带来的经济收入直接相关。如果新产品销售收入随着 R&D 经费投入的增长而增长，也会促进 R&D 经费投入的增长，形成正反馈关系。

本书选择中国各省（直辖市、自治区）三年相关指标的平均值作为样本，一些省份缺乏数据，故总共 27 个样本（国家统计局和科学技术部，1999；2001；2002；2003）。运用计量经济学软件对 27 个样本进行回归分析，得出回归方程为

$$y(t) = 0.982\ 17y(t-1) - 5.470\ 817y(t-1)^2$$
$$+ 13.311\ 82g(t-1)y(t-1) + 0.013\ 126uv + 0.000\ 336 \qquad (2\text{-}13)$$

式中，$y(t)$ 为当年的 R&D 投入强度；$y(t-1)$ 为上年的 R&D 投入强度；$g(t-1)$ 为上一年政府科技投入占地区 GDP 的比重；u 为企业科技人员占全社会科技人员的比重；v 为新产品销售收入占地区 GDP 的比重。

以下就多元线性回归分析的模型摘要及得出的回归系数作检验分析和简单的说明。表 2-3 线性相关项目中，样本决定系数为 0.995，表明所有自变量从总体上与因变量之间高度线性相关；调整后的样本决定系数仍为 0.995，说明自变量的解释能力很强，样本回归方程对样本拟和得很好；回归标准差为 0.000 83；回归方程通过 F 检验，说明线性回归效果显著。同样，三个自变量都通过了 t 检验。

表 2-3 多元线性回归分析的模型摘要

因变量				
变量	系数	标准误	t 统计量	概率
C	0.000 336	0.000 193	1.741 274	0.085 7
$y(t-1)$	0.982 170	0.037 566	26.145 32	0.000 0
$y(t-1)^2$	5.470 817	2.617 937	2.089 744	0.040 0
uv	0.013 126	0.003 611	3.634 512	0.000 5
$g(t-1)\ y(t-1)$	13.311 82	5.606 902	2.374 185	0.020 1
样本决定系数	0.995 351	因变量的均值		0.009 633
调整后的样本决定系数	0.995 106	因变量的标准差		0.011 866
回归标准差	0.000 830	赤池信息量（AIC）		11.290 21
残差平方和	5.24E05	施瓦茨信息量（SC）		11.142 41
对数似然比	462.253 6	F 检验的统计量		4 067.578
DW 统计量	1.174 096	相伴概率		0.000 000

根据回归方程（2-13）中计算得出的各省（直辖市、自治区）的 R&D 投入强度结果，可以将 27 个样本地区划分为三类。

第一类地区，R&D 投入强度大大高出全国平均水平，有北京、陕西、上海、天津等。2003 年全国 R&D 投入强度平均水平是 1.31%，而北京达到 6.61%，

是全国平均水平的 5 倍多；陕西 R&D 投入强度为 2.87％，也超过全国平均水平的 2 倍多。

第二类地区，R&D 投入强度在全国平均水平附近，这类地区有广东、江苏、湖北、甘肃、辽宁等。

第三类地区，R&D 投入强度与全国平均水平相差较远，除了第一类及第二类之外的其他地区都属于第三类地区。其中新疆和内蒙古的投入强度最小，仅相当于全国平均水平的 1/5 左右。

三、对河南的模拟分析

根据回归方程（2-1）所构建的中国区域 R&D 投入强度模型，下面分两种情景对河南的 R&D 投入强度进行预测。

河南 2005 年的 R&D 投入强度为 0.5％，2005 年企业科技人员占全社会科技人员比例为 56.7％，假设 2011 年增长到 68.7％；2005 年新产品销售收入占地区 GDP 的比重为 5.6％，2010 年提高到 17.1％。2005 年政府科技投入（这里的政府科技投入，不仅包括财政科技投入，而且包括各种政策性的非财政投入，如税收减免、用地、用人等政策措施"折合"的政府投入）占全社会科技投入的比重为 20.5％，2010 年政府科技投入占全社会科技投入的比重提高到 45.5％。那么，利用回归方程（2-1）进行模拟分析，可以得出，到 2010 年河南的 R&D 投入强度可以达到 1.2％，到 2020 年河南的 R&D 投入强度可以达到 3％，如表 2-4 所示。

表 2-4 对河南 2011～2020 年区域研发经费投入强度的模拟分析 （单位：％）

年份	R&D 投入强度	政府科技投入占全社会科技投入比重	新产品销售收入占地区 GDP 比重	企业科技人员数占全社会科技人员数比重
2011	1.36	45.5	17.1	68.7
2012	1.5	45.5	17.1	68.7
2013	1.7	45.5	17.1	68.7
2014	1.89	45.5	17.1	68.7
2015	2.1	45.5	17.1	68.7
2016	2.2	45.5	17.1	68.7
2017	2.4	45.5	17.1	68.7
2018	2.6	45.5	17.1	68.7
2019	2.77	45.5	17.1	68.7
2020	2.95	45.5	17.1	68.7

通过对河南的模拟分析表明，要在短时间内，较快地提高 R&D 投入强度，就必须更加充分地发挥政府的推动作用。这种推动作用首先表现在"政府科技投

入占全社会科技投入比重"这个指标的提高上。模拟表明，要使河南 R&D 投入强度从 2005 年的 0.5％提高到 2020 年的接近 3％，就需要"政府科技投入占全社会科技投入比重"从 25.5％提高到 45.5％。

四、提高区域 R&D 投入强度的途径

第一，政府采取切实有效措施，保证财政 R&D 经费投入持续、稳定增长。要促使财政收入占 GDP 比重不断上升。政府财政应该优化科技支出结构，合理、有效地配置科技资源。选择能最大限度地促进地区科技投入快速增长的重点领域、重点产业、重点企业和重点项目集中投入。在确保重点前提下，也应该增加对基础研究、农业和社会公益研究的投入，并专项支持综合研究和开发能力较强的国家重点研究单位的发展。

第二，在市场经济条件下，企业应是科技开发和投入的主体，这是市场经济发展的必然规律。发达国家中企业 R&D 活动所占的份额一般都在 50.80％。中国经济发达省份的结构比例也说明了这个问题。例如，广东企业所占的经费投入比重为 88.89％，山东为 86.62％。长期以来中国企业技术创新能力较弱，企业 R&D 主体地位没有形成，这就造成了科技与经济的脱节。因此，为了鼓励企业开展 R&D 活动，增加企业 R&D 投入，首先政府投入应向企业倾斜，并通过政府补贴、减轻税负、优惠贷款等一系列间接投入政策推动企业 R&D 投入；其次，科研机构应以企业的需求为支撑，注重研发与实际运用的结合，加强企业与科研机构的融合度，使得科研成果具有较强生产可行性、较高的市场成熟度和较小的投资风险，引导企业把 R&D 活动视为企业长期生存的关键要素，使企业的 R&D 投入比重逐步扩大，最终成为 R&D 投入的主体。

第三，建立和健全多元化的 R&D 投入体系，提高地区的研发经费投入。单靠政府是不够的，必须面向市场，采取多渠道、多途径筹集科技资金，才能建立和健全多元化的 R&D 投入体系。要引导全社会多渠道、多层次增加 R&D 投入，形成以政府财政投入为引导、企业投入为主体、银行贷款为支撑、社会集资和引进外资为补充、优惠政策作扶持的全社会 R&D 投入体系。鼓励金融机构扩大科技贷款规模。金融部门要进一步调整信贷结构，对符合贷款条件的科研机构、科技先导型企业和高新技术企业、民营科技企业应优先给予流动资金贷款，提高对科技项目的贷款比例，对高新技术成果商品化、产业化给予重点支持，强化科技与金融结合的机制。

第四，借鉴国外的经验，通过国家政策性补贴、银行低息或无息贷款、风险投资公司的投资、风险企业创办者自身的投资、各种资助、引资等途径，筹集风险基金，为地区科技和高新技术产业的发展创造良好的投资环境。鼓励非银行金

融机构依法开展科技投资、保险、担保和租赁等业务。通过加大科技投入，努力提高 R&D 投入强度。

第五，对科技落后地区，就必须更加充分地发挥政府在区域创新投入中的推动作用。这种推动作用不仅表现在财政科技投入的较大增加，而且包括各种政策性的非财政投入，如税收减免，用地、用人等政策措施的落实。

第三节　区域创新体系运行效率评价

一、区域创新体系运行效率的评价模型

区域创新效率是指区域创新投入与产出的转化效率，提高创新效率意味着在保持区域创新投入不变的情况下增加了创新产出，或者在保证创新产出不变的条件下节省了区域技术创新投入。

（一）效率研究方法比较

技术创新效率实质是技术创新投入产出的转化效率，关于投入产出效率的计算通常有三种方法。

第一种方法为算术比例法。该方法是用产出与投入的简单比例关系来表示投入产出绝对效率的高低，该方法的最大优点是简单易用。但是它只适合用于投入产出均为单指标情况下的效率计算，如果效率分析中投入或产出包含多个指标，则该方法不再适用，需要寻求其他的方法来进行效率分析。

第二种方法为参数法。该方法主要适用于单产出和多投入的相对效率测算，它通常是先设定一个投入产出函数，然后将该产出函数的误差项目设计成复合结构（这一结构中包含了衡量投入产出效率的随机项），并根据误差项的分布假设不同，用相应的技术方法来估计生产函数中的各个参数，从而计算出投入产出效率。它的最大优点是通过估计产出函数对投入产出的过程进行了描述，从而使对投入产出的效率估计得到了控制，在计算投入产出效率的参数方法中，随机前沿分析法（SFA）是较为常用的一种方法。

第三种为非参数法。该方法可以计算多投入和多产出的投入产出相对效率，它首先根据样本中所有个体的投入和产出构造一个能够包容所有个体生产方式的最小产出可能性集合（或产出前沿面），即所有要素和产出的有效集合。然后根据这一可能性集合测算投入产出效率。

目前，根据对效率前沿形状和随机误差、低效率值分布的不同假定，用于效率测算的前沿面分析方法主要分为非参数方法和参数方法两类。非参数方法以 DEA 方法为代表，参数方法以随机前沿分析（stochastic frontier analysis,

SFA）为代表，其他方法均是在这两种方法的基础上进一步修正和发展的。

技术创新投入向产出转化是贯穿于技术创新的全过程的，创新投入与产出是多变量和不同量纲的，所以，要测量技术创新的绝对效率极其困难。本书认为，如果以较少投入得到较高的绩效，那么，这样的投入产出关系是生产前沿面，在这个前沿面上的企业技术创新是有效率的，也就是说技术创新效率达到最高。因此本书采用 DEA 方法进行有效性分析。

DEA 是在"相对效率评价"概念基础上发展起来的一种新的系统分析方法。自 1978 年由著名的运筹学家查尔斯和库柏首先建立第一个 DEA 模型以来，有关 DEA 方法和模型的理论研究不断深入，对 DEA 方法的理解和应用也在不断地深入和发展。DEA 方法不仅可以用线性规划来判断被评价单位对应的点是否位于有效生产前沿面上，同时又可以获得许多有用的管理信息。因此，DEA 方法现已成为管理科学、系统工程和决策分析、评价技术等领域中的一种重要而有效的分析工具和研究手段（魏松龄，2004）。

与其他评价方法不同，DEA 方法对具有多项投入指标和多项产出指标的复杂系统有较强的适用性。而区域创新是一个具有多种投入和多种产出的复杂适应系统，因此适合应用 DEA 方法来进行评价。采用此方法进行区域创新效率评价，DEA 方法的优势主要表现在以下几个方面。①DEA 方法致力于每个决策单元的优化。通过次优化运算得到每个决策单元的优化解，而不是对决策单元集合的整体进行优化，从而得到更切实的评价值。②DEA 方法以决策单元的各个投入指标和产出指标的权重为变量进行评价运算，而不是预先借助于主观判定或其他方法确定指标的权重，从而避免了确定权重的误差，使得评价结果更具有客观性。③DEA 方法可以直接采用统计数据进行运算，而不像一般统计评价模型那样，需要对指标体系重新定义或需预先对指标进行相关分析，从而避免了建立指标体系以及确定某种已投入指标对若干产出指标的贡献率等烦琐的智力劳动，使评价方法更具有简明性和易操作性。④DEA 方法强调在被评价决策单元群体条件下的有效"生产"前沿的分析，而不是像一般统计模型那样着眼于平均状态的描述，从而使研究结果更具"理想性"。⑤DEA 方法通过"最佳"决策单元子集的选择，可以为决策者提供众多有效计划的管理信息，从而使在"生产"计划中寻求有效并且有目的地确定减少投入指标或提高产出指标的数量成为可能。

DEA 方法最基本的模型是 C^2R 模型。这种评价方法以数学规划为工具，综合分析评价对象的多元投入-产出指标，并通过线性优化得出每个指标的最优权重和每个评价对象的相对效率。

这种方法的 C^2R 评价模型为

$$\begin{cases} \min\theta \\ \text{s. t. } \sum\lambda_j x_j \leqslant \theta x_0 \\ \sum\lambda_j y_j \geqslant y_0 \\ \lambda_j \geqslant 0, \quad j=1, \cdots, n \end{cases} \tag{2-14}$$

式中，θ 为效率，是优化的目标函数；x 为投入变量；y 为产出变量；λ 为拉格朗日乘数。

（二）决策单元及指标选取

因为部分地区数据搜集困难，故在此选取全国共 27 个省（直辖市、自治区）作为决策单元。从整体来看，这 27 个省（直辖市、自治区）已有足够的代表性。

遵从系统性、科学性、可比性、可测取性（或可操作性）这四个原则，来选取输入指标和输出指标。

1. 输入指标（R&D 投入）

R&D 投入主要指每年用于研究开发的费用支出和人力投入，它是科技生产活动重要的投入要素。作为流量它是技术知识存量的来源。支出主体用它来进行 R&D 活动，以生产出新的技术知识。这些新的技术知识对于一个地区或一个企业的生产活动来说具有非常重要的作用。主要的 R&D 投入指标如下：①独立研究机构科技经费内部支出总额；②大中型工业企业科技经费内部支出总额；③高等学校科技经费内部支出总额；④独立研究机构从事科技活动人员；⑤大中型工业企业从事科技活动人员；⑥高等学校从事科技活动人员。

2. 输出指标（R&D 产出）

按照国际国内的惯例，R&D 直接产出主要从专利、科技论文及新产品销售收入三方面考察。专利是对专利权的简称。专利分三种，即发明专利、实用新型专利和外观设计专利。主要的 R&D 产出指标是：①专利授权量；②三系统收录的科技论文数（三系统是指"科学引文索引"（SCI）、"科学技术会议录索引"（ISTP）和"工程索引"（EI））；③三年平均不变价新产品销售收入。

二、区域创新体系运行效率的比较

在经济生产活动分析中，人们还常常使用规模收益的概念来反映产出对投入的相对不减性程度。因此规模收益是投入方十分关注的一个问题，因为这一指标可以度量投入方加大投入的力度，由此影响其下一步的投入力度，所以，研究投入产出的规模收益无疑是有意义的。当效率为 1 时，即可判断该区域创新体系为相对 DEA 有效，反之则为相对 DEA 无效。规模收益有效性的判别方法如下：如果 $\frac{1}{\theta}\sum_{i=1}^{n}\lambda_j<1$，表示决策单元为规模收益递增；如果 $\frac{1}{\theta}\sum_{i=1}^{n}\lambda_j>1$，表示决策单元为规模收益递减；如果 $\frac{1}{\theta}\sum_{i=1}^{n}\lambda_j=1$，则表示规模收益为最佳。当规模收益达到最佳时，增加或者减少投入都会使产出减少。这里的规模收益有效即在投入和产出比上已达到规模效益最优，规模收益递增即为投入每增加一个单位时，其相应的产出增加值则大于一个单位，规模收益递减即为当投入每减少一个单位时，其相应的产出增加值则小于一个单位。2006 年区域创新体系运行效率分析结果如表 2-5 所示。

表 2-5　2006 年区域创新体系运行效率分析结果

省（直辖市、自治区）	效率/%	独立研究机构从事科技活动人员的浪费/万人	大中型工业企业从事科技活动人员的浪费/万人	高等学校从事科技活动人员的浪费/万人	独立研究机构内部支出总额的浪费/10 亿元	大中型工业企业内部支出总额的浪费/10 亿元	高等学校内部支出总额的浪费/10 亿元	规模收益状态参数
北京	100	0	0	0	0	0	0	1
天津	100	0	0	0	0	0	0	1
河北	48.98	0	1.0755	0	0	0	0	0.5427
山西	68.53	0.4553	2.0499	0.0203	0	0.085	0	0.2303
内蒙古	68.82	0.2777	0.4363	0.1072	0	0	0	0.1397
辽宁	100	0	0	0	0	0	0	1
吉林	100	0	0	0	0	0	0	1
黑龙江	100	0	0	0	0	0	0	1
上海	100	0	0	0	0	0	0	1
江苏	65.99	0.0356	5.208	0	0	5.5495	0.1873	0.9787
浙江	100	0	0	0	0	0	0	1
安徽	90.3	0.4282	0.5234	0	0	0.5374	0.1664	0.4286
福建	1	0	0	0	0	0	0	1
江西	44.11	0.1213	0.4741	0.0833	0	0	0.0254	0.335
山东	97.53	0.202	6.4204	0	0	10.0273	0	2.5121
河南	70.12	0.7575	3.0209	0	0.508	1.2364	0	0.534
湖北	100	0	0	0	0	0	0	1
湖南	100	0	0	0	0	0	0	1
广东	100	0	0	0	0	0	0	1
广西	37.61	0.0758	0	0.2168	0.0042	0	0	0.2032
四川	46.03	0.4956	0.9485	0	0	0	0	0.4599
贵州	62.25	0.1693	0.3519	0.0165	0.0661	0	0	0.131
云南	55.63	0.2531	0	0.2487	0.1826	0	0	0.1651
陕西	71.88	0.9724	1.6019	0	0	0	0.6727	0.7744
甘肃	100	0	0	0	0	0	0	1
青海	57.76	0.0076	0.0383	0.0226	0	0	0	0.0184
宁夏	36.65	0.0114	0.0257	0.0009	0	0	0	0.0369
新疆	66.08	0.1919	0	0.0313	0.0896	0.1913	0	0.1667

从表 2-5 中可以看出：北京、广东等为相对 DEA 有效的地区（相对运行效率为 100%）；贵州等为相对 DEA 无效地区（2006 年贵州的效率仅为 62%）。西部地区较东南沿海经济发达地区而言，区域创新体系运行效率处于较低水平。

处于东北地区的辽宁、吉林、黑龙江三省处于相对 DEA 有效的地区，而东北地区的工业基础和经济基础很好，说明东北地区的区域创新效率正在为其经济振兴服务。

从表 2-5 规模收益状态参数来看，对规模收益没有达到最佳的决策单元，可以通过提高效率，也就是在区域创新体系运行效率最高的情况下，即使投入减少也能达到相同的产出。如果使效率提高到前沿面上，在投入的人员和经费大为减少的情况下，也可以达到和效率提高之前相同的产出。

表 2-6 是 2006 年各省（直辖市、自治区）创新体系投入产出要素的对偶值表，它反映了各投入产出要素的相对重要程度。例如，2006 年北京的投入要素中，大中型工业企业从事科技活动人员的对偶值是 0.2593，高于其他投入要素，因此它是最重要的，说明北京大多数科技人员集中在高校和科研机构，而大中型工业企业从事科技活动人员相对较少。在产出的四项指标中，新产品销售收入的对偶值是 0.0179，因此它是最重要的，必须引起重视。又如，对于河南而言，2006 年高等学校科技经费内部支出总额的对偶值为 1.481，远高于其他投入要素，因此它是最重要的，必须引起重视。

表 2-6 2006 年各投入产出要素的对偶值表

省（直辖市、自治区）	独立研究机构从事科技活动人员数	大中型工业企业从事科技活动人员数	高等学校从事科技活动人员数	独立研究机构内部支出总额	大中型工业企业内部支出总额	高等学校内部支出总额	技术市场成交合同金额	新产品销售收入	国内专利申请授权	国外主要检索工具收录科技论文数
北京	0.0056	0.2593	0.0074	0.0006	0.0046	0.0033	0.0128	0.0179	0.0037	0.0021
天津	0.015	0.2736	0.0227	0.1561	0.0035	0.0242	0.004	0.0552	0.0004	0.0148
河北	0.032	0	0.0169	0.2966	0.04	0.7713	0	0	0.0068	0.2114
山西	0	0	0	0.8312	0	1.3491	0	0	0	0.3684
内蒙古	0	0	0	1.6115	0.0702	3.3852	0.6891	0.0352	0	0
辽宁	0.0312	0.0162	0.0094	0.0054	0.001	3.7376	0.0084	0.0073	0.0153	0.1072
吉林	0.0082	0.2051	0.0197	0.2967	0.0916	0.0396	0.0019	0.0168	0.0004	0.1967
黑龙江	0.157	0.0083	0.011	0.4373	0.1189	0.0037	0.0001	0.0006	0.0017	0.1942
上海	0.0277	0.1439	0.0205	0.0025	0.0007	0.0034	0.0053	0.0212	0.0029	0.0007
江苏	0	0	0.2287	0.0567	0	0	0	0.0109	0.003	0.0268
浙江	1.1548	0.0019	0.0213	0.0136	0.0031	0.012	0.0083	0.0014	0.0144	0.0545
安徽	0	0	0.5773	0.3285	0	0	0	0	0	0.1946
浙江	1.1548	0.0019	0.0213	0.0136	0.0031	0.012	0.0083	0.0014	0.0144	0.0545
安徽	0	0	0.5773	0.3285	0	0	0	0	0	0.1946
福建	0.5831	0.0052	0.0277	1.1812	0.0028	0.1594	0.0549	0.083	0.0008	0.0223
江西	0	0	0	0.9952	0.2592	0	0	0.1205	0	0.09

续表

省（直辖市、自治区）	独立研究机构从事科技活动人员数	大中型工业企业从事科技活动人员数	高等学校从事科技活动人员数	独立研究机构内部支出总额	大中型工业企业内部支出总额	高等学校内部支出总额	技术市场成交合同金额	新产品销售收入	国内专利申请授权	国外主要检索工具收录科技论文数
山东	0	0	0.2079	0.1076	0	0.4515	0	0.0211	0.0058	0.0639
河南	0	0	0.6563	0	0	1.481	0.0114	0.0505	0.0164	0.1722
湖北	0.0218	0.022	0.0025	0.2016	0.0728	0.0093	0.0007	0.0002	0.0002	0.1098
湖南	0.119	0.0222	0.0104	1.1901	0.0047	0.0089	0.0426	0.0011	0.0001	0.1859
广东	0.663	0.0014	0.0234	0.0058	0	0.0845	0.0198	0.0011	0.0158	0.015
广西	0	0.3854	0	0	0.0342	0.9418	0	0.0921	0.088	
四川	0	0	0.1745	0.0171	0.0033	0.3686	0	0.0075	0.0092	0.0655
贵州	0	0	0	0	0.1841	13.464	0		0.4218	0.2432
云南	0	0.219	0	0	0.0938	3.5299	0		0.1751	0.337
陕西	0	0	0.1828	0.1168	0.0325	0	0			0.0936
甘肃	0.0084	0.0019	0.1264	0.359	0.102	1.8538	0.0022	0.0008	0.0043	0.3792
青海	0	0	0	6.2315	0.2714	13.091	2.6646	0.1361		
宁夏	0	0	0	8.7244	0.6429	10.034	0		0.2875	0.8964
新疆	0	0.5627	0			9.0679	0.4974		0.2805	0.0889

三、区域创新效率差异的分析

由以上分析可以看出，不同区域的创新效率是有很大差异的，同高效率地区比较，2006年宁夏的创新效率只达到高效率省（直辖市、自治区）的37％，而新疆也只达到了66％。运用计量经济学方法可以分析出宁夏、新疆、河南（相对效率为70％）等省（自治区）效率较低的原因。通过分析，我们发现，创新效率具有历史的路径依赖性，上一年的创新效率 y_t 对下一年的创新效率 y_{t+1} 具有很大影响，同时高校和企业的合作 x_1、地区的技术市场发育程度 x_2 对创新效率也有相当影响。以各省（直辖市、自治区）2003～2006年的创新效率为因变量，以各省（直辖市、自治区）（海南、重庆、西藏等缺乏数据）2003～2006年"高校经费中来自企业的比例"、"新产品销售额与科技经费内部支出额的比值"、"技术市场成交额与科技经费内部支出额的比值"作为自变量，得到如下模型：

$$y_{t+1}=0.153\,833+0.706\,75y_t+0.005\,305x_1+0.225\,7x_2x_3 \qquad (2\text{-}15)$$

式中，y_{t+1} 为当年的创新效率；y_t 为上一年的创新效率；x_1 为"新产品销售额与科技经费内部支出额的比值"；x_2 为"高校经费中来自企业的比例"；x_3 为"技术市场成交额与科技经费内部支出额的比值"。表2-7是模型（2-15）的计量经济学检验结果。

表 2-7 区域创新效率影响因素模型的检验

因变量：y_{t+1}			
变量	系数	标准误	T 统计量	概率
C	0.153 833	0.043 240	3.557 638	0.000 6
y_t	0.706 748	0.080 781	8.748 893	0.000 0
x_1	0.005 305	0.002 849	1.862 328	0.066 2
$x_2 x_3$	0.225 678	0.116 528	1.936 680	0.056 3
样本决定系数	0.726 480	因变量的均值		0.713 061
调整后的样本决定系数	0.716 222	因变量的标准差		0.237 798
回归标准差	0.126 677	赤池信息量		−1.247 910
残差平方和	1.283 758	施瓦茨信息量		−1.132 157
对数似然比	56.412 22	F 检验的统计量		70.827 55
D W 统计量	1.575 337	相伴概率		0.000 000

模型（2-15）说明，当年的创新效率由"上一年的创新效率"、"新产品销售额与科技经费内部支出额的比值"、"高校经费中来自企业的比例"、"技术市场成交额与科技经费内部支出额的比值"决定。"高校经费中来自企业的比例"代表产学结合的紧密程度，这个比值越大，说明产学结合得越紧密；"技术市场成交额与科技经费内部支出额的比值"代表技术市场的发育程度及地区科技竞争力。模型（2-15）正符合埃茨克维茨（Etzkowitz）提出的"大学-企业-政府"三螺旋（triple helix）理论。

美国纽约州立大学埃茨克维茨教授在观察、分析和总结全球知识经济发展经验的基础上，提出了著名的并被广泛认同的"三螺旋理论"，即"大学-企业-政府"三者动态的、相互渗透的交互作用，形成了三力交叉、螺旋纽结的网络关系，这是决定和提高区域创新效率发展的主要动力和结构。荷兰学者利德斯多夫（Leydesdoff）对此概念进行了发展并提供了该模型的理论系统。三螺旋模型理论利用一个螺旋形的创新模型（区别于传统的线性创新模型），描述了在知识商品化的不同阶段，不同创新机构（公共、私人和学术）之间的多重互动关系。这种螺旋形的关联是由创新的不同阶段演化而来的，并使得上述的三种创新主体日益密切地相互作用，从而最终形成所谓的"三螺旋"，并使创新在高效率的前沿面上运行（亨利·埃茨科维茨，2005）。

埃茨科维茨的《三螺旋》一书由麻省理工学院和波士顿地区、斯坦福大学和硅谷两个案例出发而得出"三螺旋"理论。埃茨科维茨认为，现代大学的地位与作用已经发生了根本性的变化，两次大学革命使大学分别增加了研究和社会服务两大重要使命，大学已由社会次要机构上升为社会主要机构，成为与产业、政府同样重要的社会机构，由此引发了"大学-产业-政府"三螺旋合作创新模式的研究。这实质上是一个政府依托大学、产业互动实现区域自主创新、提高创新效率的当代主题。

在大学与产业、政府的关系上，埃茨科维茨主张大学应当与产业建立良好的合作伙伴关系，而政府应当支持这种关系的形成。大学不是产业，而是具有产业的某些功能，在与产业互动的同时，仍要保持自己的独特身份和特征。大学、产业、政府之间相互作用，在各种各样的结合中，每个机构范围保持传统作用和独特身份同时又起着其他机构范围作用的三螺旋模式，是组织创造的兴奋剂。《三螺旋》一书还提出了有重要实践意义的区域创新的三螺旋空间的概念：区域创新由三个空间组成，即知识空间、趋同空间和创新空间。知识空间意味着在区域里要有一定规模与层次的大学与研究机构，它们发表的论文被国际承认，其"国际著名检索机构收入的论文数与销售收入的比值"比较高。趋同空间意味着相关参与者在一起工作的过程，包括头脑风暴、问题分析和战略计划形成等活动。创新空间则概指组织的创建或改进，目的在于填补通常在趋同空间被确认的区域发展缺口，实现在趋同空间拟定的战略（周春彦，2006）。

四、科学建模中的知识发现系统：提高创新效率的新工具

建立在 J 系统论基础上的科学知识发现系统是一项有意义的探索，可以大大提高区域研究开发和创新的效率。

（一）J 系统的形式定义

姜照华（Jiang，2000）通过范例分析的方法，深入探讨科学知识体系的构成，提出 J 系统论。所谓 J 系统，是由一个范式概念集和三个基础概念集构成的知识体系。范式概念集写为 $[P]$，三个基础概念集分别写为概念集 $[A]$、概念集 $[B]$、概念集 $[C]$。按照这个定义，可以发现许多科学知识系统都是 J 系统。

J 系统满足如下的形式关系：

$$J = [P]([A], [B], [C]) \tag{2-16}$$

或
$$J = ([A], [B], [C], [P]) \tag{2-17}$$

或
$$J = [A]O_1[B]O_2[C] \tag{2-18}$$

这里 O_1 和 O_2 是三个基础概念集 $[A]$ 和 $[B]$、$[C]$ 的相互作用。

系统 J 的认知范式 $[P]$ 决定三个基础概念集之间的联系方式，即 $[P]$ 实际上代表了系统的质的规定性。认知范式是认知活动的视角、因素、痕印、价值，指人们看问题、进行科学研究的本质特征，是思想纲领或行为方式的质，因此它受文化传统、思维方式和基础知识的影响。认知范式这一概念，在科学哲学中，库恩称之为"范式"、拉卡托斯称之为"研究纲领"，而劳丹则称之为"研究传统"。

这样，给定了一个系统 J，如果定义：

（1）概念集 $[A]$，其子集、要素、元素等写为 a_i，$[A] = \{a_1, a_2, \cdots$

$a_n\}$；

（2）概念集 $[B]$，其子集、要素、元素等写为 b_i，$[B] = \{b_1, b_2, \cdots, b_n\}$；

（3）概念集 $[C]$，其子集、要素、元素等写为 c_k，$[C] = \{c_1, c_2, \cdots, c_n\}$；

（4）使三个概念集联系成系统的某种认知范式 $[P]$，它由一些概念的集 $[P] = \{p_1, p_2, \cdots, p_n\}$ 描述。

这是一个完全形式化的定义，而"某种"一词表述了这样的信息，可有各式各样的 $[P]$，每个具体的 $[P]$ 都与具体的三个基础概念集相对应，从而都对应着一类系统。

许多科学技术知识系统都是 J 系统，举几个简单的例子。

1. 牛顿力学系统

$$N = ([x, v, a], [m, I], [f, M]) \tag{2-19}$$

式中，$[A] \rightarrow [x, v, a]$ 为运动变量的集；$[B] \rightarrow [m, I]$ 为质量变量的集；$[C] \rightarrow [f, M]$ 为动力变量的集；$[P] \rightarrow$ [质点、惯性系，等等] 为范式概念集。

2. 机械系统

$$\text{机械运动系统} = ([y, \alpha, V, \omega], [M, N, K, J, \beta], [F, T]) \tag{2-20}$$

式中，$[A] \rightarrow [y, \alpha, V, \omega]$ 为运动变量的集；$[B] \rightarrow [M, N, K, J, \beta]$ 为质量变量的集；$[C] \rightarrow [F, T]$ 为动力变量的集；$[P] \rightarrow$ [机械、运动，等等] 为范式概念集。

3. 控制系统

$$\text{一般的控制系统} = (x, [m, u, r], y)$$

式中，$[A] \rightarrow x$，$[B] \rightarrow [m, u, r]$，$[C] \rightarrow y$，而 $[P] \rightarrow$ [反馈、控制，等等] 是范式概念集，并且常用的线性的控制论模型是

$$\mathrm{d}x/\mathrm{d}t = mx + u, \quad y = rx \tag{2-21}$$

总之，许多科学知识系统都可以纳入 J 系统的分析中。

（二）J 系统的五类形式化模型

不同领域的科学模型在形式结构上往往是完全一样的或近似的，对此 J 系统论从对许多具体的科学模型的形式分析出发，把各种不同的范例模型进一步抽象化，归纳为五种简单的形式模型，并且发现，很多模型都可以看成是由四个（至

少三个）模型块构成的。

模型块（简称模块）是由若干概念的变量构成的具有明确含义的符号集成体。例如，关于刚体运动模型的三个模块分别是 M（转动惯量）、F（力矩）、d^2x/dt^2（加速度）。模块在模型中具有明确的"物理含义"或"化学含义"等具体的科学含义。模型由模块简单的构成，但模块可以是很复杂的。在经济增长理论的科布-道格拉斯生产函数模型 $Y=aK^\alpha L^\beta$ 中，a、K^α、L^β 就是三个模块；而在贝塔朗菲的开放系统的一般方程 $d\theta_i/dt=T_i+P_i$（$i=1, 2, \cdots, n$）中，$d\theta_i/dt$、T_i、P_i 也是三个模块。

模块是构成模型的中间产品，写为模块 A、模块 B、模块 C、模块 P。模块是 $[A]$、$[B]$、$[C]$、$[P]$ 中的某些要素按照某种数学操作而整合成的。模块 A、模块 B、模块 C、模块 P 一般是由 $[A]$，$[B]$，$[C]$，$[P]$ 共同决定的，它们之间并没有简单的对应关系。但是，通常，A 更多是由 $[A]$ 决定的——在 $[A]$ 基础上生成的；同样，B 更多是由 $[B]$ 决定的——在 $[B]$ 基础上生成的；C 更多是由 $[C]$ 决定的——在 $[C]$ 基础上生成的；P 更多是由 $[P]$ 决定的——在 $[P]$ 基础上生成的。

J 系统共有五类形式化模型：局整模型、因果模型、控制模型、优化模型、演化模型等。

1. 局整模型

局整模型反映整体和局部的关系。它的形式模型是

$$J=P(A, B, C) \tag{2-22}$$

式（2-22）的三个比较具体的形式是

$$J=Ao_1 \cdot Bo_2 \cdot C \tag{2-23}$$

$$J=A \pm B \pm C \tag{2-24}$$

$$J=A \cdot B \cdot C \tag{2-25}$$

关于式（2-24），一个熟知的经济学上的例子是，国内生产总值＝投资＋消费＋净出口；而对式（2-25），经济学上，另一个熟知的例子是科布-道格拉斯生产函数模型 $Y=aK^\alpha L^\beta$，其中，a、K^α、L^β 是三个模块，而 Y（国内生产总值）是经济系统的整体性质。

2. 因果模型

因果模型反映构成系统的三个集之间的因果关系。它的形式模型是

$$BOA \Rightarrow C \tag{2-26}$$

式中，O 是 A 和 B 的相互作用，"$\Rightarrow$"的含义是"决定"。依"O"及"$\Rightarrow$"的不同含义，式（2-26）又有各不相同的具体形式，比如：

$$A \pm B = C \tag{2-27}$$

对热力学，$\mathrm{d}U + \mathrm{d}A = \mathrm{d}Q$，$A \to \mathrm{d}U$，$B \to \mathrm{d}A$，$C \to \mathrm{d}Q$。

$$B \cdot A = C \quad or \quad A = C/B \tag{2-28}$$

这个典型的形式是 $f = ma$（牛顿第二运动定律）。事实上，大部分数学形式定义是 $A = C/B$。例如，I（电流强度）$= V$（电压）$/R$（电阻）。

而式（2-29）、式（2-30）、式（2-31）也是比较常见的形式：

$$B : A \to C \tag{2-29}$$

$$C = (A, B) \tag{2-30}$$

$$A - B - C \tag{2-31}$$

3. 控制模型

最一般的控制模型是下列非线性系统：

$$\frac{\mathrm{d}x}{\mathrm{d}t} = f(x, u, t) \tag{2-32}$$

$$y = g(x, u, t)$$

4. 优化模型

科学、工程、社会和经济等领域中的许多优化问题，最终均可以归结为求解一个带有约束条件的函数优化问题。优化模型的一般形式可以写为

$$\begin{matrix} \min A \\ \mathrm{s.\,t.}\ B \leqslant C \end{matrix} \tag{2-33}$$

式中，A 为优化函数；B 和 C 为约束条件。模糊逻辑系统、神经网络、遗传算法、粒子群算法、支持向量机及粗糙集等软计算方法都是以优化模型为基础的。

5. 演化模型

演化模型的一般形式是

$$\frac{\mathrm{d}A}{\mathrm{d}t} = f(A, B, C) - g(A, B, C) \tag{2-34}$$

式中，f 为对演化的促进和肯定作用；g 为对演化的抑制和否定作用。

（三）科学模型的演变途径

通过对大量科学模型的演变实例进行研究，归纳出科学模型演变的下列一些途径。

1. 类比建模

在新模型的设计和开发过程中，科学家运用许多技术或技巧来形成和定义新

的、好的模块，而为了加快进度，一般都会有意无意地依赖于以前的知识、经验和范例模型或采用类比方法。类比建模可以使一个经验有限的研究者建构出比较合理的模型，从而更快速地解决问题。

2. 扩容建模

扩容建模是一个保持已有变量并不断加入新的解释变量的过程，同时演化中暗含着核心要素的内生化，即模型中的核心变量发生了外生→内生的转变。从假设条件的角度来看，扩容式演化包含了基本假设条件的演变，它是一个逐步假设→逐层递进→接近现实的过程。由于理论的发展都是在一定假设条件的基础上，通过逻辑演绎和推理过程而得出结论的，所以假设条件越接近现实，就会越推动结论不断向现实靠拢。

3. 变换建模

变换建模是通过某种变换，使模型从一种形式变换为另一种形式，是模型的结构或形式发生的变化，如由因果模型变成控制模型。

4. 重组建模

"重组建模"是指在原模型的基础上加入两个以上的新元素或变量。

5. 融合建模

融合是相互交叉、融为一体的过程，在科学建模中，两种或几种形式的模型的融合导致新的模型的产生，本书将模型的这种演变形式定义为融合建模。

(四) 科学知识生产的主流程与科学知识发现系统的建构

知识体系由以下六个层次构成：第一层，信息（数据，事实）；第二层，概念体系；第三层，模型块；第四层，模型组；第五层，理论（由概念集、模块、模型组和推理规则构成）；第六层，推论，即在一定初始条件和边界条件下，运用各种概念，根据模型，推导出来的结论、预测、方案等，如图2-3所示。

基于 J 系统理论的知识发现（概念的提出、模型的选择与建构）和知识生产的基本路径是，对一个信息域中生成的科学问题：首先，根据问题的性质从某一类型的形式模型框架下的范例模型库中选择出一批模型，按照某种准则进行测试，由此淘汰一些模型，保留一些模型；其次，从另一类型的形式模型框架下的范例模型库中选择出另一批模型，按照试验准则进行测试，由此淘汰一些模型，保留一些模型；再次，从其余类型的形式模型框架下的范例模型库中选择出一批模型，按照试验准则进行测试，由此淘汰一些模型，保留一些模型；最后，对前

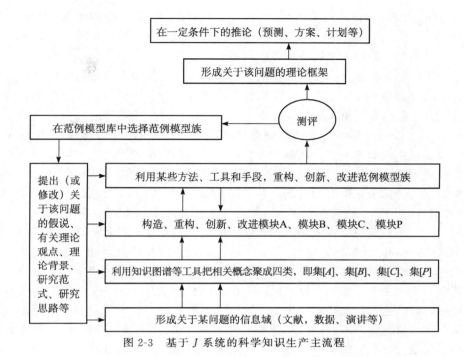

图 2-3 基于 *J* 系统的科学知识生产主流程

述保留下来的这些模型进行改进、重构和创新，并按照试验准则进行测试，由此淘汰一些模型，保留一些模型。如果得到保留的这些模型在科学性、解释能力和预见能力上是令人满意的，那么就把这些模型作为专业研究者进一步研究的基础，由他们进一步确定究竟采用哪个模型。

J 系统方法首先把四个概念集表示在"概念坐标系"的四个象限上，然后探索这些概念之间的关系。概念坐标系的两个轴表示所研究问题的两个根本的、相互对应的、互相"对立"的属性。例如，市场结构问题中的"数量"与"价格"就是其概念坐标系的两个坐标轴；经济增长问题中的"有形要素"与"知识要素"就是其概念坐标系的两个坐标轴。而在知识生产中，利用知识图谱等工具把相关概念分成四类，即聚成集［*A*］、集［*B*］、集［*C*］、集［*P*］，这是建立科学模型的基础。

知识图谱为 *J* 系统方法所提出的"四集分析法"提供了一种强有力的分析工具。目前利用 Bibexcel、SPSS 等软件绘制科学知识图谱的知识发现方法已经很成熟。其步骤是，第一步，下载美国 ISI（科学情报研究所）的 SCI－E、SSCI、AHCI 及 ISTP 等数据库收录的文献资源（通常是数千篇以上论文）；第二步，运用"主题词"检索，从所查询到的论文中，提取重要的关键词；第三步，通过 Bibexcel 软件，对所下载论文的重要关键词进行共词分析，生成共被引矩阵；第四步，利用 SPSS 软件，进行多维尺度分析（multi-dimension analysis）、聚类分析（cluster analysis）、因子分析（factor analysis），并划分出四个概念群组（分别对应 [A]，[B]，[C]，[P]），从而绘制出某个主题（认知范式）下的知识图谱，以供研究者建构科学模块和科学模型。

知识图谱方法成为一种重要获取方法。如何利用知识图谱进行科学建模，从 J 系统方法论的角度看，第一个关键步骤是聚类分析，即把与问题（主题）有关的各概念、各变量聚类为三类（[A]，[B]，[C]）或四类（[A]，[B]，[C]，[P]）；第二个关键步骤是选择范例模块和模型。首先选择形式模型，然后选择向导模型，在此基础上，选择范例模型或一组范例模型。应用范例解决问题的一个难题是正确选择和检查范例。对此，J 系统方法论提供了一种树型检索机制。这种检索机制，根据问题的性质，首先考虑选择形式模型，然后选择向导模型，在此基础上，确定范例模型或一组范例模型。如果说以往 CBR（case based reasoning）的研究侧重于利用成功解决旧问题的范例中的经验来解决新问题，是利用以往的经验来解决新问题；那么本书对利用和借鉴以往（成功地解决了问题的范例）模型来建立新模型，从而就解决新问题进行探讨。事实上，无论是范例中的经验，还是模型或规则都是可以类比和借鉴的，并经过一定的创造性修改或重构后，成功地用于解决新问题，由此形成新的范例。而 J 系统方法则为范例的检索及其与新问题的匹配提供了一种方便实用的方法，在此基础上建立科学知识发现系统也是一项有意义的探索，可以大大提高研究开发的效率。

现在我们可以探索建构一种科学知识发现系统，图 2-4 是我们提出科学知识发现系统的总体框架，这是一种"五库两厅"结构。

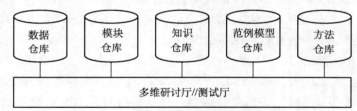

图 2-4　科学知识发现系统的总体框架

五、提高区域创新体系运行效率的途径

从本书的评价结果可知，非 DEA 有效地区在现有的研发投入条件下，研发活动的产出率低，尤其是在专利授权量和新产品销售收入等项指标上欠缺得更多。从表面上看，这是科技生产成果的数目不多、效率不高、成果转化能力弱的表现，但实际上也说明大学的研究成果和企业需求之间有所脱节，有的区域创新体系还不能为科学研究、技术创新和经济发展提供强有力的联结机制，存在系统失灵，不能使新知识在系统中快捷地流动和成功地应用，主要的问题是高校和企业的合作不够紧密、区域的科学水平不高。

为了改变这种状况，提高区域创新系统运行效率，本书提出如下途径。

一是加强企业、高校、政府之间的信息沟通、协作、合作、联盟，使高校、企业、政府三者动态地、相互渗透地交互作用，形成三力交叉、螺旋纽结的网络关系，降低 R&D 投入的风险，提高 R&D 投入绩效。

上海市科技发展研究中心探讨了政府在产学合作的"三重螺旋"的四项措施：①制订相关计划引导产学研合作和发展；②制定政策和法规为产学研合作提供保障；③组建专门的机构为产学研合作发展提供平台；④设立专项资金支持产学研的合作。政府在产学研联盟中功能的定位：①为产学研合作搭建平台；②以项目引导产学研合作；③为产学研合作营造环境。政府还要针对三螺旋体系中的各个角色在产学研合作中的定位不清晰、产学研合作的通道中存在体制机制障碍的问题提出建议：促进产学研体系的融合，重视共性技术研究推广机制，注重对产学研合作项目的评价，善于对政策进行跟踪和落实（上海市科技发展研究中心，2011）。

R&D 投入是一项投入大、风险高、回收期比较长的投资活动，地方政府应制定区域技术发展战略，创造有利环境，鼓励与引导企业与高校的各种各样的合作。理论和实践都已表明，组建技术联盟是产学研合作的有效途径。另外，也可以通过对科技基础条件资源进行战略重组和系统优化，通过网络等先进的手段整合科技资源，建立共享平台，以方便大中型企业、科技型孵化企业、中小企业、高等学校、科研机构的合作，实现互通互融，使资源、技术、管理等咨询服务逐步融为一体，这涉及研究中心、孵化器、科技园、高校技术转移办公室或产业联络办公室等的复杂的相互作用。

二是要健全适应市场经济条件的政府宏观管理机制。在市场经济环境下，应该根据市场主导的原则，确立政府在支持创新方面的宏观调控职能。政府的主要工作是制定政策，改善环境，为基础研究提供必要的支撑，建立坚实的科技基础设施和平台条件，促进企业与科研机构、高校等部门间的联系和互动。

三要建立评价 R&D 绩效的测度体系，完善科技进步水平监测体系，促进科技与经济进一步融合。建议建立评价 R&D 绩效效果的测度体系作为目前科技部"科技进步水平监测与评价系统"的补充监测系统。这样可以完善监测体系，从制度上促进各地区更加注重 R&D 投入的经济效果。

四是国家应调整科技力量布局，把创新资源配置到科学水平高、产学结合紧密、运行效率高的省市，以避免宝贵的创新资源的浪费。不同区域应采取不同的创新体系建设模式，研究型高校比较多、科技实力比较强、创新效率比较高的地区，如北京、上海、江苏、广东、浙江、山东、湖北等省（直辖市），其创新源头将主要来自于内部（即地域范围内的高校和企业及其合作），因而应建设"内生型"的区域创新体系，在国家的大力支持下，积极进行自主创新；对区域内高校比较少、科技实力比较差的一些中西部地区，如西藏、新疆、青海、云南等省（自治区），其创新源头将主要来自于外部（即地域范围之外的高校和企业及其合作），因而应建设"应用型"的区域创新体系，这类地区科技的重点是应用国内外的先进成熟的新技术，进行模仿创新；而对河南、山西、安徽、江西等区域内大学科技实力不够强但又有相当的创新能力的省，应建设"对接型"的区域创新体系，以起到承上启下、"承东启西"的作用，这类区域既承接和扩散先进区域的新技术，同时又在若干优势领域有选择地进行自主创新。

第四节 区域创新体系演化路径的战略分析

一、复杂适应系统的战略选择观

从钱德勒到迈克尔·波特的战略研究，体现出对影响战略管理因素进行的分析越来越深入，它们的共同特征是战略决策所依据的环境是一种客观存在，理性的分析技术是实现战略适应的最佳途径。20世纪80年代以前，环境变化速度相对缓慢，这种理性模式几乎统治了绝大多数组织的战略制定过程。

20世纪末期，战略选择理论研究的一个突出特点，就是运用复杂性范式的思维和方法来对战略选择进行解释。复杂性理论研究的一个最大特点，就是把组织的战略选择问题视为一个复杂性系统来研究。复杂性范式致力于对自然选择与战略选择的结合，强调客观条件与主观努力的结合。

应当看到，复杂性系统理论与战略选择之间存在着极强的内在联系。德国学者曼费歇尔和弗罗赫利奇（Fischer and Frohlich，2001）指出，经济系统发生的变化常常具有不连续性，常常发生根本性的技术创新，常常出现新的组织形式和活动。作为创新系统的战略选择具有持续非对称性（persistent asymmetries）、历史特异性（historical specificity）和制度结构（institutional configurations）的多样性等特征。这些特征很难用新古典经济学的均衡、路径无关和可逆性等观点来描述，但可以用路径依赖（path dependency）和多稳定性（multistability）等复杂适应系统理论的观点来解释。因此，复杂适应系统理论为战略选择理论的发展提供了一种更为有用的框架。

复杂适应系统理论的最基本的概念是具有适应能力的、主动的主体。这种主体会与环境以及其他主体进行交互作用。在这种持续不断的交互作用的过程中，主体不断地"学习"或"积累经验"，并且根据学到的经验改变自身的结构和行为方式，以便更好地在客观环境中生存，并做出自己的创新。在宏观方面，由这样的主体组成的系统，将在主体之间以及主体与环境的相互作用中发展，表现出宏观系统中的分化、涌现等种种复杂的演化过程。整个宏观系统的演变或进化，包括新层次的产生、分化和多样性的出现，新的、聚合而成的、更大的主体的出现等，都是在这个基础上逐步派生出来的。

创新是一个重大技术、社会和制度变迁的过程，这个过程具有路径依赖的特征，这一点是不言而喻的。有一些区域建立的区域创新体系与原来的制度、结构和历史相匹配，即制度变迁极大地调动了人们的积极性，使人们不受约束地把一切可以利用的资源都用来从事收入最大值的活动，从而产生协同效应，取得创新成功，于是出现了市场发展和区域经济的增长。这反过来又成为推动制度进一步变迁（创新）的重要因素，从而出现互为因果、互相促进的良性循环局面。而另一些区域所建创新体系与原来的制度、历史无法形成很好的协调，而是带来观念的、技术的和政策上的锁定。在"锁定"的轨迹中，制度变迁这把双刃剑不能给人带来普遍的收入递增，而是有利于少数特权阶层的利益需要，因而这种制度不仅得不到支持，而且加剧了不公平竞争，导致市场秩序混乱和区域经济的衰退。因此，建立区域创新体系就是区域内重大的制度变迁过程，在这个过程中，我们应尽力避免坠入"锁定"的陷阱。

在复杂性战略选择范式中，适应性是一个主动过程，它是通过适当地改变内源主动模式来对环境挑战做出的创造性反应。它既是"适应"又是"同化"，任何战略选择范式的适应性都暗含这两个要素。

根据复杂适应系统理论，只有适应不断变化的外部环境的组织才能生存。战略作为组织与环境连接的一种工具，追求战略与环境的适应性成为战略管理的核心概念。不同区域的创新环境条件、要素禀赋结构不同，因而应采取不同的区域创新体系发展战略。区域创新体系中的创新体具有智能性、适应性、主动性，可以自动调整自身的状态、参数以适应环境，与其他创新体进行协同、合作及竞争，争取新的发展机会或利益。在这种演化过程中，创新体的性能参数在变，功能、属性在变，整个区域创新体系的运行规则、功能结构也将产生相应的变化。处在开放环境中的各区域在交流和合作的过程中不断"学习"而"积累经验和技术"，并且根据学到的经验和技术改变自身的技术结构和创新行为方式，从而提高区域创新能力，所以，同一区域在不同的环境下应采取不同的发展战略。

二、战略的适用性

梯度推移理论、反梯度理论、要素禀赋结构理论、新追赶理论等在国内对区域经济和区域创新体系的发展有比较重要的影响。梯度推移理论认为，每一个国家和地区都处在自己一定的经济和技术发展梯度上，世界上每一种新产业、新产品、新技术都会随着时间的推移，由处在高梯度上的国家或地区向处在低梯度的国家或地区依次传递下去，通过扩散效应，达到区域经济和技术发展的目的。高洪深等认为，根据梯度发展理论，一个落后地区要实现经济和技术起飞，必须循阶梯而上，不可超越。它应该重点发展占有较大优势的初级产业、简单劳动密集型产业与资源密集型产业，积蓄力量尽快接过那些从高梯度地区淘汰、外溢出来的产业，如钢铁、纺织、食品等衰退部门。之所以必须从这里起步，原因如下。第一，这些部门的发展对发达地区来说虽然已经无利可图，甚至可能造成亏损，但不发达地区却完全可以凭借劳动力价格低廉、资源丰富、地租与税收低等方面的优势，依靠发展这些部门来替代进口，扩大出口，创造利润，为本地区进一步发展积累资金。第二，这些部门虽然在发达地区已达到成熟或衰老阶段，生产能力严重不足，但在一些不发达地区，却可能仍是产业结构中的薄弱环节或空白。而在地区经济发展的过程中，这些都是最基本的部门，是对国民经济与人民生活影响重大、实现地区经济起飞所不可或缺的部门。通过它们的发展，可以加速工业的聚集与城市化的过程，沿着这个方向发展才能最容易地取得发达地区的资金援助与技术转让，而这是落后地区在实现经济起飞时极为需要的。落后地区采取这种发展战略不但对自己有利，而且对发达地区同样也是有利的。第三，一个科学文化与经济基础都很落后的地区不去发展它们占有一定优势的产业部门，而想一步登天，超越发展阶段，把主要力量用于发展在本地没有多大市场或其他方面优势的大型电子计算机、集成电路、高级材料、光学仪表等技术密集型工业，并在这样一些竞争最激烈的领域与最发达地区展开角逐，其结果只能是以失败告终（高洪深，2002）。

显然，梯度理论忽视了落后地区的积极因素和一些国家或地区的特殊性、多样性。为此，马尔立等从西部大开发的角度，坚持反梯度理论。反梯度理论认为落后国家和地区也可能存在着许多潜在的优势和后发优势：一个时期内经济技术的暂时落后并不妨碍后起的国家和地区直接吸收和利用世界最新的文明成果，而其技术成本要比最初开发低得多。同时，一般来说，在同样资金、技术成本的条件下，还具有劳动力成本、资源成本低的优势，只要能把潜在的优势转化成现实的优势，就可能发展起新的优势产业，赶上或超越先进的国家和地区（马尔立，2003）。

林毅夫等（1999）提出"要素禀赋结构"论。他们指出要素禀赋结构是指一个经济中自然资源、劳动力和资本的相对份额。自然资源通常是给定的，劳动力增加的速度取决于人口的增长率，国家之间并无巨大的差异，一般在1%～3%；所以，唯一可以有巨大的增长差异的要素是资本。有的国家可以达到年平均20%～30%的资本积累率，而有的国家仅能达到10%甚至更低的年平均资本积累率。如果这种差异持续一个较长的时期，譬如说一个世纪，将会产生巨大的不同。因此，当我们讨论要素禀赋结构的提升时，事实上是指资本相对丰裕程度的提高。日本和"亚洲四小龙"是自第二次世界大战后，从较低的经济发展水平上起步的。特别是"亚洲四小龙"，其工业化水平在 20 世纪 50 年代初期仍然很低，资本和外汇十分稀缺，人均国内生产总值只有 100 美元左右。但是，这些区域经济得以在二三十年的时间里持续、快速增长。随着资本、技术的积累，它们又逐步发展资本、技术密集型的产业，成为新兴工业化经济，进入或接近发达经济的行列。从日本和"亚洲四小龙"的发展经验来看，它们的经济发展是一种循序渐进的过程。一个与赶超战略截然不同的特点就是，它们在经济发展的每个阶段上，都能够发挥当时要素禀赋的比较优势，而不是脱离比较优势而进行赶超。这些经济体在其不同的发展阶段上，由于要素禀赋所决定的比较优势不同，所以形成的主导产业也是不一样的。一个共同的规律是，随着经济发展、资本积累、人均资本拥有量提高，要素禀赋结构得以提升，主导产业从劳动密集型逐渐转变到资本密集型和技术密集型，乃至信息密集型上面（林毅夫等，1999）。

胡鞍钢等研究了中国知识发展的地区差距。他们对 1978～1995 年 30 个省（直辖市、自治区）的横断面数据分析得出结论，其中人均资本增长解释占 19%，全要素生产率解释占 73%，其他不可解释因素占 8%。他指出，这表明知识贫困是欠发达国家或地区当前和未来经济增长率低下和经济起飞困难的重要原因。反之，向知识贫困宣战，投资于人力资本和知识基础设施建设，提高获取、吸收和交流知识的能力则是落后地区加快发展的关键。同时他们还发现中国不仅存在明显的经济发展差距，而且还存在更悬殊的知识发展差距，各地区的发展模式对其不同资源丰裕程度有着较强的依赖性。矿产匮乏的省份更多依赖于开发利用其丰富的知识资源，同时开放程度高，利用国际资源和国际市场能力强；而矿产资源丰富的省份则更多依赖于开发其丰富的矿产资源，同时开放程度低，利用外国资本和国际贸易的能力低下。因而，矿产资源匮乏而知识资源丰富的地区大多数属于高收入组；相反，矿产资源丰富而知识资源匮乏的地区大多数属于低收入组或中下收入组。在计划经济条件下，矿产资源丰富是中西部地区经济发展的良好基础；但在市场需求格局发生变化的情况下，矿产资源丰富反而成为沉重的包袱。西部发展的最大瓶颈是知识资源匮乏，对现有的知识资源利用能力低下（胡鞍钢，2001）。

从经济增长因素分析的角度看，目前中国各区域的经济都早已走出劳动力经济（劳动力增长在经济增长中的贡献率大于 50%）时代，正处于典型的资本经济（不变资本在经济增长中的贡献率大于 50%）时代，因而落后区域提高经济增长率的关键是投资的较高质量、较高速度的增长，当然促进知识创新和科技进步也成为越来越重要的因素。这样，无论是梯度战略还是新追赶战略都不适合东北老工业基地和中西部区域，因为东北老工业基地和中西部区域与东部沿海地区有相当大的知识梯度，仅仅靠"提高获取、吸收和交流知识的能力"，落后地区是难以加快发展的（肖洪钧和姜照华，2003）。落后地区加快发展的关键是依据要素禀赋结构，充分发挥比较优势，把加快提高投资能力与提高区域创新能力结合起来，由此促进区域经济可持续较快增长。如何把加快投资与提高区域创新能力结合起来，应该是制定新的区域发展战略的出发点。

三、区域创新能力评价指标体系

在现有的研究中，许多学者都对区域创新能力，建立各种各样的创新能力指标评价体系，从而对区域技术创新能力进行度量和评价。以下对一些代表性的区域技术创新能力评价指标体系进行分类，并分别进行阐述和分析。

（一）从投入产出方面建立指标体系

科技部政策法规与体制改革司组织了国内许多著名的专家成立了《中国科技发展研究报告》课题组，在深入研究的基础上，提出了一个地方科技竞争指标体系。该指标体系分成三个层次，共涉及有关科技竞争力指标 41 项，其中一级指标包括科技投入、科技产出、科技与经济一体化程度和科技潜力。虽然地方科技竞争力和技术创新能力是不同的范畴，但二者关系密切，技术创新能力是科技竞争力的基础和核心，所以该体系对区域创新能力指标体系很有借鉴意义。体系中的科技与经济一体化指标符合中国科技与经济脱节的现状。

（二）根据区域创新系统的功能要素建立指标体系

甄峰等构建了四层次综合评价指标体系，即三级评价指标体系，包含 5 个一级指标、11 个二级指标、47 个三级指标。一级指标包括知识创新能力、技术创新能力、管理与制度创新、宏观经济、社会环境。该体系逻辑性不强，有的指标出现重复现象或是高度相关，如知识投入及生产能力中的专职科研人员占总人口比重与技术开发能力中的各类专业技术人员数高度相关，自然和人文指标中的城镇社区服务设施数应该包括知识基础设施指标中的公共图书馆与文化馆（站）数。另外，自然和人文指标中用自然条件状况（气候、景观等）和人均公共绿地面积来评价区域创新体系没有代表性，应该加入一些工业污染净化指标（甄峰等，2000）。

唐彦东建立了三层评价指标体系，包含 6 个一级指标和 27 个二级指标。其中一级指标有经济实力、基础设施、知识创新能力、技术创新能力、服务创新能力、制度创新能力。该体系是从区域创新系统的功能要素角度建立的广义的区域创新能力评价指标体系，系统性较强，但在知识创新能力中应增加对知识流动的研究，在制度创新能力中涉及的要素单一，还需要加入其他对技术创新有推动作用的制度和政策创新指标（唐彦东，2003）。

（三）从创新过程的角度建立指标体系

吕永波等将区域技术创新大致分成了四个阶段，并按阶段建立指标体系。各阶段分别为研究与开发阶段、设计与试制阶段、生产阶段、销售阶段。该体系是从创新过程角度建立指标的，但体系中涉及的指标要素主要是与企业相关的，对于区域创新能力的研究而言，该体系范围相对较窄，需要进一步扩展（吕永波等，2000）。

（四）其他方面的指标体系

罗守贵和甄峰采用自上而下和自下而上相结合的方法构建指标体系，自上而下将区域创新能力分解为六个准则，自下而上地对参评因子进行筛选、匹配和组合，最终建立了一个三层次指标体系，包括 6 个一级指标和 52 个二级指标。其中一级指标有区域综合实力、教育资源与潜力、科学技术资源与潜力、企业创新实力、信息条件、区域政策与管理水平（罗守贵和甄峰，2000）。该体系中有的指标相关性太大，有点重复，如教育资源与潜力中的高等学校在校大学生数与万人大学生数。另外缺少对中介机构的评价，在信息条件中遗漏了最重要的信息工具——信息网络。

由中国科技发展战略研究小组编写的《中国区域创新能力报告》是专门研究和评价中国区域创新能力的（中国科技发展战略研究小组，2002）。该报告按照区域创新系统的框架，建立了分析区域创新能力的指标体系，通过详细的数据加工，对以省为单位的区域创新能力作了分析。报告中建立了一套多层评价指标体系，其中包括 5 个一级指标，以下的各级指标根据研究的内容进行了不同层次的分析。5 个一级指标为知识创新能力、知识流动能力、企业技术创新能力、技术创新环境与管理综合、创新的经济绩效（创新产出）。

李荣平和李剑玲建立了三级评价指标体系，其中包括 3 个一级指标、5 个二级指标、21 个三级指标。一级指标是创新技术基础、创新转化能力和创新经济支撑力（李荣平和李剑玲，2003）。该体系也有指标重复的现象，基础设施评价不完全，没有对中介机构进行研究。

殷尹和梁梁也建立了三级评价指标体系，包括 3 个一级指标、8 个二级指标、52 个三级指标。一级指标是创新技术基础指标、创新环境基础指标和创新经济基础指标（殷尹和梁梁，2001）。该体系对创新系统的主体要素进行了较全面的评价，指标设计也具有科学性，有很高的参考价值。

本书认为，对区域创新能力的评价，总量指标与比例指标不可混用，应当全部采用总量指标（或者全部采用比例指标），同时各权值的选取应通过某种数学方法，在客观数据基础上来确定，而不是所谓的"专家"主观判断。本书从科技投入能力、科技产出能力和科技对经济社会作用这三个方面评价区域创新能力。其中科技投入能力包括科学家和工程师，研究与开发机构科技经费内部支出，大中型工业企业科技经费内部支出，高等学校科技经费内部支出；科技产出能力包括国内专利申请授权和国外主要检索工具收录的科技论文；科技对经济社会的作用指标主要是技术市场成交额、新产品销售收入等。

如何客观地反映各指标的相对重要性（权重）是关键，而主成分分析方法是统计学中一种对多元问题的数据处理方法，也是系统分析中的一种重要方法。这种方法的目的就是要在力保数据信息丢失最小原则下，对高维变量空间进行降维处理。该方法的核心就是通过主成分分析，先求出 m 个主分量 F_1，F_2，…，F_m，再将每个主分量 F_i 的方差贡献率 a_i 作为权数，构造综合评价函数。

利用主成分分析法，求得特征方程的 8 个特征值，如表 2-8 所示。由于前两个主成分的累积贡献率已达到 93％以上，这样前 2 个主成分从原 8 个变量中提取的信息量，已达到全部信息量的绝大部分（大于 85％），可认为前 2 个主成分已基本反映了原变量的主要信息，所以取前 2 个主成分进行评价。

表 2-8　特征方程的 8 个特征值及其贡献率

项目	1	2	3	4	5	6	7	8
特征值	2.9128	0.3354	0.1241	0.0704	0.0119	0.0065	0.0014	0
累计贡献率/％	84.1	93.8	97.4	99.4	99.7	99.9	99.9	99.9

在表 2-9 中，人均区域创新能力指数是按照各区域的主成分评价得分除以百万人口数得到的，即

人均区域创新能力指数＝各区域的主成分评价得分/百万人口数

表 2-9　中国区域发展战略比较

项目	发达区域 （上海）	新兴区域 （广东）	东北区域 （黑龙江）	落后区域 （云南）	中部区域 （河南）
人均区域创新能力指数	强	较强	中等偏上	低	中等偏下
人均固定资产形成额	高	高	较高	低	较低
人均国内生产总值	高	较高	中等	低	较低
区域创新体系发展战略	高地战略	跨越战略	再造战略	融合战略	对接战略
理论基础	梯度理论	赶超理论	再造理论	融合理论	辐射理论

四、区域创新体系运行路径的战略选择

根据复杂适应系统思想，处在全球化进程中的各个区域，都要随着技术能力的积累，通过不断变换自身的创新规则来适应全球创新环境。这种"适应"遵循

一般的"刺激-反应"模型。处在开放环境中的各区域在交流和合作的过程中不断"学习"而"积累经验和技术",并且根据学到的经验和技术改变自身的技术结构和创新行为方式,从而提高区域创新能力。

按照人均投资能力和人均区域创新能力的不同,可以把全国各个省(直辖市、自治区)划分为五个类型的区域(图 2-5)。不同的区域应该采取不同的区域创新体系发展战略路径,如上海、北京等先进区域应采取高地战略,广东等新兴区域应采取跨越战略,黑龙江等东北区域应采取再造战略,而河南等中部区域应采取对接战略,云南等落后区域应采取融合战略(刘建华和姜照华,2006)。

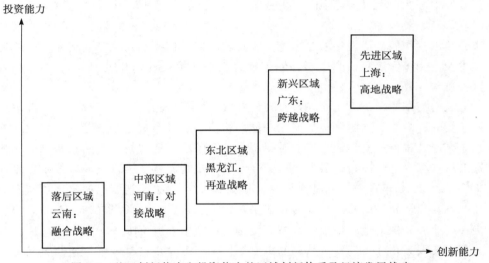

图 2-5 基于创新能力和投资能力的区域创新体系及经济发展战略

(一) 高地战略

高地战略由"战略高地"引申而来。"战略高地"本属军事范畴,指在攻防中有利的较高地貌,要求视野广阔、控制面大并能长期发挥作用。高地战略就是指在科技创新方面始终保持自己的领先优势,依靠科技进步,以提升市场竞争力为中心,积极利用国际上先进的技术改造和提高传统产业的装备水平,大力发展新兴产业和高技术产业,全面推动经济特区与沿海经济区的经济结构升级,不断提高区域创新能力,在不太长的时间内,赶上发达国家或先进地区。

北京、上海、天津等科技先进地区的创新体系的发展要采取高地战略。以上海为例,上海要成为全国的知识生产中心、知识服务中心和高新技术产业化基地,这一战略具体表现为研发高地、高新技术产业高地、工业创新高地和人才高地。上海正在打造全球研发高地。2007 年上海研发投入强度已接近 3%,2005年,上海申请的专利数量为 32 741 件,同比增长 60%。其中发明专利数超过

1万件，实用新型专利数量也达到了近 9000 件，表明上海的原创性发明创造能力显著增强，科技水平在全国处于前列。从科技论文的数量和质量来看，2004年，国外主要检索工具（SCI、EI、ISTP）收录上海科技论文数量总计 11 385篇，其中 SCI 论文被引的篇次分别为 4589 篇和 11 310 次，均居国内前列。据不完全统计，目前在上海的各类外资研发机构接近 300 多家，其中属于世界 500 强投资的研发中心有 100 多家，全球性和区域性的研发中心数量也在不断增加。张江高科技园区、漕河泾高新技术开发区、紫竹科学园区和虹桥经济技术开发区等高新技术园区是上海研发机构的重要集聚区，共集中了上海 80% 以上的跨国公司研发中心。以紫竹科学园区为例，该园区是专业性的研发园区，短短几年时间，吸引了英特尔（亚太）研发中心、微软亚洲工程院、微软全球技术支持中心、微软（中国）研发中心、国家组织工程中心、国家动物医学研究中心、纳米技术及应用国家工程研究中心等一大批高水平研发机构，并吸引了 30 多家科技服务机构入驻。

上海浦东提出到 2015 年努力攀登一个新高地（高新技术产业高地），拓展金融、贸易、会展、旅游和优居五大功能，初步建成外向型、多功能、现代化的新区。高新技术产业高地建设将着重提高科技竞争力，通过技术创新和资产重组推进上海和海内外的高校、科研院所、企业研发机构向张江高科技园区技术创新区集聚。到 2015 年，力争使民营科技企业发展到 5000 家，把浦东初步建成"头脑型"创新经济发展的基地、高科技成果转化的园区、创业者集聚的宝地和高科技支柱产业领先的高地。而上海科技京城是上海市中心城区唯一一家由市政府命名的高科技园区。在市区两级政府的重点扶持下，上海科技京城已日益凸显其综合配套和后发的优势，正成为上海中央商务区最具规模的国内外知名高科技企业的聚集高地，上海高新技术成果转化中心，上海技术产权交易中心，大规模、专业化的信息产品展示交易中心以及最具活力和投资价值的高科技创业中心。从"最具技术交易潜力奖"大赛、"签约经纪人"、"技术能力中心"到国际技术转移业务网络、运用远程可视会议系统开展技术转移……上海技术交易所正在打造科技服务高地。

上海工业的发展在于创新，上海工业的希望在于创新。首先，要加快建立以企业为主体的技术创新机制。加强企业技术开发机构建设，加快与国外先进技术接轨。要抓好重大创新项目、关键技术消化吸收和国产化项目，使企业集团拥有自主知识产权的主导产品和较长远的技术储备。其次，要进一步完善有利于加快科研机构进入企业的政策，借鉴"先建新区，再改造老区"的办法，用新机制去改造老机制，积极推进产学研，实现科技资源和经济资源的有效配置，更好地发挥上海整体优势。

2001 年上海在国内率先提出了建设国际人才高地的战略，即 2001~2005 年为上海国际人才高地打造基础，2006～2010 年形成上海国际人才高地框架，2010～2015 年基本建成上海国际人才高地。

（二）跨越战略

从语义学上说，跨越（leapfrogging）是以一种非连续的方式前进，其间将跳过一些阶段或步骤。跨越必然以领先者连续的运动轨迹为参照系，跨越成功的先决条件是后发优势的充分发挥，因而，跨越是特指落后者的一种发展形式，跨越的结果和目的是缩小与领先者的距离，并在一定的条件下赶上甚至超过领先者，即实现赶超（catching-up）。

广东、江苏、浙江、山东等地区的创新体系的发展要采取跨越战略。以广东为例，广东正在从经济强省向科技强省跨越。全省有 90％的科技经费来自企业，60％多的高新技术产品以企业为主研制开发。为了促进企业的研究开发，广东于 2003 年新建由政府鼓励、依托企业、联合高校和科研机构的省级以上工程技术研究开发中心 26 家，全省累计已达 299 家，其中国家级工程技术研究开发中心 33 家；1999 年开始启动的省重点发展的 50 家大型企业（集团）的工程技术研究开发中心组建工作已经基本完成，企业研究开发能力大幅度提升。一批进入企业的技术开发类省直科研机构在企业发展中发挥了重要作用。全省 1453 家研究开发机构中有 979 家设在企业，占 67.4％；全省 28.9 万科技人员中 78.9％分布在不同类型的企业中；2003 年，广东拥有专业技术人员 258 万人，其中民营经济科技人员 150 万人，国有企事业单位科技人员 108.4 万人，二者的比值为 1.4∶1，广东是中国民营科技人员发展最快的省份。科技人员在企业、科研机构、高校三大部门的比例从 1990 年的 23.4∶35.0∶41.6 到 1995 年的 37.3∶20.0∶42.7 直至 2005 年的 78.8∶8.9∶12.5，科技人员大幅度向企业集聚，并有继续发展的趋势。广东有中国科学院（中科院）院士和中国工程院院士 46 位，居全国第六位；经与中科院商定，2011 年将再邀请 30 位中科院院士到广东工作。广东拥有博士后 1000 多名，博士 5000 多名，国家级突出贡献专家 70 多名，享受政府特殊津贴专家 4726 名。据国家统计局和国家外国专家局抽样调查，来广东工作的各类境外专家为 16.7 万多人次，占全国的 39％。2006 年来广东工作的留学人员已达 1.2 万人。而每年一次的中国国际（广州）留学人员技术交流会，已经成为广东整合世界科技资源的重要桥梁。科技人员在市场经济中，逐步完成了建设科技强省所需要的结构转型。

（三）融合战略

融合战略就是通过引资、人员交流、考察学习、技术合作等方式而在技术上融入先进区域，是落后地区在高科技、经济全球化条件下迅速提高投资能力及创新能力的一种战略选择。大力引进和发展跨区域综合商社与跨国公司、产业共生体系、经济技术开发区、高新技术园区、跨区域连锁经营店、区域内外合办的批发市场、地域生产综合体和产业带、中介组织、电子商社、港口或口岸（这是人流、物流、信息流最为富集、高度融合的地方之一，是落后地区起飞的一个关键条件）等，这都是落后地区融入发达区域的途径。融合战略，作为一种新战略，它使国内外各种科技资源、各种文化、各种经济成分，以及资金、人才在区域内高度交易、交流、融通、会聚和增值，形成集群效应。在新的形势条件下，为使落后地区能够更快地与发达地区、国际接轨，加入世界科技经济新的发展进程中，在加快资本增长的同时不断提高区域创新能力，从而加速区域经济的发展，都需要走融合的道路。目前，落后地区在科技与经济上是典型的二元结构（中心城市与边远山村、资源型产业与其他产业、技术改造与技术创新等），为此，要采取请进来、走出去的方针，充分发挥外向牵动、中心城市带动、信息化带动、技术改造带动和产业集群的带动作用。这要求而且也可以使落后地区更好地把区域内外的产、学、研融合起来，更好地把资源开发、技术引进、技术改造与自主创新融合起来，更好地把组织管理创新与制度创新融合起来，更好地把龙头企业与配套企业融合起来，更好地把具有比较优势的产业和新兴产业（包括一些高新技术产业）融合到区域的增长极中。要实行国内合作与国外合作并举、"引进来"与"走出去"并重的方针。无论是落后地区经济的突破，还是科技的跨越，没有外向牵动的力量，不借助于国内外的资本、人才、科技等力量是难以实现的。首先是通过与国内外合作进行技术改造和自主创新、提高产品竞争力，占领国内市场，然后在此基础上使支柱产业发展起来，并不断扩大产品出口比例，从而达到占领国际市场的目标，即首先紧跟国内外的"领头雁"，然后加大力度、抓住时机，超过"领头雁"。

潘德均指出，融合战略路径的实施，应该加强对西部地区的科技、教育投入，重新在全国对科技、教育力量和基础设施进行合理布局。营造西部地区良好的创新环境，包括硬环境、软环境和生态环境。把经济规模化、企业集团化导向政策与向西部地区扩散技术的政策有机结合起来。对全国现存的科技、教育力量进行布局与设置，注重创新链各环节的衔接，从高层次上解决科技与经济的结合问题（辽宁省科学技术厅软科学课题组，2005）。

而对区域创新行为，在理清融合战略思路的前提下，各地应具体落实和解决发展道路问题：从强化科技、教育入手，提高综合实力，把建设区域创新系统作为实施西部大开发战略的核心内容；增加科技与教育投入，加快区域创新系统基础设施的建设，包括高等院校、科研院所、企业实验室或技术开发中心的建设，还包括科技园区和其他创新支持服务机构的建设，并高度关注人才问题。

西部实施融合战略，必须着眼于已有的资源、技术优势，以西安、成都、重庆等国家级高新技术开发区为依托，以骨干企业为龙头，以高等院校和科研机构技术力量为支持，追踪国际最新技术动态，走科技产品商业化、产业化、国际化的路子；不断开发出新的拳头产品，加快产品的更新与换代，以追赶世界潮流，带动其他相关产业发展，促进西部经济的腾飞；要通过外引内联、联合高等院校、科研院所参与合作，输送人才深造等途径惜才、育才，分层次有重点培养、积蓄人才。

（四）再造战略

再造战略就是通过引进和开发新技术，大力发展新兴产业，特别是通过体制和机制创新（变换自身的创新规则），再造区域创新环境，从而使区域重新焕发活力，在经济结构调整和竞争力的提高上取得突破。对东北老工业基地等区域，则应选择"再造战略"。据 20 世纪 90 年代的一次调查结果，黑龙江工业产品按品种处于导入期的只占 15％，处在成长期的占 10％，处在成熟期的占 35％，而处在衰退期的产品占 40％左右，市场竞争力比较差。直接原因就在于企业技术开发不力。黑龙江工业企业设备老化情况也非常严重，全省达到国际先进水平的设备只占 3.2％，比全国平均水平 13％低 9.8 个百分点；达到国内先进水平的设备只占 15.4％，比全国平均水平 22％低 6.6 个百分点；全省有一半以上的设备在超期服役，经过系统技术改造的只有 8％，经过一般改造的只有 15.8％，全省每年完成的技术改造工作量还不如固定资产折旧，新度系数逐年下降，如机械行业相当一部分中小企业得不到改造。要使老工业基地焕发新的活力，就需要对其产业等进行再造，中央提出老工业基地改造正是基于这样的考虑。通过再造，一方面保持已有支柱产业的持续发展；另一方面，大力发展物流、电信、知识密集型服务业等，同时使高新技术产业有较大发展。一些老的资源型区域产业再造的过程就是通过资本、科技、人才投入的倾斜，使主导产业群多样化，主导产业群不断下移，高新技术产业迅速崛起，不断形成新的增长点，从而拉动经济持续增长，并通过技术创新和人才队伍建设不断提高产业素质和竞争力，从而向现代化转型的过程。

产业再造投资巨大，人才和科技要求高，仅仅依靠地方将难以推动，需要在国家的有关优惠政策引导下，采取中央和地方互动的方式，发挥双方面的积极性。结合东北区域创新体系的实施，实施增长极带动、优势产业集群发展、科技基础条件平台共建、人才培养与引进等再造战略。增长极带动主要是通过以沈阳、大连、长春、哈尔滨为中心的"四大创新群"的建设，带动整个东北区域发展；优势产业集群发展主要是通过市场机制引导，使装备制造、石油化工、光电子、精品钢材等产业的创新资源进一步向特定区域集中，形成聚集创新效应；科技基础条件平台共建主要是通过行政协调和市场机制的共同作用，建设能为东北三省科技创新提供强大支撑的基础条件平台，实施人才培养与引进，关键是坚持以人为本，打造良好的科技创业、创新的平台。

（五）对接战略

对接战略就是根据中部地区经济和科技发展的水平，积极承接发达地区劳动密集型和资源密集型的产业转移，发挥自己的比较优势；同时，瞄准国际国内技术先进水平，积极推进自主创新，使经济发展方式由资源和投资驱动型向创新驱动型转变，从而实现跨越式发展。对处于全国经济网络的"重心"位置和起到交通枢纽作用，承上启下（先进区域与落后区域的过渡区域）的河南等"中间"区域，则应采取"对接战略"。

中部地区（包括湖北、湖南、安徽、江西、河南、山西六省）地处中国的腹地，是中国的农产品及能源基地，具有丰富的自然资源、水资源和经济资源，也是中国现代工业的发祥地，拥有雄厚的工业基础与科技实力，且与长江三角洲、珠江三角洲、闽东南三角区及环渤海地区等东部发达地区相接。中部区域在地理上处于连接东西部地区的桥梁地位，在经济发展中具有承接和传导的地位与作用。中部地区具有承东启西的区位优势和独特的产业和要素优势，在新一轮国际产业转移和东部产业结构调整加快的新形势下，中部地区面临通过扩大对内对外开放、提高利用外资水平，加快对接国际国内产业转移的历史性机遇，《中共中央国务院关于促进中部地区崛起的若干意见》（中发〔2006〕10 号）明确提出了促进中部地区崛起的战略决策和一系列相关政策措施。其中，扩大中部地区对内对外开放，积极吸收外资，更多更好地承接国际和东部产业转移，是一个非常重要的方面。

邹祖烨和刘东（2004）指出，中部区域，相对而言创新资源缺乏，创新要素不太完备；但这类地区又具有临近发达地区的地缘优势，可以充分发挥劳动力、土地等成本低的比较优势，通过制度创新改善创新环境，吸引发达地区的资源为自己所用，促进知识和技术跨区域的流动、传播和运用，逐步形成能够支撑与发达地区产业体系对接、承接发达地区产业转移的区域创新体系。例如，近年来，江西抓住江浙（江苏、浙江）地区产业结果调整、资金技术加快向内地转移的契机，大量承接江浙等地区产业转移。据不完全统计，目前江西约有 17 万名来自江浙的企业家。江西已经明确提出"对接长珠闽，将江西建成承接东部产业转移的基地"。需要注意的是，此类地区要避开"后发陷阱"，梯次转移是指将一些在发达地区边际效益下降的产业转移出去，但绝不意味着发达地区将那些技术落后、污染大、耗能高的产业向经济落后地区转移。

陈建（2006）也指出，对中部地区，通过加强区域合作促开放发展是较为有效的。发挥中部地区承东启西、连南贯北的区位优势，与东部沿海发达地区加强经济技术合作，利用中部地区的重点产业和产品优势，吸引东部的雄厚资金、高级人才、先进技术和管理经验，以推进中部产业群的发展，与东北及西部地区要大力促成合作，发展伙伴关系，可鼓励企业通过兼并、重组、联合等方式，加强合作，同时积极扶持一批具有规模、品牌和市场优势的大中型企业集团到境外投资，积极开拓国际市场，以推动外向型经济的发展。

目前，新一轮国际产业转移方兴未艾，经济全球化进入服务全球化新阶段。一方面，跨国公司继续向中国转移制造业和高新技术产业的劳动密集型环节；另一方面，随着中国要素禀赋的变化和市场规模优势的显现，跨国公司已经开始将更高技术水平、更高附加值的生产制造环节和高新技术产业的中高端环节乃至研发设计向中国转移。特别是随着经济全球化进入服务业全球化阶段，服务业开始成为中国吸收外商投资的新热点。

中国承接国际产业转移还将呈现由东向西延伸的趋势，将极大地改变中国的区域经济格局，促进中西部地区的大开放、大发展。特别是毗邻的中部地区将大显身手、展翅高飞。借助中部崛起战略的实施，中部地区基础设施、体制环境、人才条件将进一步改善，其劳动力和其他生产要素的独特优势将得到进一步发挥，吸纳国际和东部产业转移的能力和水平将会大幅提升，在一些有条件的地区将崛起一批新兴的开放带和国际制造基地。中国东部地区承接国际制造业转移越来越受到资源、环境、生态、土地和劳动力等要素的制约，抓住服务业全球化机遇加快向现代服务业升级已成为迫切要求，而中西部地区特别是中部地区承接国际产业转移和东部产业再转移的优势已逐步显现。第一，从产业基础看，中部地区产业门类齐全、承载能力较强，在全国 30 个制造业部门中具有绝对优势和相对优势的有 15 个行业；第二，从交通等条件看，中部地区具有承东启西、联南通北的独特区位优势，已基本形成便捷通达的水陆空交通网络，基础设施也日益完善；第三，从要素成本看，中部劳动力成本只有东部的 60% 左右，有庞大和素质较好的各类劳动力，特别是部分城市熟练技术工人和科技资源供应也较充足；第四，从工业可用土地看，中部是东部的 1.4 倍；第五，中部人口达 3.5 亿人，占全国人口的 26.7%，消费占全国的 20%。特别是中部崛起战略的实施，将有利于改变中部地区在体制、政策和观念上的劣势，为中部大规模承接国际国内产业转移提供强大动力（顾新，2001）。

综上所述，不同区域的要素禀赋结构不同、发展条件不同，因而应采取不同的区域创新体系发展战略。梯度推移战略、新追赶战略等都有其适用条件，是不适用于老工业基地及中西部地区的。本书提出的区域创新体系发展战略归纳起来就是：落后地区应选择"融合战略"；老工业基地等区域，则应采取"再造战略"；而河南等"中部"区域，则应采取"对接战略"。

第三章　创新对区域经济增长作用分析

改革开放以来，中国区域经济增长取得了举世瞩目的成就。而世界各国通过创新推动经济增长的成功实践，创新在经济增长中的作用不断提高及经济发展方式由"资源推动"向"创新推动"的转变也备受重视，创新成为推动经济持续增长的主要因素已是共识。因此，深入研究创新对中国区域经济增长的作用意义重大。

本书在研究的过程中，采用计量经济学方法和实证分析方法，通过对中国31个省（直辖市、自治区）2000～2008年区域经济发展的各种因素进行统计分析、建模和测算，探寻中国区域经济各种因素的作用和相互关系，解释当前有关的经济现象，对中国区域经济未来发展环境进行分析，并对中国区域经济发展方式转变提出对策。

本书首先阐述创新在区域经济增长中贡献率测算的理论基础，然后构建中国区域经济增长模型，通过 EDA 测算制度创新在区域经济增长中的贡献率，得出结论：中国区域发展战略的实施创造了良好的经济发展环境，但中国区域经济本质上仍属于投资驱动型粗放经济。因此，实现投资与创新协同驱动是中国区域经济和社会发展的必然选择。

第一节　创新经济学研究的重要意义

一、问题的提出

（一）研究的背景

创新在人类的文明发展史中，具有十分重大的推动作用。人类的进化、科技的进步、经济的繁荣、社会的发展，在一定意义上讲，都植根于创新。正如江泽民同志指出的："创新是一个民族进步的灵魂，是国家兴旺发达的不竭动力。"进入 21 世纪，世界各国政府都在思考和部署新的经济与社会发展战略（路甬祥，2006）。中国作为世界上最大的发展中国家，为了保持经济的持续快速健康发展，融入经济全球化参与全球分工，就必须把加快科技进步和创新置于经济与社会发展的优先地位，这是符合当代经济、科技发展规律的重大决策。

改革开放以来，中国以区域经济协调发展为特征的经济发展战略布局逐步推进并得以实现，区域经济发展对全国经济发展的影响和作用日益增强。在中国经济又好又快发展的进程中，创新作为影响现代经济增长的主要因素，对中国区域经济发展起到巨大的促进作用，值得我们进行深入研究。

关于创新与经济增长关系的理论研究，索洛（Solow, 1956）把科技进步当做外生变量证明了科技进步与经济增长的关系；库兹涅茨（Kuznets）（1966；1985）研究得出：科技进步是影响现代经济增长的主要因素；罗默等的内生经济增长理论，认为专利、发明等科技创新会引起边际利润的扩大和产业结构的调整，会加快经济增长方式由"资源推动"向"创新推动"转型，科技创新是经济持续增长的主要力量；迈克尔·波特认为，一个国家竞争力的发展要经过要素驱动、投资驱动和创新驱动三个阶段，而每个阶段的竞争优势并不相同。本书研究的创新为科技创新、制度创新和人力资本创新，并从实证角度找寻创新与区域经济增长之间的关系。

基于以上理论研究，中国"十一五"规划明确指出"实现长期可持续发展要依靠科技进步和劳动力素质提高，要深入实施科教兴国战略和人才强国战略，把增强自主创新能力作为科学技术发展的战略基点和调整产业结构、转变增长方式的中心环节"。温家宝总理在 2010 年的《政府工作报告》中也指出，大力调整经济结构，加快转变经济发展方式，夯实长远发展基础。要把保增长与调结构紧密结合起来，加快解决制约经济发展的结构性矛盾。要大力推动经济进入创新驱动、内生增长的发展轨道。由此可见，创新在促进中国经济增长和转变经济增长方式中发挥着越来越重要的作用。然而，中国创新能力的区域发展十分不平衡，已经导致区域经济增长的差距，严重影响中国区域经济的协调发展，影响了中国整体经济的持续增长、和谐社会的构建和全面小康社会的建设步伐。但是，在国家"坚持实施推进西部大开发，振兴东北地区等老工业基地，促进中部地区崛起，鼓励东部地区率先发展的区域发展总体战略，健全区域协调互动机制，形成合理的区域发展格局"的战略基础上，随着改革开放的深入，中国的经济发展方式已发生深刻的转变，已由原来的投资驱动转向创新和投资协同驱动的发展阶段。这就是本书研究的主要现实背景。

（二）研究的意义

1. 理论意义

当前，世界经济呈现出经济全球化和区域经济一体化的发展趋势，世界各国不论是发达国家还是发展中国家，经济增长都是学术界和政府部门关注的焦点。随着科技进步内生化而形成的内生经济增长理论的产生，以及第二次世界大战后美国、日本等发达国家和新兴国家通过创新推动国家进步、经济增长的成功实践，世界各国越来越重视创新在经济增长中的作用以及经济发展方式由"资源推动"向"创新推动"的转变，创新成为推动经济持续增长的主要因素已是共识。因此，创新对区域经济增长的作用，在理论研究和经验研究上都受到前所未有的重视（唐德祥，2008）。通过对创新与区域经济增长的相关问题研究，并通过实证检验创新对中国区域经济的数量增长和质量改善的作用机理，找寻创新能力的区域差异，为中国创新型国家建设提供坚实的理论基础和实证支持，具有重要的理论价值和实践意义。

2. 现实意义

改革开放以来，中国的经济增长取得了举世瞩目的成就，中国经济已经成为全球经济增长的最重要引擎之一。然而，中国经济正处于转型期及中国实施的区域非均衡发展的战略等，造成中国区域经济发展呈现出"东强西弱"的不均衡格局，并且这种不均衡的发展格局正在日益扩大。它势必会对中国区域经济的协调发展、整体经济可持续增长、和谐社会构建及全面建设小康社会产生严重的负面影响。

然而，通过分析国内区域经济发展的经验，我们可以得到这样的启示：创新贯穿于区域经济发展始终，在区域经济发展中起到决定性的作用（柳新华和吕志国，1999）：①创新有助于巩固、延伸区域已有优势的效应，发掘、促成新的优势，使不同优势相得益彰，促进区域优势向经济优势加速转化；②创新有助于准确地把握区域经济发展的客观规律，增强战略决策的科学性和预见性，促进区域经济健康稳定的发展；③用创新的思想、理论指导区域经济发展的实践，能有效解决区域经济增长方式转变中的突出矛盾，推动区域经济增长方式的转变；④通过技术创新、管理创新，能够提高资源使用效率，巩固区域经济持续发展的依托，培植起高素质的区域经济长远发展的增长源；⑤提高资源使用效率，降低消耗强度，防止生态失衡和环境恶化；⑥区域分工、区域布局、区域调控与管理等方面的政策创新，有助于推动中国社会主义市场经济建设和整个国民经济的可持续发展。

当今世界正处在大发展大变革大调整时期。世界多极化、经济全球化深入发展，世界经济格局发生新变化，综合国力竞争和各种力量较量更趋激烈，世界范围内生产力、生产方式、生活方式、经济社会发展格局正在发生深刻变革（胡锦涛，2011），特别是创新成为经济社会发展的主要驱动力，知识创新成为国家竞争力的核心要素。在这种大背景下，各国为掌握国际竞争主动权，纷纷把深度开发人力资源、实现创新驱动发展作为战略选择。那么，深入研究创新和区域经济增长的关系，正确认识和评价创新在经济增长中的作用并进行定量的分析，不仅能对过去经济发展状况的分析提供重要信息，还能对将来经济社会发展的规划提供重要依据，同时它也是政府部门对各行业企业技术进步程度的控制指标，对制定国家发展战略和宏观经济管理具有重要的现实意义。

二、国内外研究现状分析

（一）新经济增长理论

朱勇（1999）指出：新增长理论以保罗·罗默的论文《递增收益与长期增长》（1986年）及卢卡斯的论文《论经济发展机制》（1988年）的发表为标志。新增长理论不像新古典增长理论那样有一个为多数经济学家所共同接受的基本理论模型，而是一些持有相同或类似观点的经济学家所提出的诸多增长模型组成的松散集合体。

罗默（Romer，1986）提出知识溢出模型，指出知识或技术是私人厂商进行意愿投资的产物，像物质资本投资一样，私人厂商进行知识投资也将导致知识资本的边际收益递减。

罗默（Romer，1987）1987年的论文中构造了一个在专业化和收益递增框架下解释经济增长的模型。该模型把收益递增看做专业化程度提高的结果，专业化引起的收益递增导致了经济的持续增长。杨格、舒尔茨等又进一步发挥了这一思想。埃蒂尔（Ethier and Wilfred，1982）1982年构造了第一个专业化引起收益递增的模型，埃蒂尔模型将迪克西特（Dixit）和斯蒂格利茨（Stiglitz）最先提出的 D-S（dixit-stiglitz）效用函数重新解释为生产函数，利用这一生产函数说明专业化对产量的影响。罗默借鉴了埃蒂尔的研究成果，假定总量生产函数采取 D-S 生产函数形式。

罗默（Romer，1990）在1990年的论文中构造了一个更加完整的增长模型。罗默模型（Ⅲ）中，产量是技术、人力资本、物质资本和劳动的函数。技术和人力资本对经济增长都具有决定性的作用。经济持续增长的主要原因是知识的外部性引起的规模收益递增。

罗伯特·卢卡斯（Lucas，1988）建立了人力资本增长模型，通过"两时期模式"（two periods model）和"两商品模式"（two goods model），阐述专业化的人力资本才是促进经济增长的真正动力，强调人力资本投资中的内部效应与外部效应的区别。

（二）新制度经济学、制度变迁与经济增长的关系

1. 国外相关研究

诺斯等（North and Lance，1971）在《制度变迁与美国经济增长》中提出了制

度创新理论，分析了制度创新与经济增长的关系。他认为制度变迁的过程是制度均衡与制度创新交替出现的过程，一些国家（如美国）的经济增长就可以通过制度创新过程来解释。

考门第等在其文章中探讨了反映政治自由度（包括公民自由和政治权利）的Gastil 指数和经济增长之间的关系，发现公民自由对经济增长有轻微影响。巴罗发现民主政治对经济增长总体上具有微弱的负效应，而且存在着非线性关系。

霍尔、琼斯等认为有限政府的政治制度影响可以促进经济增长。

2. 国内相关研究

国内关于制度变迁与经济增长关系的研究是基于主成分分析法和生产函数法的研究。国内对制度因素对经济增长影响的研究主要偏重于对中国及各区域的实证分析。

金玉国（2001）认为1978~1999 年中国宏观制度的变迁主要表现在产权制度变迁、市场化程度提高、分配格局变化和对外开放扩大四个方面，基于此，他设计了四个制度变量：非国有化率、市场化程度、国家财政收入占 GDP 比重和对外开放程度。通过动态关联分析得到以下结论：市场化程度对 1978~1999 年中国经济增长的影响力位居第一，产权制度改革的影响力仅次于市场化改革，名列第二。

王文博等（2002）认为影响一国经济增长的主要因素包括制度因素、产业结构因素、劳动力因素、资本因素四个方面。为此他们设计了四个制度变量来代理制度因素，即非国有化率、市场化指数、市场化收入比重、对外开放度，并用主成分法分析制度对经济增长的贡献。

姜照华（2004）通过对新增长理论与新制度经济学的比较，提出共生理论，对 GDP 与知识、劳动力、固定资产等生产要素、制度因素及外部性成本的关系进行理论分析，建立起经济增长的新模型，并通过实证测算说明制度创新和知识进展对中国区域经济增长的促进作用。

邹再进（2009）认为创新对区域经济发展的推动作用非常明显，并从理论层面详细论述区域创新对区域经济发展的五大促进用。

孙玉红等（2009）认为随着竞争加剧，技术进步对经济增长、社会进步的作用不断增强。加速技术创新已成为区域实现赶超与跨越的基本路径。为保持区域经济的持续发展，我们要认清区域经济可持续发展的条件和技术创新对区域经济可持续发展的带动作用，采取相应措施推动区域技术创新。

柳新华和吕志国（1999）从分析创新在区域经济发展中的地位和作用入手，根据国内外的经验，提出了区域经济创新的目标取向和原则，探讨了实现区域经济创新的对策措施。

孟淑波（2009）认为通过创新而获得发展是知识经济时代的响亮口号。面对经济全球化和信息技术革命，所有区域和领域最为紧迫的理论和实践任务莫过于创新。将创新与社会发展联系起来进行研究是非常必要的。以创新的本质为切入点，着重阐明了创新的社会作用，指出创新是社会发展的动力源泉。

（三）关于中国区域经济增长因素分析的研究

王国贞（2000）认为资本投入增加是河北经济增长的基础，但资本投入对经济增长的贡献率呈下降趋势且资本的使用效益较差；科技进步因素已成为影响河北经济增长的主要因素，科技进步的发展直接关系到河北经济能否保持持续稳定增长。

李光（2001）认为改革开放以来山西的经济增长方式仍然属于粗放型的，主要体现为资本的外延型。因此，山西在未来的经济发展中，应该积极地转变经济增长方式，控制投资规模，优化投资结构，最大限度地提高资本使用效益，走集约化的道路。

李汝（2003）认为15个沿海开放城市10年间的经济增长主要靠投资、外贸出口和消费拉动，由于沿海开放城市经济总量的不同，所以经济增长因素呈现一定的差异性；指出当前沿海开放城市的经济增长应采取扩大和优化需求结构，提高外贸出口效益和增强科技进步在经济增长中的作用等措施。

李善民和李海东（2005）认为科学创新对经济社会的可持续发展具有强大的促进作用。广东全面建设小康社会离不开科技创新的推动，只有依靠科技进步，推动科技创新，才能实现经济增长方式从粗放型向集约型转变，从而实现完成建设小康社会的各项目标和任务。

乔翠霞（2006）运用柯布-道格拉斯函数和索洛模型对山东经济增长因素进行分析，认为物质资本投入、人力资本投入和劳动力投入构成了山东经济增长的主要推动力，而技术进步贡献率则较低，山东的经济增长是投入推动型。

邓须军和李玉凤（2006）从产业与区域方面入手分析了海南经济发展的状况，分析认为海南经济增长的主要来源是第一产业，海口、三亚和东部地区是经济增长的主要动力区域。同时，指出制度因素对海南经济增长的作用影响也是显著的。

黄国华和吕开颜（2006）对1980～2003年珠江三角洲经济增长因素进行分析，发现全要素生产率提升快，对经济增长的贡献份额达到44.42%；固定资本存量增长率最高，年均增长15.76%，对经济增长的贡献份额达到38.59%，仅次于全要素生产率；劳动的增长率以及对增长的贡献份额都较低。

杨红丽（2007）采用基于时序立体表的因子分析法对上海经济发展过程进行实证分析，认为产业结构的升级和技术进步或科技创新能力的提高是促进上海经济高速增长的主要因素。

王磊（2008）为检验技术创新对陕西经济增长的影响，在柯布-道格拉斯生产函数的基础上，建立了一个内生增长模型，结合 1996～2004 年陕西的宏观经济数据，运用多元回归的方法，从实证的角度进行分析。分析表明，陕西的经济增长主要依靠资本投入来拉动，属于粗放型经济增长方式，没有发挥技术创新的引擎作用。分析结果表明，应当从国家、区域及企业三个层面推动技术创新的发展。

唐勇（2009）在对北京 1978～2007 年资本存量进行估算的基础上，运用索洛模型对北京的柯布-道格拉斯总量生产函数进行估计，定量测算出北京改革开放 30 年经济长期高速增长的因素，认为固定资产投资快速增长带来的资本存量积累是北京经济长期增长的决定性因素，而研发投入和科技创新加速了北京经济的高速增长；并提出，从 2006 年开始，北京已经成功地从以投资推动的外延式经济增长模式向以科技创新为主的内涵式经济增长模式转变。

李博等（2009）采用柯布-道格拉斯生产函数，用计量经济分析方法对四川的经济因素进行了实证分析，表明资本投入在经济增长中的作用不明显，科技进步在促进四川经济发展中处于优势地位。因此，在今后的发展中要继续保持科技在四川经济发展中的主导地位，同时要加强劳动力的培训和投资结构的调整。

安婧博和陆亚琴（2009）从分析经济增长的决定因素入手，对 1978～2005 年辽宁经济进行实证分析，认为辽宁经济增长的决定力量是劳动投入；资本对经济增长的贡献不断增加；辽宁经济增长属于粗放型的。

邢路岩和宋兴斌（2009）应用计量经济学模型，从资本、劳动力、制度、产业结构和所有制结构因素的角度，来研究改革开放以来河南的经济增长，揭示出河南的经济增长主要是依靠生产要素，尤其是资本要素的大量投入来取得的，产业结构调整对经济增长有着正向的影响。

汤进华（2010）运用产出增长型生产函数模型，研究各因素对湖北经济增长的贡献程度，认为近 20 年来，技术进步与投资对湖北经济增长的贡献存在彼此消长的趋势，且投资依然是经济增长的主要动力；劳动力贡献逐渐降低，科技进步对经济增长的贡献不高。

胡莹和袁佳（2010）运用全要素生产率方法从产业结构的调整、所有制的变迁及金融深化等角度，对江苏 20 年来的经济增长因素进行了实证研究，认为传统要素投入的增长已经不是江苏经济增长的主要驱动力，取而代之的是产业结构的不断调整及非公有制经济的迅速崛起，而金融深化对现阶段的经济增长并未产生重要影响。

（四）对已有研究的评论

通过上述文献回顾，我们可以发现新增长模型区别于传统的增长模型的地方在于，传统增长模型将技术变迁归为模型无法解释的残差项，而新增长模型将经济增长率与技术项的各种分解紧密地联系起来。

自新经济增长理论兴起以来，国内外学者对创新问题的关注出现了新的高潮，各类文献层出不穷，研究角度多样，研究方法各异。这些研究成果或以区域为研究对象，探讨某区域创新效率，或比较不同区域间创新效率的差异，对政府应该采取的增长政策提供了大量的药方。英国学者库克最早提出区域创新系统的概念（Cooke，2001），随后，不同学者从各自研究领域对区域创新进行了大量研究，部分学者利用知识生产函数（Griliches，1979）对各地区的创新效率进行了评价和比较。例如，爱克斯等运用该方法研究了美国知识生产投入和创新产出之间的关系（Acs et al.，1994）。弗里奇则运用该方法测量和比较了欧洲 11 个区域创新的效率（Fritsch，2000）。吴玉鸣（2007）、李习保（2007）分别计算了中国各省域创新投入和创新产出之间的差异。但知识生产函数仅将创新投入（R&D 资本投入和（或）R&D 人力投入）与创新产出（专利数量）联系起来，未考虑创新与区域经济增长的关联，因而，由此得到的创新效率对解释创新的经济效应有一定的局限性。另一些学者则通过计算全要素生产率来探讨技术进步对区域经济增长的贡献率。例如，姚先国等（2007）测度了长江三角洲地区 15 个城市的技术效率水平和技术创新水平对经济增长的贡献率。王兵和颜鹏飞（2007）通过 Malmquist 指数的分解讨论了技术效率、技术进步对东亚经济增长的作用，以探讨东亚经济增长是否存在趋同效应。该方法能有效评价区域创新与区域经济增长间的关系，但模型较为复杂，数据收集和处理方法没有统一标准，因此各学者得到的结论差异较大。还有一些学者通过实地调研来分析某个区域创新系统的具体状况。例如，托德令和考夫曼对欧洲 11 个区域的企业创新活动、地区间创新活动差异等进行了分析和比较（Tödtling and Kaufmann，1999）。张杰等以江苏为样本，通过大量调查问卷，总结了影响创新活动的关键因素（张杰等，2007）。这类方法数据真实，贴近地区发展实际，因此所得结论有较强的现实指导意义。

以往的研究表明，创新已经成为影响我国区域经济增长的一个重要因素，这些成果对于我们研究创新与区域经济增长的关系具有一定的指导意义，然而仍然存在以下不足。

（1）要素选择上的不一致。不同研究采用的影响因素往往不同，对经济增长问题，除了采用资本、劳动力指标外，有些研究还采用科技投入、教育年限，而一些研究则不采用科技投入、教育年限等指标。

（2）模型选择上的不一致。不同的研究往往侧重不同的影响因素，导致在模型的选择上各种各样。

三、研究方法

（一）经济计量学方法

经济计量学方法是一种比较重要的方法，是经济理论、数学和统计的结合。经济计量学常被说成是经济理论、数学和统计的结合，因为计量经济关系就是用数学（包括数理统计学）方法，根据实际统计资料，为经济理论中阐述的经济关系计量出实际数值，以便用计量结果反过来验证或改进经济理论的文字阐述，并且进一步解释过去、预测未来和制定政策。本书以中国 31 个省（直辖市、自治区）2000～2008 年的经济数据各项指标进行计量统计分析，现实意义重大。

（二）实证分析方法

在本书，利用 DEA 方法对中国 31 个省（直辖市、自治区）生产要素资源配置效率进行定量研究，测算制度创新对经济增长的贡献率。

四、创新点

（一）综合研究

通过查找文献资料发现以往的研究，更多是从科技、制度或人力资本单方面研究对经济增长的促进作用，缺乏整体性、协调性。本书综合对经济增长具有重要促进作用的科技创新、制度创新和人力资本创新来研究，有利于促进经济和社会的各项因素的可持续协调发展。

（二）创新对区域经济增长作用的建模、测算和分析

在研究的过程中，通过对中国 31 个省（直辖市、自治区）2000～2008 年影响区域经济发展的各种因素统计资料的建模、测算和分析，探寻中国区域经济体系内潜在各种因素的相互关系，解释当前有关的经济现象，对中国经济未来发展进行科学预测和提供可靠的规划政策指导。

第二节　创新在区域经济增长中贡献分析的理论基础

一、创新的类型：科技创新、人力资本创新、制度创新

（1）科技创新。科技创新是指不同类型企业，充分整合企业研发力量与外部

金融机构、政府部门、中介组织、大学、科研院所的支持力量，不断地运用新的科研成果与知识（李文明和袁晓莉，2006），采用新技术，使用新工艺，占有新资源，生产新产品，提供新服务，开拓新市场的系统运作过程。

（2）人力资本创新。人力资本是指投资于提高人的知识、智力等的资本（主要通过教育实现），以及投资于人的健康的资本。本书的人力资本创新主要是指通过教育培训、自学等方式实现的人的知识水平、智力水平等的提高，用就业者受教育年限的提高来度量。创新型人力资本具有社会稀缺的创新能力，其创新活动往往会突破既定技术或制度的"瓶颈"约束，引起企业生产可能性边界的外移或生产函数的上移（姚树荣，2001）。创新型人力资本也可以具体分为战略创新型人力资本、制度创新型人力资本和技术创新型人力资本。

（3）制度创新。制度创新以制度框架的形式提供信息沟通和创新个体的博弈规则，以减少所处环境状态的不确定性。制度创新引致的制度变迁、组织创新可看做是对创新系统结构的优化，是以系统结构的变革，来实现系统内各组成要素的协同与耦合。制度创新按其建构方式可分为诱致性制度创新和强制式制度创新（刘劲杨，2002）。制度创新由高至低可分为三个层次：第一层次是体制创新；第二层次是机制创新；第三层次是组织创新。

二、创新与投资的互动

"竞争战略之父"迈克尔·波特教授有这样一个观点：一个国家竞争力的发展要经过要素驱动、投资驱动、创新驱动和财富驱动四个阶段，而每个阶段的竞争优势并不相同。

要素驱动依靠劳动力和资源等生产要素的比较优势推动经济增长；投资驱动依靠资本的力量来推动经济增长。要素驱动与投资驱动基本上属于粗放型增长方式，经济增长主要依靠大量物质投入，投入产出率低，经济效率低；技术进步缓慢，没什么科技创新；浪费资源，污染环境；产业结构不合理，产品附加值低。这种依靠高投入来支持经济增长，容易造成通货膨胀和经济失衡，加大宏观经济政策调整的难度。创新驱动依靠高科技领域研究的新突破和知识经济快速发展，技术创新成为推动经济增长的主要力量（韩启祥等，2006）；财富驱动是通过前三个阶段积累了丰富的技术财富、知识财富后，生产力达到很高的水平，金融等现代服务业高度发达，并占国民经济的比重越来越大，经济增长方式转入财富驱动。创新驱动与财富驱动为集约型增长方式，具有节约和有效利用资源，提高效率，优化产业结构，充分利用科技成果，加快科技进步等优点。要素驱动、投资驱动、创新驱动和财富驱动四个阶段存在着由低向高递进发展的规律，反映了经济增长方式转变的过程。

种种迹象表明，目前中国正在经历从投资驱动向创新驱动转变的过程。虽然投资在今后一段时间内，依然是促进中国经济增长的因素，但是创新驱动经济增长的特征越来越明显。因此，投资与创新两种力量共同决定着中国经济的前进速度和方向。

三、中国各区域省市经济增长模型

固定资本（固定资本存量及固定资产投资）、知识（包括人力资本存量及科技新知识等）、制度因素、劳动力及经济环境外部性（包括自然环境、社会环境、市场环境、政策环境等）是影响和决定经济增长的重要因素。

从固定资产投资与创新互动、共生的角度建立中国 31 个省（直辖市、自治区）的经济增长模型，对固定资本、知识、制度因素、劳动力、经济环境外部性五方面影响因素在经济增长中的作用进行定量分析。测算结果表明，中国 31 个省（直辖市、自治区）的经济增长方式已经发生了深刻的变化，依靠投资与创新来协同驱动经济增长的状态已逐步形成，并且这种比较理想的又好又快的发展状态将在中国"十二五"期间乃至今后很长的时间得以保持和完善。

从姜照华（2006）提出的共生理论的角度来看，GDP 可以分解为劳动报酬、资本收益、共生利益等。广义劳动报酬包括工资、社会保障、相关税收等；广义资本收益包括折旧、投资者分得的利润、利息、相关税收等。因此，可以有如下表述：

$$\text{GDP} = 劳动报酬 + 资本收益 + 共生利益 + 其他 \qquad (3\text{-}1)$$

"共生利益"类似于股份公司账户中的"公积金"，是独立于劳动报酬和资本收益之外的"第三项"，是提高创新能力，即扩大再生产和新产品生产能力的源泉。这样，把式（3-1）写成一种定量形式还有其他形式是

$$Y = aL^{\alpha}H^{\beta}S^{\gamma}D^{\delta} + bK + cSD/K + u \qquad (3\text{-}2)$$

式中，α、β、γ、δ、a、b、c 为参数，它们由制度和环境外部性决定；$aL^{\alpha}H^{\beta}S^{\gamma}D^{\delta}$ 为劳动报酬；bK 为固定资本收益，其中 K 为固定资本存量，b 为固定资本存量收益系数；cSD/K 为创新能力；u 为"其他"一项。

从模型（3-2）出发，可以推导出下面的经济增长率分解模型

$$y = \frac{bK - cSD/K}{Y}k + \frac{cSD/K + a\delta L^{\alpha}H^{\beta}S^{\gamma}D^{\delta}}{Y}d$$

$$+ \frac{cSD + a\gamma L^{\alpha}H^{\beta}S^{\gamma}D^{\delta}}{Y}s + \frac{a\beta L^{\alpha}H^{\beta}S^{\gamma}D^{\delta}}{Y}h + \frac{a\alpha L^{\alpha}H^{\beta}S^{\gamma}D^{\delta}}{Y}l + i + q \qquad (3\text{-}3)$$

式中，y 为 Y（GDP）的变化率（经济增长率）；k 为 K（固定资本存量）的变化率；d 为 D（固定资产投资）的变化率；s 为 S（科技投入）的变化率；h 为 H（人力资本）的变化率；l 为 L（劳动力）的变化率；i 为制度创新对经济增长的

作用；q 为经济环境外部性对经济增长的作用。

利用式（3-3）可以方便地测算出各因素对经济增长的贡献率：

$$\eta_K = \frac{bK - cSD/K}{Y} \times \frac{k}{y}$$

$$\eta_D = \frac{cSD/K + a\delta L^\alpha H^\beta S^\gamma D^\delta}{Y} \times \frac{d}{y}$$

$$\eta_S = \frac{cSD/K + a\gamma L^\alpha H^\beta S^\gamma D^\delta}{Y} \times \frac{s}{y}$$

$$\eta_H = \frac{a\beta L^\alpha H^\beta S^\gamma D^\delta}{Y} \times \frac{h}{y} \qquad (3\text{-}4)$$

$$\eta_L = \frac{a\alpha L^\alpha H^\beta S^\gamma D^\delta}{Y} \times \frac{l}{y}$$

$$\eta_I = \frac{i}{y}$$

$$\eta_C = \frac{q}{y}$$

式中，η_K、η_D、η_S、η_H、η_L、η_I、η_C 分别为固定资本存量增长对经济增长的贡献率、固定资产投资增长对经济增长的贡献率、科技进步对经济增长的贡献率、人力资本增长对经济增长的贡献率、劳动力增长对经济增长的贡献率、制度创新对经济增长的贡献率，经济环境外部性对经济增长的影响率。

式（3-4）中的各参数 α、β、γ、δ、a、b、c 需要通过回归分析的计量经济学方法来确定；η_I 的测算则需要采用 DEA 方法；η_C 是"去除各种因素后的剩余"，采用余值法来测算。在表 3-3 和表 3-1 中，所谓的"剩余价值"定义为地区 GDP 减去劳动报酬。式（3-2）中是分两步求出来的，第一步对劳动报酬 $aL^\alpha H^\beta S^\gamma D^\delta$ 进行回归，求出各参数值；第二步对"剩余价值"（定义为地区 GDP 减去劳动报酬）进行回归，求出各参数值。经过这两次回归，就可以求出式(3-2)中的全部参数。

四、DEA 与制度创新在经济增长中贡献率的测算

（一）C^2R 模型

从作用机理来看，提高生产要素资源的配置效率是制度创新对经济增长的最基本、最本质的作用。因而，可以采用 DEA 方法来测算制度创新在经济增长中的贡献率。运用 DEA 这种方法，以劳动力、固定资产存量和人力资本为投入，以 GDP 为产出，获得各 DMU（decision making units，各年）的相对效率。而利用 DEA 方法分析制度效率的基本模型是 C^2R 模型。

C^2R 模型的一种形式为（盛昭瀚等，1996）

$$(D)\begin{cases} \min\theta \\ s.t. \displaystyle\sum_{j=1}^{n}\lambda_j x_j \leqslant \theta x_0 \\ \displaystyle\sum_{j=1}^{n}\lambda_j y_j \geqslant y_0 \\ \lambda_j \geqslant 0, \quad j=1, \cdots, n \end{cases} \tag{3-5}$$

用模型（3-5）来评价 DMU_{j_0} 的有效性，含义是力图在输入可能集中，在保持产出 y_0 不变的前提下，将投入 x_0 的各个分量按同一比例 θ（$\leqslant 1$）减少。如果这一点能够实现，则表明可以用比 DMU_{j_0} 更少的投入而使产出不变。这正说明了眼下的 DMU_{j_0} 必不是有效的生产活动，反之，则表明 DMU_{j_0} 是有效的生产活动。

而上述模型的对偶模型则是

$$(D)'\begin{cases} \max\alpha \\ s.t. \displaystyle\sum_{j=1}^{n}\lambda_j x_j \leqslant x_0 \\ \displaystyle\sum_{j=1}^{n}\lambda_j y_j \geqslant \alpha y_0 \\ \lambda_j \geqslant 0, \quad j=1, \cdots, n \end{cases} \tag{3-6}$$

用模型（3-6）来评价 DMU_{j_0} 的有效性，即力图在输出可能集内，保持投入量不变，而使产出较 y_0 以同一比例 α 扩大，如 $\alpha > 1$，则表明眼下的 DMU_{j_0} 是有效的生产活动。

规划问题 (D) 与 $(D)'$ 的最优解之间有着非常密切的关系，一般地，设 $\lambda^*, s^{*-}, s^{*+}, \theta^*$ 为 (D) 的最优解；设 $\lambda^{**}, s^{**-}, s^{**+}, \theta^{**}, \alpha^*$ 为 $(D)'$ 的最优解；则有

$$\lambda^{**} = \frac{\lambda^*}{\theta^*}$$

$$s^{**-} = \frac{s^{*-}}{\theta^*}$$

$$s^{**+} = \frac{s^{*+}}{\theta^*}$$

$$\alpha^* = \frac{1}{\theta^*}$$

式中，各 s 为投入或产出相对于最高效率（$\theta^* = 1$）时的浪费。

(D) 和 $(D)'$ 分别从"产出不变，投入最少"与"投入不变，产出最多"两

个不同的角度构造两个线性规划模型，这实际上是分别在输入可能集与输出可能集的基础上研究 DMU 的有效性。

当 $\theta^* = 1$ 时，称 DMU_0 为 C^2R 有效，并根据上述模型的最优解 λ_j^*（$j = 1$，…，n）来判别 DMU_0 的规模收益，即如果 $\sum \lambda_j^* = 1$，则 DMU_0 规模收益不变；如果 $\sum \lambda_j^* < 1$，则 DMU_0 规模收益递增；如果 $\sum \lambda_j^* > 1$，则 DMU_0 规模收益递减。

（二）制度创新对经济增长贡献率的测算公式

利用 DEA 测算制度创新在经济增长中贡献率的方法如下。

第一步，利用模型（3-5）求出从基期到末期各年的相对效率。

第二步，设基期的相对效率为 θ_1，末期的相对效率为 θ_2，则相对于最高效率（这时 $\theta = 1$）：基期的损失为 $Y_1/\theta_1 - Y_1$，末期的损失为 $Y_2/\theta_2 - Y_2$。由于制度创新使效率提高，而减少的损失为 $Y_1/\theta_1 - Y_2/\theta_2 - (Y_1 - Y_2)$，这样，制度创新对经济增长的贡献率的测算公式为

$$\eta_I = \frac{i}{y} = \frac{\dfrac{Y_1}{\theta_1} - \dfrac{Y_2}{\theta_2}}{Y_2 - Y_1} + 1$$

$$= 1 - \left(\frac{Y_2}{\theta_2} - \frac{Y_1}{\theta_1}\right) / (Y_2 - Y_1) \tag{3-7}$$

式中，Y_1 和 Y_2 分别为基期和末期的生产总值；θ_1 为基期的相对效率；θ_2 为末期的相对效率。

第三节 区域经济增长模型的测算

一、数据来源

本书构建模型的各种基础数据均来源国家统计局 2000～2008 年《中国统计年鉴》、2000～2008 年《中国科技统计年鉴》、2000～2008 年《中国劳动统计年鉴》等官方统计数据，权威、真实可靠。

二、模型构建

根据中国 31 个省（自治区、直辖市）2000～2008 年地区 GDP Y 与劳动力 L、固定资本存量 K（滞后一年）、固定资产投资 D、科技投入 S（滞后 3 年）、人力资本 H 等数据，经过两次回归，建立起如下的经济增长模型

$$Y = 1.574 \, (HL)^{0.35} \, (SD)^{0.245} + 0.291K + 1.89SDH/K - 185 \qquad (3\text{-}8)$$

表 3-1 和表 3-2 说明，在回归模型中，所有自变量从总体上与因变量之间高度线性相关；修正后的复可决系数很高，说明自变量的解释能力很强，样本回归方程对样本拟和得很好；回归方程通过 F 检验，说明回归效果显著。同样，自变量和常数项都通过了 t 检验。

表 3-1　中国各区域省市劳动报酬对数模型的检验

变量	系数	标准误	t 统计量	概率
C	0.196 744	0.056 576	3.477 522	0.000 6
Log（HL）	0.350 24	0.008 606	40.697 2	0
Log（SD）	0.244 676	0.009 381	26.082 5	0
样本决定系数	0.943 626	因变量均值		3.173 715
调整后的样本决定系数	0.943 218	因变量标准差		0.434 996
回归标准差	0.103 655	赤池信息量		−1.684 8
残差平方和	2.965 462	施瓦茨信息量		−1.645 75
对数似然比	238.029 1	F 统计量		2 309.95
DW 统计量	1.811 886	相伴概率		0

表 3-2　中国各区域省市剩余价值（地区生产总值减去劳动报酬）模型的检验

变量	系数	标准误	t 统计量	概率
C	−350.914	51.484 68	−6.815 9	0
K	0.291	0.006 979	45.071 64	0
SDH/LK	1.89	0.169 717	6.780 622	0
样本决定系数	0.961 201	因变量的均值		2 798.52
调整后的样本决定系数	0.960 92	因变量的标准差		2 824.75
回归标准差	558.413	赤池信息量		15.498 77
残差平方和	86 063 723	施瓦茨信息量		15.537 81
对数似然比	−2 159.08	F 统计量		3 418.835
DW 统计量	1.49	相伴概率		0

三、制度创新在经济增长中的贡献率测算

表 3-3 是利用 DEA 对 2000～2008 年中国 31 省（直辖市、自治区）的生产要素（劳动力、固定资本、人力资本、科技）配置效率的分析。在表 3-3 中"效率"是指资源配置的相对效率，表 3-3 也给出了由效率低导致的各种资源的浪费情况，其中劳动力和人力资本的浪费一开始比较严重。从规模收益看，2000～2008 年中国 31 个省（直辖市、自治区）是规模收益递增的。

表 3-3 基于 DEA 法的中国各区域生产要素资源配置效率（制度的作用）分析

地区	年份	效率/%	固定资本存量浪费/亿元	就业人数浪费/万人	人力资本浪费/(万人·年)	科技投入的浪费/亿元
北京	2000	73	0.00	0.00	0.01	0.00
	2008	89	0.00	0.00	0.06	0.01
天津	2000	77	0.00	0.00	0.00	0.00
	2008	100	0.00	0.00	0.00	0.00
河北	2000	86	0.00	0.00	0.01	0.00
	2008	97	0.00	0.00	0.06	0.00
山西	2000	83	0.00	0.00	0.00	0.00
	2008	78	0.00	0.00	0.02	0.00
内蒙古	2000	94	0.00	0.00	0.00	0.00
	2008	100	0.00	0.00	0.00	0.00
辽宁	2000	71	0.00	0.00	0.01	0.00
	2008	94	0.00	0.00	0.02	0.00
吉林	2000	64	0.00	0.00	0.01	0.00
	2008	78	0.00	0.00	0.01	0.00
黑龙江	2000	88	0.00	0.00	0.00	0.00
	2008	96	0.00	0.00	0.02	0.00
上海	2000	99	0.00	0.00	0.00	0.00
	2008	100	0.00	0.00	0.00	0.00
江苏	2000	79	0.00	0.01	0.00	0.00
	2008	93	0.00	0.00	0.00	0.00
浙江	2000	96	0.00	0.01	0.00	0.00
	2008	88	0.00	0.00	0.01	0.00
安徽	2000	77	0.00	0.05	0.00	0.00
	2008	81	0.00	0.03	0.00	0.00
江西	2000	73	0.00	0.00	0.00	0.00
	2008	95	0.00	0.00	0.00	0.00
山东	2000	68	0.00	0.00	0.00	0.00
	2008	89	0.00	0.00	0.01	0.00
河南	2000	81	0.00	0.00	0.01	0.00
	2008	100	0.00	0.00	0.00	0.00
湖北	2000	71	0.00	0.02	0.00	0.00
	2008	78	0.00	0.00	0.01	0.00
湖南	2000	74	0.00	0.00	0.01	0.00
	2008	85	0.00	0.00	0.01	0.00
广东	2000	79	0.00	0.00	0.01	0.00
	2008	92	0.00	0.00	0.08	0.00
广西	2000	100	0.00	0.00	0.00	0.00
	2008	97	0.00	0.00	0.01	0.00
海南	2000	100	0.00	0.00	0.00	0.00
	2008	61	0.00	0.00	0.00	0.00
重庆	2000	67	0.00	0.02	0.00	0.00
	2008	100	0.00	0.00	0.00	0.00

地区	年份	效率/%	固定资本存量 浪费/亿元	就业人数 浪费/万人	人力资本 浪费/(万人·年)	科技投入的 浪费/亿元
四川	2000	66	0.00	0.05	0.00	0.00
	2008	67	0.00	0.04	0.00	0.00
贵州	2000	81	0.00	0.08	0.02	0.00
	2008	77	0.00	0.03	0.00	0.00
云南	2000	77	0.00	0.05	0.00	0.00
	2008	81	0.00	0.06	0.00	0.00
陕西	2000	67	0.00	0.00	0.00	0.00
	2008	95	0.00	0.00	0.00	0.00
新疆	2000	74	0.00	0.00	0.00	0.00
	2008	100	0.00	0.00	0.01	0.00

第四节 区域经济增长因素分析

一、各因素在经济增长中的贡献率

分析中国 31 个省（直辖市、自治区）2000～2008 年平均经济增长的原因，表 3-4 给出了各因素在经济增长中的贡献率。从全国 31 个省（直辖市、自治区）的平均值看，固定资本存量增长的贡献率为 46%，固定资产投资的贡献率为 25%，这两者之和归并为固定资本贡献率（为 71%）；人力资本增长的贡献率为 7%，科技进步的贡献率为 20%，制度创新的贡献率为 8%，这三者之和归并为创新贡献率（为 35%）；经济环境外部性的影响率为 −8%。这说明中国经济环境整体是十分有利于经济增长的，为吸引外资、内资及科技发展提供了非常好的环境条件，但各省市经济环境趋于向好，区域间的差距依然存在。我们的测算结果与以前测算结果比，更有理论根据，对经济增长因素的分析更全面、更细致，测算的结果也更符合中国经济环境的实际。

表 3-4　中国各区域的经济增长因素分析与比较（2000～2008 年）　　（单位：%）

地区	科技 贡献率	投资 贡献率	人力资本 贡献率	劳动力 贡献率	资本存量 贡献率	制度创新 贡献率	经济环境外 部性影响率
北京	36	42	40	−10	3	14	−25
天津	18	27	6	2	44	17	−14
河北	19	20	4	1	45	9	2
山西	20	20	4	2	48	−4	10
内蒙古	12	25	3	1	52	3	4
辽宁	16	34	5	2	50	22	−28
吉林	19	37	4	2	58	15	−32
黑龙江	17	20	2	0	47	7	6

续表

地区	科技贡献率	投资贡献率	人力资本贡献率	劳动力贡献率	资本存量贡献率	制度创新贡献率	经济环境外部性影响率
上海	21	25	13	0	33	1	8
江苏	23	21	6	3	45	11	−8
浙江	29	15	8	4	47	−5	2
安徽	26	33	3	1	46	4	−13
福建	28	20	6	4	41	0	2
江西	22	31	6	3	29	23	−13
山东	18	19	4	2	48	18	−8
河南	17	26	3	1	33	16	4
湖北	19	26	6	2	49	8	−10
湖南	22	26	5	2	41	12	−8
广东	20	12	9	5	49	10	−5
广西	24	26	5	2	36	−2	9
海南	17	17	8	4	71	−31	14
重庆	24	30	5	2	26	36	−22
四川	20	31	4	2	54	2	−12
贵州	19	22	7	2	48	−4	5
云南	16	24	6	3	45	5	2
西藏	23	20	11	6	76	−8	−28
陕西	17	45	5	1	43	2	−13
甘肃	11	24	6	3	55	14	−13
青海	15	17	8	3	62	21	−25
宁夏	15	24	7	2	68	5	−21
新疆	14	18	8	4	41	31	−16
全国平均	20	25	7	2	46	8	−8

二、对测算结果的若干分析

(一) 经济环境外部性的作用

中国学者云冠平和胡军等人把影响企业组织发展的外部环境归结为经济环境、技术环境、社会环境、政治环境、自然环境、伦理道德环境六个方面。管理理论的最新发展,认为企业外部环境因素构成包括政府的政策与法令、市场情况、经济形势、资金供应、技术水平、人力资源、原材料供应、行业状况和社会文化等。从区域经济层面看,当前影响企业发展的区域经济环境主要构成因素包括政府的行为和政策、市场制度的建立和完善,另外,还有自然资源、区位因素、经济形势,等等(兰冰,2009)。中国实施区域经济发展战略,是促进东部沿海地区和中西部地区之间共同发展而进行的总体策划,从 20 世纪 90 年代开始。

追求区域协调发展已成为中国区域经济政策的主旋律。党的十七大报告提出并实践"科学发展观",坚持"统筹区域发展","统筹城乡发展"。《中共中央关于制定国民经济和社会发展第十一个五年规划的建议》完整地阐述了中国区域发展的总体战略布局,即"继续推进西部大开发,振兴东北老工业基地,促进中部地区崛起,鼓励东部地区率先发展"(杨林和龙方,2008)。实践表明中国区域发展政策、战略实施所产生的效应是明显的,它培育了经济发展的重点区域,促进了欠发达地区的发展,特别是西部地区增速普遍提高(苏多杰,2010)。同时,它促进了我各区域间经济的快速协调发展,为中国和谐社会的构建打下坚实的基础。

本书对中国31个省(直辖市、自治区)经济发展环境外部性的测算数值就是很好的验证。有代表性的如东部地区的北京(经济环境外部性的影响率为－25%)、天津(经济环境外部性的影响率为－14%)和山东(经济环境外部性的影响率为－8%);西部地区的重庆(经济环境外部性的影响率为－22%)、西藏(经济环境外部性的影响率为－28%)、青海(经济环境外部性的影响率为－25%)和宁夏(经济环境外部性的影响率为－21%);中部地区的江西(经济环境外部性的影响率为－13%)和安徽(经济环境外部性影响率为－13%);东北老工业基地的吉林(经济环境外部性的影响率为－32%)和辽宁(经济环境外部性的影响率为－28%)。北京和天津经济发展环境外部性的优异,主要得益于其所处的政治、经济、社会和文化等方面的地位,以及吸引人才的环境。山东则主要在国家建立山东半岛蓝色经济区的区域政策影响下,创造了良好的经济发展环境;西部大开发战略对西部地区的影响是巨大的,过去10年,原本是中国经济"洼地"的广大西部地区,在西部大开发战略的推动下,经济快速崛起:2000～2008年,西部地区GDP从1.66万亿元增加到5.82万亿元,年均增长11.7%;固定资产投资由6111亿元增加到3.58万亿元,年均增长22.9%。几项主要指标增速均高于全国平均水平。2009年10月9日,国务院办公厅公布《关于应对国际金融危机保持西部地区经济平稳较快发展的意见》,提出一系列促进西部发展的"一揽子"计划,表明中国西部地区将迎来新一轮以国家政策为后盾的发展新机遇(钟鑫,2009)。所以,重庆、西藏、青海和宁夏才有如此好的经济环境外部性;江西、安徽、辽宁、吉林的发展,同样得益于"促进中部崛起和振兴东北老工业基地"的国家战略对经济发展环境的良好和重大影响。

(二) 人力资本的作用

资源的利用效率是实现区域经济可持续发展的根本性因素,而物质资本与人力资本是经济发展的最基本资源。随着自然资源的逐渐减少和国际市场竞争的不断加剧,人力资本越来越成为经济发展的主要推动力量(孟晓晨等,2005)。

1979 年诺贝尔经济学奖获得者、美国经济学家舒而茨建立的"人力资本"理论指出"经济的发展主要取决于人的质量，而不是自然资源的丰瘠或资本存量的多少"。

本书通过对中国 31 个省（直辖市、自治区）人力资本状况进行测算，得出人力资本在经济发展中的平均贡献率仅为 7%，对中国区域经济增长的促进作用是比较低的。并且，全国只有北京、上海、浙江、广东、海南等 8 个省（直辖市）高于平均水平，比较突出的是北京（人力资本贡献率 40%）和上海（人力资本贡献率 13%）。从中可以看出，各区域的政治、经济和文化等因素对人力资本的影响巨大，人力资本对中国区域经济发展的助推作用还有待加强。作为人力资本重要组成部分的高校毕业生的作用力没有发挥出来，这充分反映出当下大学生就业难或者大学生就业在岗还未充分发挥作用的现状。

改革开放以后，中国高等教育的普及程度不断提高，大学教育已经由精英教育发展为一般的素质教育。经查证，中国 2002～2011 年高校本科毕业生数分别为 145 万人、212 万人、280 万人、338 万人、413 万人、495 万人、559 万人、610 万人、660 万人、758 万人，合计 4470 万人。如果将研究生统计在内，每年接受高等教育的毕业生数量会更大。如此庞大的高知人群，对于提高全民族的素质和中国的社会经济发展都有极大的意义。然而，当前大学生就业问题已经成为制约中国社会经济发展的一个突出问题。大学生毕业生就业难的原因在于两个方面。一方面是中国城市就业市场基本上处于饱和状态，较好的工作岗位对大学毕业的需求变化不大，相对于扩大的供给自然显得不足；另一方面，大学毕业生的就业观念也需要改进。中国的人才分布处于一种非常不均衡的状态。大中城市、政府机关、大企事业单位和外企等条件优厚的地区或行业人才处于过饱和状态。而广大农村、乡镇、中小企业等艰苦的地区或行业却十分缺乏高素质的专业人才。在这种情况，政府采取了一系列措施改善高校毕业生的就业（北京大学中国国民经济核算与经济增长研究中心，2009）。首先是鼓励高校毕业生到基层和艰苦地区工作与锻炼，到城市社区和农村乡镇从事教育、卫生、农技、扶贫等工作；其次是鼓励用人单位多吸纳高校毕业生就业，党政机关录用公务员和国有企事业单位新增专业技术人员和管理人员应主要面向高校毕业生；最后是为各类企事业单位特别是中小企业和民营企业事业单位聘用高校毕业生提供便利条件和相应服务。但是，破解大学生就业难问题除了需要社会的努力外，真正需要的是就业观念的转变。

（三）制度创新的作用

经测算，制度创新对经济发展起巨大作用比较有代表性的省（直辖市）有重庆（制度创新贡献率 36%）、河南（制度创新贡献率 16%）、江西（制度创新贡献率 23%）和辽宁（制度创新贡献率 22%）。

1. 重庆

重庆成为直辖市后，已经成为世界上人口最多、面积最大的直辖市。其人口数为北京、天津、上海三个直辖市总人口的 83%，其面积为北京、天津、上海总行政区划面积的 2.4 倍（罗洁，2009）。重庆具备中西部唯一的直辖市、长江上游最大的中心城市和西部最大的工商重镇的综合实力优势，是西部地区唯一拥有长江黄金水道和国家一类港口口岸的地区，且处在三峡库区的腹地，具有三峡库区大开发的特殊优势；位于东部发达地区和西部资源富集地区的联结点，位于国家实施西部大开发战略的长江上游经济带、西陇海兰新线经济带及南贵昆经济区的交汇点，具有良好的区位优势（冯清平和杨清明，2003）。在中央政府致力实施西部大开发战略的总体背景下，重庆通过理论创新和制度创新彻底清除计划经济的体制障碍和传统经济的思维定式，打破传统的市场经济自然发展过程，走超常规跨越式发展的市场经济发展道路，努力实现经济社会协调发展，对推动西南地区乃至全国经济的发展有重要作用（西南财经大学《川渝经济开发建设研究》课题组，2004）。通过我们对重庆 2000～2008 年制度创新对经济增长因素分析的测算，重庆在全国 31 个省（直辖市、自治区）中排名第二，制度创新对重庆的经济增长作用达到 41%，与排名第一的江西仅差一个百分点。可见，制度创新的成效显著。

2. 河南

河南地处华夏腹地和全国行政区划的中心位置，具有广阔的、纵深的辐射能力和潜力，是全国交通、通信的枢纽中心和咽喉，具有重要的区位和交通优势。河南资源储备丰富，是一个资源大省，现探明并具有开采价值储量居全国前八位的矿产资源有 50 多种，且分布广泛又相对集中，如全省 96% 的煤炭资源集中分布在京广线以西，铝土矿分布在郑州以西到三门峡一带，矿产资源储备条件较好，且易于开发。另外，河南作为中国人口第一大省，人力资源总量富足，超过 1 亿人，可为企业带来巨大的市场。总之，河南的区位、交通、资源、人口等组合的综合优势在国内其他地区是不多见的（罗士喜，2007）。虽然，河南具有良好的区位和资源优势，但是据 2004～2005 年《中国区域创新能力报告》统计数据，河南区域创新能力综合指标为 24.1，居全国第 20 位，创新能力在全国 31 个省（直辖市、自治区）中总体上处于中下等水平。就 2004 年的情况来看，影响综合排名的知识创造能力、知识流动能力、企业技术创新能力、创新环境和创新经济绩效等五项要素在全国的排名分别为第 23、第 25、第 17、第 19 和第 16 名（李朝晨等，2005）。本书通过对 2000～2008 年中国 31 个省（直辖市、自治区）

经济增长因素——制度创新方面的数据测算，河南已位列第五，充分说明河南在国家促进中部崛起的战略实施和河南省建设中部经济区的政策影响下，取得了快速的发展，制度创新成效显著。

3. 江西

作为中部六省之一的江西地处"两洲一区"的共同腹地，具有丰富的自然资源和深厚的历史文化积淀，资源、劳动力、土地、文化、交通等要素方面具有其他省份无法比拟的先天优势。伴随着中国改革开放走过30多年的辉煌历史，国家对促进中部地区崛起战略推进，江西省正迎来前所未有的战略发展机遇。近几年，虽然江西的经济总量已跃上一个新的台阶，但是把江西置于全国的总体格局中衡量，与邻省特别是沿海发达省份比较，江西仍然属于中部地区欠发达的省份（徐文华，2005）。徐文华（2005）在《经济崛起的制度内涵及其对江西经济发展的启示》中指出，江西的落后不是一时之果，要实现"崛起"也不可能仅凭一时之力。既然是一个"长期"问题，那么技术、资源、劳动力等在短期经济增长中发挥重要作用的要素就不能成为最关键的因素，我们应把分析的重点放在经济理论的"第四大柱石"——制度上。对制度创新方面的关注，已经引起了江西省政府及社会各界的关注，并开展了大量的工作，并取了巨大的成效。在本书对于中国31个省（直辖市、自治区）经济增长因素的测算中，江西省制度创新对经济增长的促进达到42.4%，排名第一，即为充分的证明。

4. 辽宁

"振兴东北"作为一项重大战略决策，"黑土地"将成为继珠江三角洲、长江三角洲和京津唐地区之后的中国内地经济第四增长极，并将开创一个"新东北时代"，促成中国经济增长热点区域的继续北移，推动即将到来的中国经济增长的第三波热潮（韩丽姣和赵晶，2008）。然而，东北老工业基地的振兴，并不是现在才提出的。早在20世纪80年代开始，"东北现象"的出现，振兴改造之路就开始了，但成效不大。虽然，东北地区拥有较丰富的自然资源和人力资源，但结果是资源、人才优势并未进一步转变为市场优势和经济优势，其根本原因在于这些老工业基地未能突破传统计划经济的发展"路径依赖"，缺乏一种能够把这种潜在的生产要素和资源优势转变为现实的生产力和经济优势的制度环境，缺乏一整套能够有效提高生产率和实现经济增长的制度框架。因此振兴东北老工业基地的关键就是进行制度创新（高晶，2004）。所以，辽宁必须走制度创新这条路促进经济发展，建构和谐社会。2000～2008年，经过8年的制度创新建设，辽宁在国家振兴东北老工业战略的扶持下，已经走在了全国31个省（直辖市、自治区）的前列，居于东北三省的首位，对经济增长影响比重达到18.5%，制度创新成效显著。

（四）技术创新的作用

创新型城市的提出从根本上是一种城市发展模式的变革，是 21 世纪城市知识化发展的主要形态，体现着技术创新的巨大作用。所谓创新型城市，是指以科技进步为动力、以自主创新为主导、以创新文化为基础的城市形态（魏颖辉和陈树文，2006）。创新型城市以其不断的科技创新，实现经济社会的更大发展，从根本上改变原有的经济增长方式，促进经济结构调整，提高城市国际竞争力。

根据创意城市理论，建设创新城市关键是技术（technology）、人才（talents）和宽容（tolerant），即 3T 理论，而宽容往往被城市政策制定者忽视（韩瑾，2007）。卢小珠等用三个指标来衡量城市创新能力：人才资源（人才素质和人才总量）、物质基础（研发投入和教育投入）和创新成果（科研成果和技术进步）（卢小珠等，2007）。从当今现代城市发展趋势看，城市间的发展竞争越来越集中在科学技术竞争和创新能力的竞争上，创新已经成为城市经济发展重要的内在动力和决定性因素，城市竞争力越来越依靠知识和人才的创新驱动作用（杨冬梅等，2006）。可见，科技贡献率和人力资本贡献率是评价创新型城市建设程度的重要指标。

2005 年，北京市提出了到 2010 年在全国率先初步建成创新型城市，2020 年建成比较完善的"创新型城市"的目标。作为中国的首都，北京具有其他地区不可比拟的科技和社会创新人才资源优势，北京地区科技装备资源约占全国科技资源总量的 1/4，拥有国家重点实验室 48 个，占全国 164 个国家重点实验室的29.3%，覆盖了 92 个学科中的 40 个学科；拥有国家工程技术研究中心 41 个，占全国工程研究中心总数的 1/3。2009 年北京各级各类学校总计 3425 个，其中高等教育机构 178 个，高校 88 所，普通高等学校在校生 577 154 人。北京完全具备建设创新城市所需的最重要的两个条件。同时，北京在创新型城市建设中重点形成了以下几项重要措施：首先，充分发挥科技资源优势，突破一批核心技术，促进高端产业发展；其次，充分利用北京高新技术企业多、留学人员归国创业与中小企业创新活力强的特点，推动以企业为主体的新型产学研结合机制的建设；再次，加强中央在京资源和地方资源的互动协调，最大限度利用在京科技资源；最后，依托中关村科技园区，努力提升科技创新辐射作用。通过以点带面最终形成城市创新整体推进路径（许正权和潘雄锋，2008）。经过五年的发展，北京创新城市建设成效显著。

经本书测算，2000～2008 年科技对北京经济发展的贡献率达到 36%，人力资本贡献率达 40%，制度创新贡献率达 14%，三项合计即得创新的贡献率达90%。从测算结果来看，北京现在已经是创新型城市，技术创新影响巨大。其他地区，如上海科技创新的贡献率为 21％，江苏科技创新的贡献率为 23％，浙江科技创新贡献率为 29％，福建科技创新贡献率为 28％，技术创新对各区域经济增长和社会发展产生了巨大的影响和作用。

三、区域经济发展方式

当前，中国经济的增长模式本质上仍属于粗放增长模式，经济增长是资本驱动型的（安立仁，2003），这得益于投资。

实证分析表明，目前影响中国各区域经济增长的要素中，资本的贡献率仍然是最大的。通过测算，全国 31 个省（直辖市、自治区）平均资本存量贡献率达 46％，平均固定资产投资达 25％，资本对经济增长的贡献率达 71％。从中可以看出，中国经济增长主要是由大规模的资本投资驱动，本质上仍属于粗放型的经济增长方式。全国 31 个省（直辖市、自治区）除北京、上海、江西、河南、重庆和新疆六省市外，其余 25 个省的资本贡献率都超过 60％，吉林和西藏甚至达到 90％以上，经济增长方式严重依赖资本驱动。这一结论与当前主流研究观点一致，1979～2004 年中国经济增长主要依赖于要素投入增长，是一种较为典型的投入性增长方式（朱承亮等，2009）。

近十年来，中国经济增长的投资驱动型趋势一直在加强，投资率一直维持在 40％以上。纵观全球，美国历史上最高的投资率只为 20％左右，日本最高也只达到 32％。过高的投资率对消费的挤出效应加大，至 2006 年，中国的最终消费率已经低于 50％，而投资率本身已经接近极限，其本身所具有的边际收益递减的趋势意味着其对经济的推动作用将越来越有限（杨希，2009）。2008 年诺贝尔经济学奖获得者保罗·克鲁格曼在其《亚洲增长之谜》中就提出以投资为驱动的亚洲经济增长模式不可持续。

因此，转变经济发展方式，加快经济结构调整，推进中国经济增长模式的转变已经是一件迫在眉睫的大事情。我们必须要从一种依靠资源投入，特别是资本投入所驱动的增长转变到依靠技术进步、效率提高所支撑的增长方式上去，实现区域内资本、劳动、科技等要素的有效配置和合理升级。

第五节　中国区域经济发展环境
与转变发展方式的对策

一、中国区域经济发展环境分析

"十一五"以来，中国区域发展总体战略稳步实施，国土开发格局明显优化，区域发展的协调性显著增强（国家发展和改革委员会地区经济司，2009）。具体表现为以下几个特征：一是区域自我发展能力显著增强；二是区域合作体制机制不断完善；三是重点地区开发开放进程明显加快；四是区域发展的协调性进一步增强；五是科学发展理念继续强化，有力保障了促进区域经济发展与生态建设和环境保护的同步进行。

"十二五"直到 2020 年将是中国全面建设小康社会的关键时期，促进区域协调发展对深入贯彻落实科学发展观、保障国民经济平稳较快发展具有重大意义。未来 10 年，中国区域经济发展面临的国际、国内环境都将发生明显的变化，这对中国各区域如何更好地协调发展提出了严峻的挑战。我们应抓住环境变化带来的机遇，正确认识环境条件的变化和形式发展的要求，谋划发展、明确任务，积极做出战略调整，更好地促进各区域经济协调发展。

（一）国际环境分析

1. 美国等发达国家"再工业化"战略，对中国工业带来冲击

2008 年全球金融危机爆发后，美国等发达国家先后提出"再工业化"的发展战略，重新重视国内产业尤其是制造业的发展，回归实体经济，增强竞争力，使经济发展转向可持续发展的增长模式（赵刚，2010）。美国等发达国家所要进行的"再工业化"，绝不仅仅是恢复传统的制造业，而是推动产业升级，以高新技术为依托，发展先进制造业，从而重新拥有强大竞争力的工业，并用新一轮技术革命的成果引领和改造其他产业，尤其是新能源、信息、生物、医疗、环保、海洋和空间等新兴产业。

发达国家的"再工业化"政策不仅仅是摆脱金融危机，促进经济复苏的短期战略行为，更是适应世界经济环境条件下对工业部门进行的主动调整，是着眼于构建长远竞争优势的战略谋划，势必会对中国正处于工业化进程中后期的工业产生巨大的冲击。作为世界第二大制造业大国，一直以来制造业是中国高速成长的动力引擎，是中国经济的立国之本，创造了 GDP 总量的 1/3，贡献出口总额的90％。虽然中国制造业产业规模较大，但是总体水平并不高，仍处于世界制造业产业链的中下游。结果是一方面低水平的生产能力过剩，大量中低档产品市场严重供过于求，只能进行低水平的价格竞争；另一方面技术含量高、附加值高、档次高的产品严重短缺，又必须从国外大量进口，产业发展的结构失衡问题突出（井水明，2009）。因此，我们必须转变以往靠工业拉动、以投资驱动的经济增长方式，大力提高制造业的自主创新能力，用现代技术改造和提升传统产业，用技术进步解决传统产业技术落后的问题，引导更多投资推动传统产业的调整升级，推动产业技术的更新和创新，加快产业结构的深度调整，同时，加大新兴产业的

投入，从产品创新和产业创新中确定中国制造在新一轮国际竞争中的有利地位，实现中国制造向中国创造转变的梦想与目标，以应对发达国家"再工业化"战略带来的巨大挑战。

2. 美国等经济体实行量化宽松货币政策，影响中国经济

为应对全球金融危机，美国等经济体纷纷实施量化宽松货币政策，来促进本国经济的复苏和增长。量化宽松货币政策是一把双刃剑，实施量化宽松货币政策会向市场注入大量资金，有助于缓解市场资金紧张状况，从而刺激经济以恢复增长（孟繁兴和宋维演，2009）。但是，量化宽松货币政策会导致本国货币大幅贬值，在刺激本国出口的同时，恶化了相关贸易体的经济形式，导致贸易摩擦等。同时，为经济埋下通胀的隐患，带来滞胀的严重后果。

量化宽松货币政策的推出，不仅直接影响美国等经济体的经济复苏，也会给工业能源、原材料和大宗商品价格、美元汇率和国际资本流向带来明显的变化，进而对中国经济带来实际的影响。①影响中国外汇储备的投资收益。根据中国人民银行发布的 2011 年第一季度金融统计数据报告，2011 年 3 月末，中国外汇储备余额为 30 447 亿美元，其中美元资产占 65%。美国等量化宽松货币政策的实施，导致美元身价狂跌，使得中国巨额的外汇储备大幅缩水。②加剧中国对外贸易的衰退。中国经济近 30 年的调整增长，很大程度上是依赖外贸力量，最近几年外贸依存度达到 60% 左右，而且主要市场是在发达国家和地区。当前的国际金融危机造成国际市场收缩，国际贸易保护主义和投资保护主义重新抬头，我们将很难再靠外需维持高增长。③带来工业能源、原材料等大宗商品价格暴涨。美国等量化宽松货币政策的实施，向全世界输入了通胀，导致热钱大规模的流入以中国为代表的新型经济体，造成全球范围内过度性的流动，引起石油等工业能源和原材料等大宗商品价格暴涨。

3. 催生新科技革命因素增多

历史经验表明，全球性经济危机往往催生重大科技创新和科技革命，依靠科技创新培育新的经济增长、新的就业和新的增长模式，是摆脱金融危机的重要途径。各种迹象表明，催生新科技革命因素增多。在应对金融危机过程中，世界主要国家推行"绿色新政"，将发展绿色能源作为刺激经济的重要手段，以实现所谓的"绿色复苏"（王一鸣，2009）。比如，美国政府提出了绿色能源战略，目的就是要通过在节能汽车、可再生能源、分布式能源供应、天然气水合物、清洁煤等诸多领域推进创新战略，实现能源发展战略性转型，发展新能源，构建一个20 万亿～30 万亿美元的大产业，减少对化石能源的依赖，带动美国经济重走创新之路，控制全球经济战略制高点，扭转美国能源外需格局为内需格局，再造国

际分工新格局。绿色能源和低碳经济正在成为引领未来科技和产业革命的重要方向，各国在绿色能源科技领域竞争更加激烈，中国在新一轮国际竞争中面临的挑战更加严峻。

4. 外部压力和不确定性增大

国际金融危机后，贸易保护主义抬头，有可能进入一个出口减速和贸易摩擦加剧的阶段。国际产业转移和外商投资规模在达到一个"临界值"后有可能趋于稳定或下降（王一鸣，2009）。随着金融、证券等服务业领域的开放，资本流动性和市场投机因素就会增加。随着中国占世界经济份额增加和力量对比的变化，竞争对手在对中国进行牵制、压制和遏制上有可能达成默契或形成"战略联盟"。由于中国抵御摩擦、分化遏制、抗衡风险的实力还不够强大，外部环境的不确定性因素有可能增加。

（二）国内环境分析

1. 劳动力成本上升

中国作为人口大国，现有就业总人数超过 7 亿人，同时，农村还有 1.6 亿剩余劳动力，是劳动力资源最为丰富的国家。长期以来，廉价的劳动力成本支撑着中国经济的高速增长。但是，金融危机以来，"民工荒"和"涨薪潮"轮番冲击中国劳动力市场，中国的劳动力成本呈现出上升的趋势。

秋正（2010）认为中国劳动力成本上升有以下五个原因：①劳动立法推动成本上升；②劳动力供求关系逐步改变；③劳动力供给结构性不足；④"新一代"农民工对工作有更多的要求；⑤社会保障制度的建立和完善为自愿失业提供了条件。李丽莎（2008）认为劳动力成本上升基于三点原因：①生活资料价格上涨和教育成本的攀升推动工资水平的提升；②健全完善的劳动力市场必然要求制造业总体工资水平的上升；③市场供求力量的对比促使制造业工资水平上升。蒋毅一和兰文芳（2011）总结中国劳动力成本上升的原因：①生活成本和教育成本的不断上升；②中国工资水平与劳动生产率的正相关；③经济增长将刺激劳动力成本的提升；④政府相关政策的调节。相关学者的理论研究非常多，中国劳动力成本上升问题已经引起经济界人士的广泛关注。按照相关理论研究结果，现阶段，中国生活和教育成本上升、相关政策的实施以及经济高速增长势必会引起劳动力成本的上升。

总之，中国劳动力成本上升已是不争的事实，劳动力价格的全面上升加大了企业的生产成本，并导致一些劳动密集型企业的经营出现困难。过去 30 多年中国得益于"无限供给"的低成本劳动力资源，避免了劳动力价格迅速上升而导致高速增长中断；未来，中国劳动力成本的上升，必将对中国经济前景乃至全球经济发展产生重要影响。

2. 土地价格上升

人多地少是中国的一个基本国情，土地可以说是中国最稀缺的资源。随着中国城市化和工业化步伐的逐步推进，通过土地要素大量投入，刺激了中国经济的高速增长，对土地利用空间和土地产品的需求不断扩大，土地供给的紧缺性与社会经济需求的增长性之间失衡发展的态势凸显出来，剧增的土地需求导致土地价格的不断上升。国家统计局 2009 年 10 月 15 日发布的数据显示，2009 年第三季度全国 70 个大中城市土地交易价格同比上涨了 4.7%。2011 年 3 月，财政部部长谢旭人在"财政政策和有关问题"答记者问时表示，全国地价总体水平上升。其原因大体有两个方面：一方面城市房地产比较兴旺，对土地需求量大；另一方面，土地转让本身的成本也在上升，主要是征地拆迁补偿成本的上升，对土地出让的价格也有影响。

土地价格的不断上升，带来了投资的冲动，而过度的土地投机，极易造成经济泡沫，给中国经济带来负面影响。同时，土地价格的不断上升，导致房价的大幅上涨，增加了老百姓的生活成本，影响和谐稳定的社会局面。因此，中国应加强土地宏观调控，密切监控各地区土地价格的变动趋势，形成合理的土地供应政策；建立健康的土地价格形成机制，为宏观经济的平稳快速增长创造良好条件。

3. 创新能力不强

当前，中国创新能力相对不强，原因如下。①政府主导。政府主导下的创新能够取得一些重大专项方面的突破，但是由于政府控制的资源传导作用有限，难以形成全社会整体创新活力和氛围。在中国创新体系建设中，政府、科研机构、企业应该各司其职，尤其是政府对创新的支持应体现在对基础科学的支持，以及形成对知识产权严格保护的外部环境上，而不是政府直接主导创新。②创新主体主动性不高。创新的主体是企业，而目前企业原始创新能力明显不足，主动性不高。应充分发挥市场机制的作用，调动个人和企业的主观能动性和积极性，形成有效的技术传导机制，使企业对技术创新的追求成为促进技术创新持续发展的动力。③创新系统协调开发不够（王一鸣，2009）。在创新系统方面，没有形成以中国企业为主导的整个产业链条方面的系统、协调开发。我们多在产品生产或工艺方面或某个产业环节进行创新，但系统性创新不够，没有形成核心企业与配套企业共同开发，进而形成主导整个产业链条的创新的格局。因此，创新能力不强仍然是中国发展中的短板。

4. 能源资源硬约束趋于强化，环境问题突出

近年来，由于中国经济的快速增长，工业化、城市化加速发展，中国能源、资源消耗持续增加，并将维持较长的时间。同时，受资源条件的限制，资源供需缺口日益加大，对国外资源的依存度不断攀升。今后一个时期，中国能源、资源消耗的增量可能超过世界上任何国家，由此带来的环境保护问题和可持续发展的压力巨大。今后，国际社会要求中国承担有约束力的减排责任压力会越来越大，国内经济发展面临的能源资源硬约束趋于强化，环境保护问题突出。

5. 区域发展新政策，带来新发展

"十一五"以来，中国不断丰富完善区域发展战略，已经形成了"鼓励东部地区率先发展、推进西部大开发、振兴东北等老工业基地和促进中部地区崛起"的国家区域发展总体战略。同时，基于各区域的实际情况和需要，出台了一系列针对性强、务实可操作的区域规划和政策文件，为促进区域社会经济又好又快发展发挥了重要作用。

中国区域规划和政策制定主要依据三方面展开。①加快重点地区发展，包括加快条件较好地区开发开放和促进欠发达地区特别是少数民族地区加快发展。出台了《关于推进天津滨海新区开发开放有关问题的意见》、《国务院关于进一步推进长江三角洲地区改革开放和经济社会发展的指导意见》以及《珠江三角洲地区改革发展规划纲要》、《山东半岛蓝色经济区发展规划》、《辽宁沿海经济带发展规划》和进一步促进新疆、宁夏、青海等地区经济社会发展的若干意见等，培育了区域经济发展新的增长极，起到了巨大的辐射带动作用。同时，着力解决区域协调发展的瓶颈制约，增进民族团结和社会和谐（范恒山，2011）。②落实国家重大发展与改革战略。出台了黄河三角洲高效生态经济区发展规划、江西鄱阳湖生态经济区规划、皖江城市带承接产业转移示范区规划等，推进国家"两型社会"建设，促进区域联动，优化提升产业结构。③深化区域合作与对外开放，出台了《广西北部湾经济区发展规划》、《图们江区域合作开发规划纲要》、《江苏沿海地区发展规划》和海峡西岸经济区的建设规划等。

在中国区域发展总体战略的指引下，随着区域政策体系的不断完善，区域经济和社会发展必将进入一个高速发展的阶段。

二、中国区域经济发展方式转型的对策

2011～2020 年是中国经济社会发展和全面建设小康社会的关键时期，也是中国经济发展方式转变的关键期。加快转变经济发展方式，是在探索和把握中国

经济发展规律的基础上提出的重要方针，也是关系国民经济全局的紧迫而重大的战略任务，是在总结中国经济建设实践经验和借鉴国际经验教训基础上的认识提高和理论升华。它关系到发展理念的转变、发展道路的选择和发展模式的创新，其实质是如何实现国民经济又好又快发展。那么，我们将如何科学地规划未来10 年的发展，构建支撑科学发展的体制机制，促进经济发展方式发生实质性转变呢？

（一）以科学发展观为指导

转变经济发展方式体现的是科学发展观的内在要求，是全面落实科学发展观的关键所在。发展方式的转变是一个系统工程，更新发展理念是转变经济发展方式的必要前提。有什么样的发展理念，就会有什么样的发展道路和增长模式的选择。要摒弃片面追求 GDP 而不计资源、环境的成本投入，只重视物质财富的积累而忽视人的全面发展，只考虑当代人而不顾忌后代人的发展理念，坚持走以人为本，全面、协调、可持续的发展之路。实现速度、质量、效益相协调，人口、资源、环境相协调，真正做到又好又快地发展。

（二）作好经济结构调整优化

经济结构调整优化是经济发展方式转变的重要内容和实现途径，抓住了经济结构调整问题，就抓住了经济发展方式转变的关键。

1. 调整优化需求结构

我们应扩大内需，把内需的着力点放在消费上，打造消费导向型的经济发展模式，增强消费对经济发展的拉动作用，由投资、出口拉动为主转向消费、投资、出口协调拉动的经济发展方式。

中国经济长期偏重于依靠出口和投资带动经济发展，而消费对国民经济增长的贡献偏低。依靠出口，经济发展不稳定，易受国际市场波动影响；投资比重过大，在短期内会造成国民经济中投资、消费比例失衡，造成生产资料价格暴涨，引发通货膨胀。从长期来看，过大的投资比重必然会造成最终需求不足。同时，投资比重过大会抑制消费，使得经济增长对出口的依赖程度不断提高。而扩大出口引起的外贸顺差一方面会导致贸易摩擦，另一方面外贸顺差还会造成国内的流动性过剩，反过来又刺激了国内投资（韩保江，2008）。因此，要保持经济的长期稳定增长，必须立足扩大国内需求，鼓励合理消费，把经济发展建立在居民消费的基础上，形成消费、投资、出口协调拉动经济增长的格局，实现国民经济的良性循环。

2. 调整优化供给结构

中国产业结构存在农业基础薄弱、工业大而不强、服务业发展滞后及三大产业之间比例不合理的问题。因此，促进经济增长需要我们大力发展第三产业（服务业），加快产业结构的优化升级，由主要依靠第二产业转向第一产业、第二产业与第三产业协同带动的经济发展的方式（韩保江，2008）。2002～2006 年，中国第二产业增加值占 GDP 的比重由 44.8％上升到 48.7％。目前，第三产业的比重只有 32.2％，不仅大大低于发达国家，也明显低于发展中国家平均水平。要实现这个转变，关键是要把调整产业结构作为推动发展的主线，加强农业的基础地位，实现农业由弱变强；提高工业技术水平，实现工业由大变强；加速发展服务业，实现服务业发展的由慢变快。

3. 调整优化要素投入结构

中国经济在过去的发展过程中，基本上是以粗放型增长方式高速发展，重视消耗要素的投入，经济增长过于依赖物资源消耗。为此，我们付出的资源和环境代价过大。2005 年，中国 GDP 总量仅占世界经济总量的 5％，但却消耗了全球 7.8％的石油、39.6％的煤炭、31.8％的粗钢和 47.7％的水泥。另外，2007 年来自国家统计局的资料说明，中国 2/3 的大中型企业没有自己的科研开发机构，3/4 的企业没有科研开发活动，完全依靠照抄别人的产品。而在发达国家，大企业的研发费用一般不低于销售收入的 5％，甚至高达 10％。由于自主创新能力不强，缺乏核心技术，缺少自主知识产权，我们不得不更多地依靠廉价劳动力的比较优势来换取微薄利益。与其说是"世界工厂"，不如说是"世界加工厂"更贴切。因此，我们必须转变经济发展方式，调整优化要素投入结构，由主要依靠增加物质资源消耗型转向依靠科技进步、自主创新驱动型的经济发展方式，逐步形成以科技进步和创新为基础的新优势。

4. 调整优化投资结构

投资是拉动区域经济增长的直接动力。保持区域经济平稳较快发展，必须转变投资方式，优化投资结构，注重投资质量和效益，以此促进经济发展方式转变。

优化投资结构应重点加大对重大民生工程的投资；加大对节能环保、技术改造和自主创新项目的投资；加大对医药卫生、教育、文化等方面投入，促进社会事业发展。同时，应加强对重大投资的管理，提高投资质量和效益；积极鼓励市场自主投资，引导民间资本广泛参与各种民生工程、基础设施和生态环境建设，把政府投资与民间投资有机结合起来，促进投资增长，有效改善基础设施，提高人民生活水平，促进经济社会和谐发展。

（三）加快提高自主创新能力

自主创新能力是国家发展战略的核心，是提高综合国力的关键，是转变区域经济发展方式的中心环节。改革开放以来，中国经济社会进入快速发展阶段，但经济增长方式始终依赖资金的高投入和资源的高消耗来维持经济的高增长，在资源短缺和生态环境破坏的双重压力下，粗放经济增长已经难以为继，迫切要求中国加快科技创新过程，并以制度创新加快科技成果的开发和利用，使经济增长向着更加节约资源能源和维护生态环境的方向转变，实现经济社会的可持续发展。同时，在国际环境下，发达国家凭借其科技优势，形成对世界市场特别是高端市场的高度垄断，建立有利于自己的国际规则，牢牢把持着国际产业分工的高价值环节，获取超额利润，并借助知识产权保护等工具，形成垄断或贸易壁垒。中国面临的国际竞争压力日益严峻，企业和产业正面临新技术和知识产权的严峻挑战，生存与发展空间受到越来越多的挤压（罗云毅，2008）。因此，中国必须加大科技投入，注重科技创新，强化自主创新能力，集中力量突破影响产业竞争力的关键技术，开发具有自主知识产权的核心技术并培育战略性优势产业，以此增强中国产业的国际竞争力，维护国家经济安全。要把自主创新作为产业结构优化升级的重点，从依靠低廉劳动力、高资源投入的"比较优势"逐渐转变为具有核心技术的竞争力优势，加快从制造业大国向制造业强国的转变，从中国制造向中国创造的转变。

（四）固定资产投资和科技进步相结合

固定资产投资是社会扩大再生产的基本手段，是推动技术进步、优化产业结构的重要途径，是实现国民经济持续、快速、健康发展的原动力。科技进步是经济发展和增长的"发动机"，是推动经济高速运转的车轮。那么，投资与科技进步对经济发展的贡献具有什么关系呢？一是科学技术进步对经济增长产生影响在相当程度上需要有强大的固定资产投资作为支撑，我们不可能把技术进步和固定资产投资截然分开。现代信息技术要发挥作用，就必须以在通信领域的大规模投资为基础，现代航天技术对经济发展的贡献也必须依靠大规模的航天投资才能实现。从这个意义上，在中国过去30年的经济奇迹中，投资发挥的作用实在太大了。二是从长期看，科技进步对经济增长的作用是本质性的，投资要发挥作用还必须有赖于科技进步。试想如果技术进步停滞不前，那么持续的资本积累所形成的生产能力总有一天会过剩。投资规模越大，增长越快，这一天到来的也就越早，到那时社会的发展也就停滞了，再多的投资也没有用（罗云毅，2008）。因此，为更好地促进区域经济增长，实现经济发展方式的良好转变必须将固定资产投资与科技进步结合起来，共同推进。

（五）建设资源节约型、环境友好型社会

建设资源节约型、环境友好型社会是中国工业化、现代化发展战略的优先目标，是区域经济和谐发展的重要内容，也是转变区域经济发展方式现实有效的切入点和突破口。

建设环境友好型社会是区域经济发展方式的重要实践载体，其核心就是发展观念、消费观念和社会经济政策的环境友好性，也就是从最根本的源头预防污染的产生和生态的破坏。环境友好是指以环境承载力为基础，以遵循自然规律为准则，以环保科技为动力，倡导人类的生产、消费活动与自然生态系统的可持续发展。环境友好侧重于社会经济发展的生态效率，其根本要求就是人类生产、消费活动与社会经济、自然生态系统协调发展。因此，环境友好型社会既要最大限度地节约资源消耗，又要对消耗资源产生的废弃物进行再利用，发展循环经济，尽量减少污染物的排放（韩保江，2008）。由此可见，节能减排是建立环境友好型社会的重要手段。环境友好型社会是从节能和减排两个主要方面来综合统筹社会经济活动的良性发展，其中节能是基础，减排的目的是能够更好地促进环境友好型社会建设。

（六）深化体制改革

深化体制改革，这是转变增长方式的根本保障。①要逐步形成有利于转变增长方式的体制机制，包括深化行政管理体制改革，为市场发挥配置资源的基础性作用，培育转变增长方式的市场主体，提高产业集中度和集约化水平，增强企业转变增长方式的内在动力，创造有序的市场竞争环境。②要改革财税体制，全面实施增值税转型方案及配套措施，深化资源税制度改革，健全矿产资源有偿使用制度，建立生态补偿机制；积极稳妥地推进水、电、成品油等重要资源性产品价格改革，在有条件的地区开征污水处理费和垃圾处理费，充分发挥价格在节约资源、保护环境的杠杆作用（金长城和唐抗宇，2007）。③要加快金融改革和创新，引导信贷资金投向节能、减排、技术进步等有利于增长方式转变的领域。

第六节　促进中国区域经济转型的建议

一、中国区域经济本质上仍属于投资驱动型粗放经济

实证分析表明，目前影响中国各区域经济增长的要素中，资本的贡献率仍然是最大的。通过测算，全国 31 个省（直辖市、自治区）平均资本存量贡献率达

46.2%，平均固定资产投资达 25%，资本对于经济增长的贡献率达 71.2%。全国 31 个省（直辖市、自治区）除北京、上海、江西、河南、重庆和新疆外，其余 25 个省（直辖市、自治区）的资本贡献率都超过 60%，吉林和西藏甚至达到 90% 以上，经济增长严重依赖资本驱动。因此，中国各区域经济增长主要是由大规模的资本投资驱动的，本质上仍属于粗放型的经济增长方式。

二、今后的方向是投资与创新协同驱动中国区域经济增长

实证分析中国 31 个省（直辖市、自治区）2000～2008 年各区域经济增长的因素：人力资本的贡献率为 6.9%，科技进步的贡献率为 19.9%，制度创新的贡献率为 11.5%，三者之和即创新贡献率为 38.3%。数据表明，目前中国经济增长方式正在经历从投资驱动向创新驱动转变的过程，各区域经济运行在向投资与创新协同驱动的良性发展轨道上转变。虽然投资在今后一段时间内，依然是促进中国经济增长的重要因素，但是创新驱动经济增长的特征越来越明显。因此，投资与创新两种力量共同决定着中国经济的前进速度和方向。

自主创新是中国区域经济和社会发展的必然选择。提高自主创新能力，既是转变区域经济发展方式，调整产业结构的中心环节，又是建设创新型国家的核心和实现创新型国家建设的根本途径。各区域应以全面提高创新能力为核心，以科技创新为动力，以体制和政策创新为保障，逐步培育自主创新主体，努力营造有利于自主创新的政策法律环境和创新文化氛围，实现创新模式的转变，促进经济发展的转型，走中国特色的自主创新之路。

三、通过区域发展战略的实施创造良好的经济发展环境

实证分析表明，中国区域发展战略实施创造了十分有利于经济增长的外部环境，为吸引外资和内资以及科技发展提供了非常好的环境条件。它培育了经济发展的重点区域，促进了欠发达地区的发展，特别是促进了西部地区经济增速的普遍提高。虽然各省市经济环境趋于向好，但是区域间的差距却依然存在。

第四章　"三型社会"视域中科技创新、人口对资源、环境的影响

第一节　研究的背景和国内外研究现状

一、研究背景

（一）国际背景

自 20 世纪 40 年代以来，世界各国虽然发展方式不同，但经济都取得了较大增长，同时也引发了人口压力剧增、能源极度短缺、环境严重污染等一系列严峻的全球性问题。加上 2007 年的全球性金融危机及近几年气候变化等因素的影响，又引发了一些新问题。面对越来越严重的全球性人口压力、资源短缺、环境污染、经济发展不平衡等问题，20 世纪 70 年代初以来，联合国及有关部门相继通过了《增长的极限》、《人类环境宣言》、《我们共同的未来》、《里约宣言》、《中国环境保护 21 世纪议程》、《可持续发展执行计划》和《约翰内斯堡政治宣言》等，逐渐由"持续增长"和"合理的持久的均衡发展"的概念提出发展到可持续发展模式的提出（邹会聪，2010），并逐步由理论推向行动。可持续发展涉及经济、环境、社会等各个领域，其中心是以人为本，强调通过科技、人口因素协调其他各个因素之间的关系，保证整个社会的可持续发展。2009 年哥本哈根气候大会虽未达成法律协议，但是建立一个绿色低碳的、安全的、可持续发展的、与科技、人口关系相协调的社会仍是当今世界需要解决的最大难题（科学技术部农村与社会发展司，2006）。

（二）国内背景

自从进入 21 世纪以来，中国步入了一个快速发展壮大的黄金时期，经济实力、综合国力和国际地位显著提高，工业化、城市化、市场化和国际化步伐加快。但是我国人口众多、资源相对不足、环境承载能力较弱，经济粗放型的增长方式并没有发生根本转变，环境污染得不到有效控制，重大环境事件接连不断发生，中国资源利用的效率依然十分低下。面对如此沉重的环境压力，为满足经济

高速发展需要，中国逐渐重视资源节约问题，并在"十一五"规划的制订中将建设资源节约型和环境友好型社会（简称"两型社会"）提到前所未有的高度。党的十七大报告进一步指出要加强能源资源节约和生态环境保护，增强可持续发展能力。胡锦涛总书记明确提出将"两型社会"具体化，落实到个人，资源节约和环境保护被国家以条文的形式予以重视，并在实践中予以实施。

2007年12月14日国家发展和改革委员会正式发文，批准武汉城市圈与长株潭城市群成为"全国资源节约型和环境友好型社会建设综合配套改革试验区"（李碧云，2010）。2008年8月，国务院批准武汉城市圈建设总体方案。此后两年间，先后有67个国家部委与湖北展开省部共建，密集签订的协议表明，国家力助武汉城市圈走"两型社会"道路（湖南省科学技术协会，2008）。中国加快了建设"两型社会"的步伐。

进入21世纪之后，面对更加复杂的人口形势，更加突出的人口结构性矛盾，更加紧密的人口与社会经济发展的关系，更加显著的资源和环境问题，人口发展面临的任务也更具挑战性。2010年7月11日，中国人口学会专家在"建设人口均衡型社会"学术研讨会上提出，审视当前人口问题，为全面实施可持续发展战略，必须建设人口均衡型、资源节约型、环境友好型"三型"社会，这是由中国人口学界首次提出的，目前，在理论上尚无统一的定论（林湄，2010），但此观点表明国家正逐渐由资源、环境两型研究向人口、资源、环境三型研究转变。

二、国内外研究现状

（一）国外研究现状

"三型社会"的概念是由中国在可持续发展的基础上提出的，而国际上通常仍以可持续发展为代表。可持续发展具体表现在人口、资源和环境的协调关系上。国外就人口、资源、环境关系进行研究的比较多。人口与资源、环境的关系研究主要分为定性分析和定量分析。

1. 定性分析

定性分析首先可以追溯到古典经济学家，如英国的古典经济学家威廉·配第、亚当·斯密、大卫·李嘉图等，他们都在其经济理论中对人口与土地、人口与资本等问题进行了广泛的探讨（田雪原，2006）。

汉森定性地分析了人口增长、资源的开发与技术的革新之间的关系。他认为人口增长刺激经济进步，人口衰退也是经济衰退的重要原因，为了使资源得到充分的利用，人口快速增长比缓慢增长更能刺激资本的需求和经济增长（田雪原，2006）。

约翰逊研究表明，个别地区的人口数量对该地区的人均粮食拥有量的影响很小。他认为影响粮食供给的主要因素不是土地资源而是劳动生产率，即劳动者素质的高低（盖尔·约翰逊，2005）。

巴比（Barbier，1996）定性地分析了人口与森林的变化关系，主要分析的是人口增加与森林的减少之间存在显著性的关系，人口增加是导致森林面积减少的主要原因，并对其减少的具体过程进行了详细阐述。

罗伯特在分析人口与环境中的气候关系时，定性地分析了随着人口的增加大气中二氧化碳的含量也在不断增加，并且分析出人口增加是影响二氧化碳增加的最主要因素（Robert and Stearn，1991）。

沃尔曼等（Wolman et al.，1982）在分析人口与资源的关系中，定性地分析了人口与土地的关系，主要落脚点是人口与土地的利用方式，其他方面均未涉及。

雷佩托（Repetto，1989）定性地分析了人口增长与资源利用和环境质量之间存在着直接的因果关系。随着人口的增加，加剧了贫困人口的数量，降低了环境的质量，也刺激了技术创新和管理的变革，提供了高效率的资源供应和利用技术，平衡了部分资源和人口之间的关系。

皮门特尔等（Pimentel et al.，1997）定性地分析了在一个保持比较完整的含有耕地、水源、能源、生物资源的生态系统中，在能够提供充足的食物前提下，人口能够呈现正的持续增长的态势。但现状是粮食呈现严重不足的态势，出现很大比例的缺口，人口和资源呈现严重的不均衡态势。

纽伯特（Neupert，1999）定性地分析了蒙古高原上人口、经济活动及其环境之间的关系，并就两个不同的实体——蒙古国和中国内蒙古进行了比较分析。两种不同的种群动态，由于其资源消耗和环境恶化的程度不同，所以在同一自然资源环境中人口密度和人口压力不同。

耶茨和牛顿（Yeates and Newton，2009）定性地分析了随着人口的增长，拉丁美洲的土地利用发生了翻天覆地的变化，并介绍了几种土地利用模式以及环境变化对人口的影响。对此，决策者制定了在人口缓慢增长和土地一定约束条件下拉丁美洲的可持续发展策略。

霍尔德伦（Holdren，1991）定性地分析了地球上的能源是稀少的，随着人口的增加，人们可能遭受的物质匮乏、经济困难、能源供应问题等越来越严重。世界人口增长52%，而人均能源消耗增长48%，能源成本也在不断增加。应对全球能源问题将需要大大增加融资，增加提高能源利用效率的融资和减少现代能源技术对环境的影响，在未来几十年需探索出更加可持续利用的能源，以缓解经济、环境问题。

洛佩斯（Lopes，2009）通过定性的分析得出：由于人类活动的影响，农业和城市用水供应发生了转移，土地使用也发生了变化。人口增长可能驱动历史的变化，改变沿河流域的水需求，间接影响生态平衡。

2. 定量分析

伯索尔从定量的角度分析了人口与环境中气候的关系，并通过数据分析得出：人口增长与大气中二氧化碳的排放量存在着高度的相关关系，其相关性达到了99.8%（Birdsall，1992）。

比尔斯保罗（Bilsborrow，1993）从定量的角度分析了人口变化与资源中耕地变化的关系。他在定性分析人口增加是导致土地退化的主要因素的基础上，又从定量的角度进一步用事实证明人口增加是耕地减少的主要因素。

兼尔奈索等（Zarzoso et al.，2007）定量地分析了人口对欧盟国家的二氧化碳排放量增长的影响。传统上，研究者们假定人口增长是单一影响因素。而他们研究的结果表明，人口增长的影响弹性比较大，人口对当前欧盟成员国的二氧化碳排放量变化存在不同影响，因此应在欧盟讨论的范围内考虑到未来的气候变化政策。

舒克拉和迪贝（Shukla and Dubey，2002）通过数学模型研究，提出在森林栖息地由于人口和污染的增加，提高了资源的枯竭率。结果表明，如果污染物排放到环境中，定期内的污染物不能有效地在环境中净化，生态就失去了平衡。保育模式也提出，生物资源可以通过保护森林资源和控制人口增长减少栖息地的污染物排放率，从而达到所需的生态均衡。

梅多斯等（Meadows et al.，1972）在全球系统模型研究中，分析了人口变化对资源环境具有普遍的影响作用，但忽视了地区差异。

国际应用系统分析研究院（IIASA）在人口项目中用到人口-发展-环境（PDE）模型（Lutz，1994），试图从更微观的角度定量分析人口与环境的关系，但未得到更理想的结果。

荷兰国家公共健康和环境研究所（RIVM）从定量的角度构建了人口-环境-资源（PER）模型（RIVM/UNEP，1997），并从资源-环境-人口方面作整体评价，改进方法，以适应各种现状。

比克斯比和帕洛尼（Rosero and Palloni，1998）分析了哥斯达黎加过去40年来森林资源变化状况，定量地分析了哥斯达黎加中人口与森林的关系，即随着人口的增加，森林覆盖率逐渐减少。

根据周祝平和柴志春（2008）的资料，印度比拉技术研究所的研究团体，运用非线性数学模型来研究人口对资源、环境的影响。运用Pontryagin's极大值原理提出了如何在一个环境承载范围内，获得最佳投资效益。

（二）国内研究现状

国内在可持续发展的基础上进一步发展，提出了"两型社会"、"三型社会"等观点。"三型社会"是由中国人口学界在"两型社会"理论的基础之上刚提出的，目前尚无统一的定论。而"两型社会"在国内研究比较多，两者的本质都是为了促进经济、社会的可持续发展。以下是从不同的角度介绍"三型社会"研究概况。

1. 定性分析

蒋志学（2000）从定性的角度，比较全面地分析了人口与资源、环境的相互关系。具体对人口结构、人口素质、人口分布、人口数量等各项人口要素在资源、社会、环境、经济等方面所起到的促进、阻碍作用进行了具体的阐述，并提出实现可持续发展的对策建议。

何敦煌（2002）从定性的角度，研究了人口分布与土地的关系，他认为人口集中带土地肥沃，反之土地比较贫瘠。人口的不断增长影响耕地，并使耕地有逐渐退化的迹象。而耕地退化又是造成人口贫困化的主要原因之一，两者形成一个恶性循环。

钟水映和简新华（2005）从可持续发展定性的角度，分析了人口、资源、环境的影响因素及其与可持续发展的关系，并针对性地提出了实现人口、资源、环境与经济、社会协调发展的对策，从而形成人口、资源、环境与各个部分有机结合的统一整体。

田雪原（2006）从定性的角度分析人口素质、结构、数量、分布对经济的影响，对人口结构对社会的影响，人口增长对资源、环境的影响等方面逐一进行了分析，并针对性地提出了实现可持续发展的战略决策。

王世巍（2008）从"三型社会"之一——人口均衡型社会出发，具体阐述了城市人口均衡与城市资源、环境、经济发展和社会发展的关系，并以深圳为例进行了详细的阐述，提出了建设人口均衡型城市的对策。

李仲生（2009）从森林、耕地、能源、水资源等方面定性地阐述了人口与它们之间的关系，并提出保证人口与资源、环境的协调，实现可持续发展的对策。

2. 定量分析

闫维和杨黎（2007）以昆明为例，从水资源供需平衡的角度，依据预测年份人均综合耗水量计算公式：

$$Q = G \cdot W/P + N$$

式中，Q 为预测年份人均年综合耗水量；G 为预测年份 GDP 值；W 为预测年份发展水平下的万元 GDP 用水量；P 为预测年份人口数量；N 为预测年份生活用水量，并对未来昆明的各项水资源指标进行预测，计算得到适合昆明城市发展的适度人口规模。

童玉芬（2010）以系统动力学方法对首都北京的水资源人口承载力进行了定量的、动态的分析，计算两个不同口径的水资源人口承载力，并对其进行了比较分析。

原艳梅等（2009）利用 EMD 方法分别对 1953~2006 年我国人均耗能值及万元 GDP 能耗值进行多时间尺度分析；并构建动力学模型，分别从人口增长和经济发展两方面进行预测，得出即便我国人口增长控制得当，经济增长放缓，按照 7% 的年增长率预测，我国未来的能源供需之间仍是不平衡的，存在缺口。

余国合和吴巧生（2007）对中国能源与人口数据进行定量分析，经格兰杰检验发现，中国人口年龄结构与能源消费需求有着中长期的均衡关系。中国能源消费增长主要受城市化进程加快引起的城乡居民收入差距扩大影响，其次受第二产业就业比例下降影响。

王桂新和刘旖芸（2005）对 1990~2003 年上海户籍人口和生活能源消费量作定量的相关分析，构建模型详细阐述人口增长与生活能源消费增长的相互关系。他们认为在其他影响因素基本稳定的情况下，人口规模增长必然将加快生活能源消费的增长。

夏泽义和张炜（2009）在分析能源时引出人口因素，构建人口、能源模型。由于中国人口基数大，微小的变动都会引起能源需求的巨大变动，而且人口数量环境负荷的影响具有滞后效应，并计算出这种滞后效应的弹性为 0.5338。所以从长期看来，人口增长仍是产生能源供求压力的主要因素。

张正栋（2005）采用 1970~2004 年的统计资料，用统计方法，研究了近 35 年来海南岛耕地变化过程与人口增长、经济发展之间的动态变化关系，建立了耕地资源减少量与人口总数、固定资产投资总额、人均 GDP 和城市化水平之间的 4 个因素的关系模型；并得出海南岛人口增长、经济发展与耕地面积变化之间存在着比较明显的呈类似库兹涅茨曲线的倒 "U" 形关系，耕地减少量呈现先减小后增大再减小的趋势。

李旭东（2010）运用协整分析与 Granger 因果关系检验法对贵州省经济发展、人口增长与耕地资源之间的动态关系进行了计量分析，得出：贵州耕地数量与人口、固定资产投资及 GDP 都是非平稳的时间序列，它们之间存在协整关系，且人口、固定资产投资及 GDP 是耕地数量变化的单向 Granger 原因。

何一农（2004）通过把环境污染与生产总量联系起来，由消费物质多少及环境好坏、人口增长率大小这三个因素来确定效用，建立一个环境内生人口增长的经济增长模型，并按照微分方程的稳定性理论对模型进行了均衡分析和动态分析。

纵观国内人口、资源、环境的研究概况，虽有各自的优点，但也存在着不足。从以上学者的研究看出，大多学者在定性分析上只研究人口、资源、环境单独系统的层面，没有上升到综合整体的角度。在定量研究上，多数是从资源、环境的角度来分析人口，或者仅仅是人口与资源、人口与环境的研究，并未把三者统一起来。

总之，无论是国内还是国外，对人口对资源、环境的影响关系研究尚不够全面，仅从人口与资源或人口与环境方面独立分析，而没有系统地在一个大的框架下具体分析。此外，各个学者在研究的过程或用定性分析，或用定量分析，把定性分析和定量分析结合研究的学者比较少。通过本书对人口与资源、环境关系的内部机理的研究，对如何更有效地建设可持续发展社会将提供一个现实的参考。

（三）存在的问题

对可持续发展研究较多的主要是发达国家，发达国家研究可持续发展时，最关注的是环境、生态和福利指标，其他方面研究比较少。

国内外对人口、资源、环境研究比较多，但是就"三型社会"条件下人口增长对资源、环境影响及其模型的构建的研究比较少。

对人口、资源、环境关系模型的构建，不同学者有不同的观点。构建出能够比较全面地反映该研究课题的模型是目前研究的一个难题。

第二节　"三型社会"视域

一、"三型社会"的内涵

"三型社会"是中国人口学界于 2010 年 7 月 11 日在"建设人口均衡型社会"学术研讨会上，第一次正式提出的，继提出建设资源节约型、环境友好型社会（"两型社会"）之后，又提出一个均衡型社会——建设人口均衡型社会，三者合并称为"三型社会"。

（一）资源节约型社会

资源节约型社会是指以节约资源为前提，在社会各个领域，通过综合采取各种手段，提高对资源的利用效率，以最低的资源消耗，获得最大的社会、经济效益，保障经济和社会的可持续发展。具体体现在以下几个方面。

在生产结构方面保证有效的节约。生产结构节约就是用最低消耗产生最大效益，间接提高生产效率，最终减少对资源的单位耗费。节约型的生产结构是资源持续利用以及环境保护的必然结果;其生产出的产品是具有低消耗、高附加值特点的可循环产品,并且这种产品具有很强的替代性;在生产过程中提倡资源节约和减少污染,使用先进的技术和设备推行清洁生产,制造绿色产品。

在流通过程中倡导节约。具体表现在:通过再生资源的回收、重组,重新配置资源,转变经济增长方式,达到资源节约的目的,实现经济社会的可持续发展;建立再生资源流通市场,解决地区性再生资源分布不均的状况,整体协调收入、消费分配不均状况,满足消费者的不同需求。再生资源的流通有利于实现资源的节约,它也将是社会未来发展的一种趋势。

在消费过程中也需要节约。节约型的消费结构反映在对绿色消费品的消费和对消费后垃圾的处理等方面。绿色消费就是尽可能地消费未被污染的产品,并且尽可能地消费完,杜绝浪费;对消费后的垃圾要妥善处置,不要对环境造成额外的负担。此外,要大力宣传绿色消费理念,通过提高大众的意识达到绿色消费的目的。提倡用绿色消费理念经营生活、设计生活,在享受生活的同时,实现资源节约以及可持续消费的目的。通过这种模式实现物质资源的持续循环利用,减少自然资源的开采以及废弃物的产生,真正使经济运行走上可持续发展的道路(付炳中,2008)。

(二)环境友好型社会

1. 环境友好型社会的基本概念

环境友好的概念在国际上有很多次被提出,并涵盖了各个领域,主要包括土地利用方式、流域管理方式、城市建设方式、农业发展方式等,世界可持续发展首脑会议上提出的环境友好材料、产品与服务等概念,日本政府提出的建立环境友好型社会等。在中国,环境友好理念被提升到一个宏观的高度,从社会上实现整个国家的环境友好,并把它作为一项战略任务来完成。

环境友好型社会是一种人与自然和谐共生的社会形态,其核心内涵是人类的生产和消费活动与自然生态系统协调可持续发展。建设环境友好型社会,就是要以环境承载力为基础,以遵循自然规律为准则,以绿色科技为动力,倡导环境文明和生态文明,构建经济社会环境协调发展的社会体系(赵文秀,2009)。

2. 环境友好型社会的基本特征及建设途径

针对环境问题提出了环境友好型社会,环境友好型社会理念是一种整体性思维方式,是为从根本上解决环境问题而形成的。在这种统一的科学发展框架下,融合了各个方面,包括发展方式、政治制度、科技文化等,使它们有机统一,以备生态环境保护的理论与实践的达到有机的集合。

环境友好型社会是新的社会发展形态，在社会发展过程中以环境友好为特性、以生态规律为准则，坚持环境保护的理念，保证生态环境的良好发展，实现经济、社会的协调可持续发展。环境友好首先必须使社会经济活动对环境的负荷和影响限制在环境的自净能力范围之内，保证社会经济活动与生态环境的良性循环，杜绝对环境造成过重负担。

保证友好型环境的实现，主要通过以下几种方式，具体表现为四个方面。

（1）建设环境友好型经济发展模式，它是建设环境友好型社会的核心。对社会发展形态的性质和方向有重要作用的是其经济发展模式的好坏。环境友好型经济发展模式是实现低资源能源消耗、高经济效益、低污染排放和生态破坏，即大力发展循环经济的模式，改变了传统经济模式的劣势，实现经济的良性发展。

（2）提供友好型的政治制度保障。可持续发展观、绿色政治制度、综合决策机制是友好型政治制度的具体表现形式。它们是环境友好型社会顺利实现的制度保证，有效的制度的建立和落实是政府建立绿色评价体系的前提。

（3）友好的环境文化和生态文明是建设环境友好型社会的价值基础。与传统的工业文明不同，友好的环境文化和生态文化保证促使人们建立一种与资源环境相协调的价值观和道德理念，并以此来改变和规范人们的生产、生活。

（4）绿色科学技术支撑，它是第一生产力。传统科技偏向于稀缺的资源，并带来高污染和资源不可持续的利用，与之不同，绿色科技是指向资源丰裕的范围并在生产过程中保证清洁和资源的可持续利用，无污染或低污染是其基本要求。

（三）人口均衡型社会

随着社会经济的快速发展和人们需求的不断升级，人口发展的目标也在不断丰富，并发展得更为全面。图 4-1 表现出：在层次上，它要求人口与外部各个因素之间以及人口内部各个要素之间要相互协调，相互匹配；在内容上，它要求达到人口数量适度、人口质量提升、人口结构优化、人口分布合理等多方面的理想状态。在这种背景下，反应多层次、多角度人口发展目标的"人口均衡"的概念就被提上日程，成为描述新时期人口发展目标的最佳选择。人口均衡是指在经济社会发展水平和资源环境承载能力范围之内，人口发展以及内部各要素之间的发展要与其步调相协调，具体表现为适度的人口规模、全面提升的人口素质、结构合理的人口分布等（王钦池，2010）。均衡的本意就是平衡，指一个系统的各个方面与和这个系统对立的各方面在数量或质量上的相等、相抵或相适，或者一种力量与相对力量的相抵。表现在人口发展方面，它主要包含以下两方面的含义。

首先，人口作为一个发展个体，与其他外部各方面因素的力量相平衡。主要指人口发展既要被经济、社会、资源、环境等因素的发展赶超，也要在经济、社

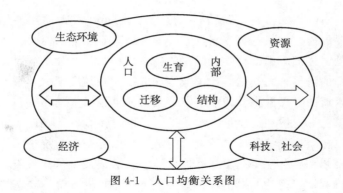

图 4-1 人口均衡关系图

会、资源、环境等因素所能承受的范围内。

其次，在人口系统的内部，各个要素之间的作用力量也要实现平衡。相互作用的人口内部各要素各自都有自身理想的均衡状态。例如，人口数量的理想状态是适度，人口素质的理想状态是全面提升，人口分布的理想状态是在地理位置上分布合理等。因此，人口内部各要素力量要实现平衡，必须使单个独立的要素在相互作用的过程中向其理想状态发展，不会因为其中某一个或某几个要素的发展而使其他一个或多个要素背离各自的理想状态而发展。

因此，本书对人口均衡做出如下定义：人口均衡是指人口的发展与经济社会发展水平相协调、与资源环境承载能力相适应，并且人口总量适度、人口素质全面提升、人口结构优化、人口分布合理及人口系统内部各个要素之间协调平衡发展。

综观以上资料，可以给"三型社会"下个定义："三型社会"实际是指在社会各个领域，通过法律、经济和行政等综合性措施，以生态承载力、环境容量为基础，切实保护和合理利用各种资源，在经济社会发展水平和资源环境承载能力范围内，保障人口与外部因素之间及人口系统内部各个要素之间协调平衡发展，提高资源利用率，减少资源消耗，获得最大的社会和经济效益，保护好环境，实现人与自然和谐、均衡可持续发展。

二、"三型社会"建设的相关理论

(一) 可持续发展理论

无论是"三型社会"还是"两型社会"，其理论基础都是一样的，即可持续发展理论。可持续发展是以人类的永久生存和发展为出发点；立足于资源和环境的角度，以人和自然的相互依存、相互交融为基础；以经济和科学技术的发展为核心；以资源和环境的承载力为限度；以人的全面发展和社会全面进步为目标的持续过程（江永红，2007）。其核心思想就是既满足当代人的需要，又不对后代人满足其需要的能力构成危害，满足后代人发展自身能力的需要。人类应享有与自然和谐相处、过健康而富有生产成果的生活的权利，并公平满足今世后代在发展与环境方面的需要，尤其是后代求取发展的权利必须实现（刘家强，2004）。

可持续发展的含义深刻、内涵丰富，涵盖各个领域，其内容包括经济可持续发展、生态可持续发展和社会可持续发展。经济可持续发展是基础，生态可持续发展是条件，社会可持续发展是最终目的。三方面的协调与统一，要求人类在发展中讲究经济效率、关注生态安全和追求社会公平，最终达到人类生活质量的全面提高。可持续发展理论的提出，意味着人类开始转变传统的经济增长方式和与之相适应的资源配置方式。它主要强调了以下几点。

（1）可持续发展的核心和前提必须是发展。发展的内涵既包括经济发展，也包括社会的发展以及保持、建设良好的生态环境。改变传统的以高投入、高消耗、高污染为特征的粗放型生产模式和消费模式，实施清洁生产和文明消费，依靠科技提高经济活动的效益，向可持续型集约型生产方式（低消耗、低污染、适度消费）转型（张侠，2008）。通过经济的发展调控自然-社会-经济系统，使人类在不使环境承载力超载的情况下，实现人口、资源、环境与经济的协调发展。

（2）保证资源的永续利用和良好的生态环境。资源的永续利用是实现可持续发展的根本保障，在经济建设和社会发展中要与自然承载力相协调，保证以可持续发展的方式使用自然资源和环境成本，严格控制人口增长，提高人口素质，把人类对自然资源的消耗速率控制在自然资源与环境的临界范围之内（颜亚玉，2001）。强调对环境污染的预防应该重于治理；要求在发展的整个过程中而不是在末端保护生态环境。

（3）可持续发展强调社会公平是发展的内在要素和环境得以实现的机制，既要考虑当前发展的需要，又要考虑未来发展的需要。其实质是开创了一种全新的发展模式，改变了传统的发展模式，达到节约资源、保护环境的目的，为子孙后代留下更大的发展空间和更多的发展机会，建立以人为目标的自然-经济-社会复合系统和持续、稳定、健康发展的社会。

（4）可持续发展的关键是转变了人们的思想观念和行为规范。这种全新的方式需要人们正确地认识和对待人与自然的关系，需要全人类的共同努力才能实现。由于许多资源和环境问题已经超越了国界和地区界限，具有全球的规模，而人类又居住在同一个地球，相互影响，相互联系，所以要实现可持续发展，需要全人类用可持续发展的思想来共同指导和评价人们的生活和生产。

（5）可持续发展的实施必须施以适宜的政策和法规。通过完善的法律体系、政策体系和强有力的执法监督，建立可持续发展的综合决策机制和协调管理机制，保证可持续发展战略贯彻和实施（许宁和胡伟光，2003）。

（二）脱钩理论

随着经济的发展、社会效益的提高、人口素质的不断提升和技术水平的不断进步，社会呈现出人口不断增长带来资源消耗相对减少一种态势。人口素质提高，技术进步，提高了资源的利用效率，资源消耗呈现相对减少的一种状态，在一定程度上可以说，人口与资源消耗之间存在脱钩现象。

1. 脱钩理论的内涵

脱钩一词来自于英文 decoupling，是与 coupling（耦合）相对的，主要含义为解耦、退耦和脱钩。脱钩是一种探讨资源环境压力相对于其驱动力变化的方法，它是指用少于以往的物质消耗产生多于以往的经济财富，脱钩理论可以反映经济增长与物质消耗不同步变化的实质（冯艳芬和王芳，2010）。

脱钩理论是在可持续发展理论、循环经济理论、绿色经济等相关研究的基础上产生的一种新兴理论。脱钩理论通过对世界经济进行定性或者定量化研究分析，从一个独特的视角良好地推动和引导了世界经济的可持续发展研究进程，为各国经济与管理研究提供了一种新的研究方法。环境保护领域是最早使用脱钩概念的领域，随着脱钩理论研究的深入，学者们将基于驱动力—压力—状态—影响—反应框架（DPSIR）的现象通称为脱钩现象，并广泛应用于环境、资源、生态等领域（王锋等，2010）。

长期以来，人类的经济增长与物质消耗之间的关系处于典型的"耦合"状态。但随着西方发达国家的技术进步和工业体系的逐渐完备，在 20 世纪 70～80 年代出现了大量的经济增长与物质消耗相背离的事实，并且逐渐成为以后的一个发展趋势。脱钩不仅存在于经济与资源领域之间，同样存在于人口与资源领域之间。随着社会效益的提高，人口增长与资源消耗之间也逐渐呈现出一种相背离的态势。

2. 脱钩理论的模式

比较主流的"脱钩"理论研究评价模式主要有两种：一是物质消耗总量与经济增长总量关系研究；二是物质消耗强度的 IU 曲线研究。

第一种评价模式就是在同一时间序列下，比较研究经济总量的变化方向、变化幅度与物质消耗总量变化之间的关系。通过两个数量之间的"耦合"与"脱钩"变化，反映经济增长过程中对物质消耗的依赖程度。主要考察经济总量增长变化的同时，环境压力总量是如何变化的。第二种评价模式就是在同一时间序列下比较 IU 的变化。从单位 GDP 与环境压力的相关性角度考察经济与环境的关系，反映在 IU 曲线的变化上。由于 IU 曲线评价法体现了"脱钩"理论的内在机理，在分析实际资源消费的影响效果方面比其他评价方法更具优势，更利于运用数据进行脱钩的统计分析研究，所以受到各国学者的推崇，目前被国内外学者较广泛地采用（邓华和段宁，2004）。本书研究人口与资源、环境的脱钩更倾向于第二种模式，单位人口内资源的消耗强度开始比较高，随着经济的发展、人口数量和素质的提高，单位人口内资源的消耗强度将出现降低的趋势。

（三）"三型社会"的理论响应

1. 人口均衡型

人口均衡作为人口系统内和系统外各要素之间相平衡的一种理想状态，将是社会未来发展的一种趋势，也将是"三型社会"的一种未来反应状态。"三型社会"将呈现出人口的发展与经济社会发展水平相协调，人口发展与资源环境承载能力相适应，并且人口总量适度、人口素质全面提升、人口结构优化、人口分布合理及人口系统内部各个要素之间协调平衡发展的状态。

实现人口均衡发展主要有两条基本途径：一条途径是通过直接调控人口数量、素质、结构等的变化，推动人口均衡协调发展；另一条途径是通过运用经济和科技手段间接调节人口的变化，推动人口朝着均衡方向发展。前者是"直接调控手段"，后者是"间接调控手段"，其中后者涵盖了社会经济手段和科学技术手段。在促进人口均衡发展的人口手段、经济手段和科技手段三种手段中，经济和科技这两个手段更为重要。一方面，经济手段和科技手段可以通过直接或间接的方式改变影响人口变化的因素，达到人口均衡发展的目的，换言之，人口手段也是以社会经济手段和科学技术手段为基础的；另一方面，经济和科技手段可以直接调节人口、社会、自然三大系统之间的关系，促进广义的人口均衡发展。在当前我国社会、经济、资源区域分布不平衡的状态下，要实现人口的均衡分布，主要是通过人口迁移和流动以及资源分配的格局的改善来实现。整体而言，人口的分布均衡是一个比较容易实现的过程，或者可以在相对较短的时间内实现，而人口自然整体均衡的实现则要经过相当长的时间（于学军，2010）。此外，在使用协调人口均衡这三种手段的过程中一定要相互协调，彼此支持，彼此补充，形成统一的合力，方能有效地起到作用。

2. 循环经济

循环经济主要针对资源、环境方面，面对各种资源的浪费和废弃物增多的现象。循环经济将成为一种趋势（黄昌熊，2004）。

所谓循环经济，就是把清洁生产和废弃物综合有效利用融为一体的经济，本质上是以物质闭环流动为特征的一种生态经济。从物质流动的方向看，循环经济是一种"促进人与自然的协调与和谐"的经济发展模式,它要求以"减量化、再利用、再循环"为社会经济活动的行为准则,运用生态学规律把经济活动组织成一个"资源—产品—再生资源"的反馈流程,实现"低开采、高利用、低排放",以最大限度利用进入系统的物质和能量,提高资源利用率,最大限度地减少污染物排放,提高经济运行质量和效益(王灵梅,2006)。在这个新的系统中,物质和能源得到合理持久的利用,资源和环境得到合理配置和永续发展,从而保证经济和社会发展与自然环境改善的协调一致性和可持续性(周锡荣等,2005)。

循环经济涉及生产、消费和处理等不同领域,以及企业、区域和社会等不同层面,需要政府、企业、科学界和公众的共同努力,因此,应构建由企业、区域和全社会三个层次面相结合的循环经济体系,主要从"一产"、"二产"、"三产"和"区域"等方面开展。

发展循环经济是保护环境、建设生态型社会的重要途径。首先,发展循环经济要求实施清洁生产,这可从源头上减少污染物的排放。其次,发展循环经济是一个系统工程,其中,生态企业是这个系统的"小循环",生态工业园是"中循环",生态城市是"大循环",要实现整个社会的生态化,发展循环经济是关键(黄昌熊,2004)。

3. 低碳经济

低碳经济也将是现在及未来必将坚持的一种理念。低碳经济是一种正在逐渐兴起的新的经济模式,其核心是以市场机制为基础,通过创新和制定一系列制度和政策措施,不断提高能源使用效率技术、能源节约技术、可再生能源技术和温室气体减排技术的开发和运用水平,推动整个经济社会朝着高能效、低能耗和低排放的模式转变(中国环境与发展国际合作委员会,2009)。

低碳经济的特征是以减少温室气体排放为主要目标,构建低消耗、低污染为基础的经济发展体系,包括低能源系统、低技术和低产业体系等。就其内涵方面,主要包括以下三个方面。

首先,转变现有能源消费方式、经济发展方式和人类生活方式等,它是实现低碳的本质内涵。现存非可再生能源消费方式占的比重比较大,而可再生能源消费及利用效率都比较低,这样最终的结果加速了环境恶化,同时导致非可再生能源的使用紧张。低碳经济主要是在提高一次能源利用效率的基础上,大力倡导使用、开发清洁能源,并且在使用清洁能源的同时与改善环境相结合。转变经济发展方式,经济运行要在"质量"提升的基础上突出经济领域中"数量"的变化。要顾及可持续性、顾及经济结构调整、优化和产业升级等,通过转变经济发展方式可实现低碳经济模式。转变现有的人类生活方式,在使用电气化、自动化、机械化技术的同时，也要注意能源的低消耗、温室气体的低排放，使用低消耗、低污染的动力技术系统。

其次，低碳技术的开发利用是实现低碳经济的关键。低碳技术的核心就是低能耗、低污染，它涉及各个领域、各个行业，包括工业、农业、建筑业，以及新能源使用、煤的清洁高效利用、有效控制温室气体排放等各个部门，均有低碳技术的影子，并且均可以使用低碳技术。可以说，低碳技术是实现低碳经济的关键。

最后，低碳经济是带动经济增长的新动力。低碳经济在实现过程中也带来了高额投入和高成本运行的问题，短期效应不明显，但从长远的角度考虑，低碳经济是实现经济可持续发展的必要途径，并且带来许多新形势的经济增长方式。比如，碳汇交易、碳信托基金以及低碳农业、低碳工业、低碳服务业的产生，这些都是在低碳经济模式良好运行情况下产生的新的经济增长点（赵丹丹和邵洪涛，2010）。低碳经济从制度上保证资源的节约、环境的友好，低碳经济模式的运用，更有利于"三型社会"的建设。

三、"三型社会"的运行原理

运行原理通常是反映机器的构造及其工作的原理，即揭示机器运转过程中各个零部件之间的相互联系，互为因果的连接关系或运转方式。在社会科学中，是指系统各要素之间、系统与环境之间的相互关系，在相互作用中产生的促进、维持、制约系统的内在工作方式，并且在有规律性运动中发挥作用和效应。

而建设"三型社会"以人与资源、环境相协调为核心目标，在环境承载能力范围之内，遵循自然生态规律，切实保护和合理利用各种资源，提高资源利用效率，以最少的资源消耗和环境代价获得最大的经济社会和生态效益，保持人口均衡协调发展，最终实现人与自然和谐相处。"控制人口"、"节约优先"与"保护环境"是建设"三型社会"的三大宗旨（胡敏红，2009）。

因此，"三型社会"的运行主要是从人口、资源、环境三个角度对社会建设情况进行阐述，是以人口均衡发展、环境友好保护、资源高效和持续利用和经济社会可持续发展为目标的社会内部各因素相互联系、相互作用的资源开发利用、人口均衡发展、环境友好的方式，是社会在运行过程中具有节约、保护、均衡效应和功能的带规律性的模式。

在"三型社会"运行中所涉及的各个有机系统之间、各种组织要素之间，形成相互依存、相互协调、相互促进的关系，具体是通过人口与资源的协调、人口与环境的协调、资源与环境之间的协调，以及人口内部、环境内部、资源内部等协调关系和谐地表现出来，从而推动整个社会协调运行和发展的过程和方式（唐雯等，2006）。

生产和消费是人类与资源、环境发生相互作用的纽带和桥梁，也就是说，人口与资源、环境之间的关系具体是通过经济过程来实现的。人口、资源、环境与经济过程之间的具体协作关系简略如图 4-2 所示。

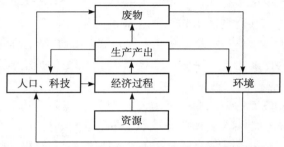

图 4-2 人口、资源、环境、经济过程运行关系

人口作为参加经济过程的主体，通过经济过程作用于其他物质资源。因此，人口和物质资源均可以作为经济过程所需的两种投入。而在经济过程的产出中主要包括被人类消费的最终消费品和影响环境的其他物质形态的废弃物。人类通过消费最终消费品，为此得以生存和繁衍。同时，在消费的过程中排放生活废弃物，影响环境。环境又反过来影响人类的生活，并导致人口数量的变化，如此不断循环。

图 4-2 揭示了经济过程处于人口、资源、环境三者之间并将三者联系在一起，起到联系枢纽的作用。此外，还需要作以下说明。

首先，现存的直接来源于自然界的资源由于人类的消耗正逐渐变得越来越少。此外，地球上的资源已经面临枯竭的前景，加上许多自然形态的资源正处于被破坏中，极需节约和保护。在市场经济运行中并未能正确反映它们的价值，现实中它们也没有受到应有的重视和珍惜。将这种类型的资源直接作为环境状况来对待，并通过对人类生存的影响而作用于人口。

其次，现实的环境状况会影响经济过程，恶劣的环境不仅会影响生产过程、影响物化投入，还会提高劳动者及其家属的生活费用。由于资源具有稀缺性，又是经济生产过程的基本投入，所以也会影响经济过程。然而，现实中单个厂商在其实践中都珍惜自己所能利用的资源，却浪费和破坏自己不需要但别人需要的资源。不仅是资源，良好的环境也日益变得稀缺，然而由于环境处在经济生产过程的产出一端，所以，并未引起厂商足够重视。即使环境在遭到破坏需要厂商付出成本时，只要其对于厂商而言其并未丧失生产利润的获得时，厂商仍然不会更多关心被破坏了的环境。

其实，无论是资源问题还是环境问题都存在经济活动的外部性。外部性指有些成本和收益对于经济主体而言是外在的事实。外部性的存在意味着社会收益不等于个别收益。市场的自发性并不能自动优化调节外部性问题，需要政府制定政策加以干预、协调。由于资源、环境问题的外部性特征很强，所以，就需要政府通过行政手段和经济手段将外部性内部化并进行有效的政策调节和管理。人口的再生产也存在外部性，是以家庭为单位进行的。人口在具体经济模型中的位置比较复杂，一方面作为劳动力部分直接投入经济活动，另一方面又要作为最终产品的分母，参与评价生活质量的提高（郭志刚，2008）。

人口、资源和环境作为一个具有内在联系的系统工程，节约资源有利于环境的保护，对人口的发展也起到一定的积极作用。人口的均衡发展，更能高效利用自然资源，保护环境。

总之，建设资源节约型社会、环境友好型社会和人口均衡型社会各有侧重、互为补充，三者完整地涵盖了社会经济系统中物质量、能量流、废物流等物质代谢的全过程，人口均衡发展的全过程以及人口均衡发展作用于物质消耗、物质消耗反过来作用于人口的全过程。建设"三型社会"不但要严格保护环境、节约资源和控制人口，同时要坚持生产发展、生活富裕、生态良好的文明发展道路，努力实现速度和结构、质量、效益相协调，人口发展与资源、环境相协调，保证人民在良好生态环境中生产生活，实现整个经济社会永续发展。

第三节 创新、人口对资源、环境影响模型的建立

一、人口、资源、环境指标选取的依据

在"三型社会"视角中分析人口、资源、环境三个系统中各指标的选取时，需要综合各种因素。由于人口均衡包含内容广泛，在本书只选取人口数量作为研究的目标。资源中用水总量的变化除了受阴雨天气、高温天气等短期因素的影响外，还受工业总产值的变化、水的重复利用率、人均收入、人口数量等长期因素的影响；资源中能源消费总量受人口因素直接和间接影响，产业结构调整优化影响能源消费，科技水平提高能有效减低单位能耗，除此之外还有其他因素；资源中的建设用地受人口因素影响，人口增长扩大了建设用地范围，经济发展水平提高了基础设施的完善，影响了建设用地变化，土地资源的有限性使建设用地不会无限制地扩大，除此之外还有其他因素的影响。环境中的二氧化硫排放量首先受电力行业的影响，电力行业规模的大小直接影响着二氧化硫排放量，其次为人口因素，人口规模的扩大增加了各种资源的使用数量，间接影响了二氧化硫排放量，科技水平的提高会有效降低二氧化硫排放量，此外还有其他因素的影响；环境中化学需氧量的排放量主要是受废水的影响，而废水主要包括工业废水和生活废水，因此化学需氧量排放量的影响因素

为人口因素带来的生活废水和工业生产带来的工业废水，当然也受经济发展水平和科技水平的影响。

在各种影响因素的基础上遵循科学性、可操作性、全面性、系统性、代表性、稳定性与动态相结合等原则，提炼出反应人口状况和资源、环境状况的指标。就人口而言，本书着重考虑的是其数量的变化，因此在其素质、结构等方面有所涉及但未作重点考虑，因此人口方面主要定义在年末的人口数量这个指标上；资源方面，本书选取了与生活关系比较紧密的用水、能源、建设用地三个领域，具体到每个领域分别从经济发展状况、科研水平、产业结构、人民生活水平等几个发面进一步阐述；环境方面，由于环境主要包括自然环境和社会环境两个方面，自然环境以二氧化硫的排放量为代表，社会环境以化学需氧量的排放量为代表，就这两个因素分别从经济状况、产业结构、工业发展、人民生活状况等方面进行具体分析。

本书主要分析科技、人口对资源、环境的影响状况。通过分析各省人口数量的变化，分析人口数量的变化对资源、环境的影响程度。

二、创新、人口与用水总量的关系模型

（一）用水总量模型构建

本书研究中实际所用的样本为中国除去香港地区、澳门地区、台湾地区的30个省（直辖市、自治区）（由于西藏的部分数据不全，为避免影响效果，本书在模型构建中排除了西藏）。由于用水总量变化受各种因素的影响，所以本书在分析的过程中加入了一些其他因素。比如，总人口（年末）（万人）、人均受教育年限、全社会固定资产投资（亿元）、地区 GDP（亿元）、城镇居民可支配收入（元）、上一年用水（亿米^3）等。

回归模型的检验如表 4-1 所示。

表 4-1　1999～2008 年人口增长与用水量变化关系模型

Variable	Coefficient	Std. Error	t-Statistic	Prob.
C	105.779 5	18.398 59	5.749 327	0.000 0
p	0.009 386	0.004 016	−2.337 120	0.020 2
$d \times r$	1.77E-07	1.04E-07	1.697 978	0.090 7
w_{t-1}	0.604 345	0.046 541	12.985 25	0.000 0
t	−3.03E-06	1.30E-06	−2.324 909	0.020 9
p_r	0.011 254	0.005 038	2.234 026	0.026 3
Fixed Effects（Period）				
1999—C	1.795 004		2004—C	3.248 945
2000—C	−3.872 087		2005—C	1.051 890
2001—C	0.236 065		2006—C	4.052 390

续表

Variable	Coefficient	Std. Error	t-Statistic	Prob.
2002—C	−3.634 081		2007—C	2.261 160
2003—C	−7.749 981		2008—C	2.610 695
R-squared	0.995 199	Mean dependent var		186.771 2
Adjusted R-squared	0.994 389	S. D. dependent var		128.932 7
S. E. of regression	9.657 651	Akaike info criterion		7.508 512
Sum squared resid	23 783.91	Schwarz criterion		8.053 059
Log likelihood	−1 078.523	F-statistic		1 229.252
Durbin-Watson stat	2.505 248	Prob（F-statistic）		0.000 000

建立线性回归方程为

$$w_t = 0.009\ 4p - 0.000\ 000\ 177d \times r + 0.6w_{t-1} - 0.000\ 000\ 3t + 0.011p_r + 105.8 + \gamma_t$$

$$(4-1)$$

式中，γ_t 为反映时期影响的时期个体恒量，反映时期变化所带来的用水量结构的变化；w_t 为用水总量（亿米³）；p 为总人口（年末）（万人）；r 为人均受教育年限；d 为研发经费（万元）；t 为技术市场完成额（万元）；p_r 表示生产能力（万吨/日）。

全国自发用水量差异的 γ_t 的估计结果由表 4-1 给出。从表 4-1 中看出，在模型中加入时期影响以后，1999～2008 年，全国自发用水数量最大的是 2006 年，其次是 2004 年，而自发用水量最少的是 2003 年，用水量变化虽此起彼伏但整体呈现增加的趋势。

其中反映各地区自发用水总量 α_i^* 的估计结果由表 4-2 给出。

表 4-2　各地区自发用水量差异

地　区	α_i^* 估计值	地　区	α_i^* 估计值
天　津	−91.131 32	河　南	55.686 27
河　北	27.242 00	湖　北	38.307 71
内蒙古	−17.084 29	湖　南	69.795 83
辽　宁	−27.658 58	广　东	123.008 1
吉　林	−47.217 39	广　西	50.665 42
黑龙江	30.952 05	重　庆	−53.143 86
上　海	−58.520 64	四　川	46.611 52
江　苏	145.326 9	贵　州	−35.428 48
浙　江	7.959 465	云　南	−8.394 652
安　徽	28.755 72	陕　西	−44.049 26
福　建	−5.926 535	青　海	−89.634 23
江　西	12.646 98	宁　夏	−71.895 28
山　东	53.473 16	新　疆	111.881 3

注：α_i^* 代表各地区自发用水量，余同。

从估计的结果中可以看出，决定影响用水总量变化的因素对 30 个省（直辖市、自治区）的影响倾向是基本一致的，但是各个省（直辖市、自治区）的用水量的自发消费存在显著的差异，其中江苏的自发用水量最高，其次是广东、新疆、湖南、河南等地。究其产生这种差异的原因，以人口为例，江苏、广东等地人口数量比较繁多，自然增长率比较高，人均受教育年限增长率比较高，影响其用水总量。而同用水消费倾向下，天津的自发用水消费比较低。

（二）模型的相关检验及经济含义

1. T 检验及拟合优度

用以上变量进行线性回归。以上变量中，人均受教育年限、非农业人口所占的比重、城镇居民可支配收入（元）、居民消费水平（元）等诸因素虽是影响用水量变化的因素，但在实际的模型构建中没通过检验，拟合度也不高，因此排除，最后剩下总人口数（年末）（万人）、地区 GDP（亿元）、城镇居民可支配收入、上一年用水（亿米³）等影响因素。运用其因素进行模型回归，回归结果如表 4-1 所示，该模型在整体上通过了 1% 水平的方程显著性检验，样本回归函数值与样本观测值拟合优度比较高，R^2 达到 0.99，也间接反映出影响显著的因素对中国内地 30 个省（直辖市、自治区）的用水总量的解释能力达到 0.99；模型残差的序列相关检验值 DW 为 2.5，显著性水平为 0.05 时，由 DW 检验决策规则可知，该模型不存在自相关问题。

运用效果显著的模型预测 2009 年中国 30 个省（直辖市、自治区）的用水总量，计算出实际值与模拟值预测值之间相对误差值的平均值不足 10%，所以本书所构建的用水量计量模型所得的模拟预测值整体上略高于实际值，总体上来说该模型是比较符合实际的，是可接受的。从图 4-3 中可以看出 2009 年模拟预测各省用水量的趋势线与各省实际的用水量线几乎重合。

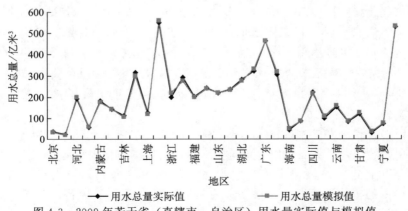

图 4-3 2009 年若干省（直辖市、自治区）用水量实际值与模拟值

2. 经济含义

从表 4-1 中可以看出，文中所选择的因素：人口、上一年的用水总量其系数均为正值，说明上一年的用水量等因素与今年的用水量呈正相关关系。人口影响因素每变动一个单位，其用水量将变动 0.0094 个单位。在人口因素方面，人口素质的提高将减少用水量的使用。而人口因素的系数在模型中相对比较小，即由于中国人口的基数本身比较大，所以人口数量一个细小的变化就能引起用水量较大规模的变化。

总之，人口因素对用水总量的影响不但是显著的，而且在用水总量的所有影响因素中，人口的增加是占主要地位的。

(三) 人口对用水总量的拉动作用

根据以上分析，本书将人口数量对用水总量的贡献率和人均受教育年限对用水总量的贡献率之和定义为人口对用水总量的拉动作用，即人口数量和人口素质对用水总量总的贡献率，用字母 η 表示。具体如下：

$$\eta = \frac{0.009p}{w_{t-1}} \times \frac{\Delta p/p}{\Delta w/w} + \frac{0.000\,000\,177d \times r}{w_{t-1}} \times \frac{\Delta r/r}{\Delta w/w} \tag{4-2}$$

式中，w_{t-1} 为上一年用水总量；p 为总人口；η 为人口数量对用水总量的拉动作用；d 为科研经费；r 为人均受教育年限；$\Delta p/p$ 为人口增长率；$\Delta w/w$ 为用水增长率；$\Delta r/r$ 为人均受教育年限增长率。

如图 4-4 所示，通过式（4-2）计算出中国各地区 1999～2008 年及这 10 年的平均人口对用水总量的拉动作用的具体数值。最粗的线条反映出全国人口对用水总量拉动作用的一个变化趋势情况，整体在 14%～16%，变化比较平稳。广东、天津、山东等地人口的拉动作用比较大，1999～2008 年 10 年的拉动作用均值在 55% 左右，其中山东的拉动作用大源于其高密度人口，并且这三省（直辖市）的拉动作用起伏相对比较大，广东在 2000 年出现一个峰值，天津在 2001 年出现一个峰值，其余各年份逐渐降低而后回升。北京、山西、甘肃、海南四省（直辖市）的人口增长率相比四省（直辖市）的用水增长率高出很多，说明这四省（直辖市）的人口对用水的拉动作用比较高，超出常值，因此将其排除。其余各省（直辖市、自治区）人口对用水的拉动作用变化比较平稳，基本固定在 1%～11%。

由于部分省份人口大量外流造成安徽、湖北、湖南、重庆、四川等地人口增长率呈现为负值，进而表现出人口对用水总量的拉动作用为负值。

综合以上分析得出，人口对用水量拉动作用的强弱，与当地经济发展水平、水资源的丰裕程度、人口多少是密切相关的。天津、陕西、宁夏等地是水资源匮乏的地区。而山东、天津等地经济发展水平比较高，人口相对也多，水

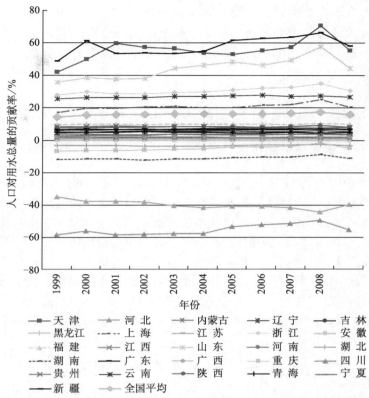

图 4-4　各省（直辖市、自治区）人口数量和人口素质对用水量的拉动作用

注：1999～2009 年，就全国平均而言，人口对用水量的拉动作用为 6%～9%。

资源稀少，因此整体上人口对用水量的拉动作用比较大。而宁夏在西部偏远地区，人口相对稀少，经济发展水平相对比较低，因此，人口对用水的拉动作用就比较小。

（四）创新对节水的推动作用

利用式（4-3），可以测算出科技创新对节水的贡献率，其公式为

$$\eta_w = 0.000\ 000\ 77r\frac{\Delta d/d}{\Delta w/w} \tag{4-3}$$

式中，r 为人均受教育年限；Δd 为当年的科研经费减去前一年的科研经费的差额；Δw 为当年用水总量与上一年用水总量的差额。

通过上述公式可计算出中国各地区 2000～2007 年科技创新对用水总量的拉动作用的具体数值。在数据中，由于北京、天津和上海的数据较其他省份要大得多，主要在于这三地的研发经费增长幅度比用水量的增长要大得多，远远高出常值。这三个直辖市有个共同的特点，就是科技和教育实力比较强，科技

研发的水平高，在节水方面的投入使得用水量大幅减少。从其他各省份来看，科技对节水的拉动作用变化较大，多个省份出现明显的峰值。其中波动比较大的省份有山东、福建、江苏、山西和湖北。其他省份变动趋于稳定，都保持在10%以下。

三、创新、人口与能源消费总量的关系模型

（一）能源消费模型构建

本书研究中实际所用的样本为中国除去香港地区、澳门地区、台湾地区的30个省（直辖市、自治区），由于西藏的部分数据不全，为避免影响效果，本书在模型构建中排除了西藏。实证中所用的数据来源于《新中国六十年统计资料汇编》和1997～2008年的《中国统计年鉴》。统计中主要运用的统计指标有能源消费总量万吨标准煤、总人口（年末）（万人）、人均受教育年限、全社会固定资产投资（亿元）、科技研发经费（万元）、非农业人口所占的比重、技术市场完成额（万元）、地区生产总值（亿元）、城镇居民可支配收入（元）等。

运用 Eviews 软件，通过30个省（直辖市、自治区）数据的回归分析，回归结果如表 4-3 所示。

表4-3　科技、人口增长与能源消费关系模型

Variable	Coefficient	Std. Error	t-Statistic	Prob.
C	−598.802 2	1 234.779	−0.484 947	0.628 0
p	0.251 417	0.141 363	1.778 515	0.076 2
i	0.854 602	0.075 657	11.295 71	0.000 0
g	0.519 813	0.051 480	10.097 41	0.000 0
d	−0.000 858	8.75E−05	−9.805 861	0.000 0
r	302.512 4	125.559 9	2.409 308	0.016 5
Random Effects（Period）				
1997-C	−32.467 67		2003-C	77.700 16
1998-C	−149.839 0		2004-C	150.785 4
1999-C	−219.699 2		2005-C	294.457 0
2000-C	−74.882 24		2006-C	223.876 7
2001-C	−186.339 9		2007-C	−50.031 82
2002-C	−22.270 30		2008-C	−11.289 01
R-squared	0.877 760	Mean dependent var		839.228 4
Adjusted R-squared	0.876 034	S. D. dependent var		2 318.186
S. E. of regression	816.205 7	Sum squared resid		2.36E+08
F-statistic	508.390 6	Durbin-Watson stat		1.452 578
Prob（F-statistic）	0.000 000			

通过分析建立地区能源消费的固定影响变系数模型，模型形式为

$$y_{it} = \alpha + \alpha_i^* + \beta_1 x_1 + \beta_2 x_2 + \beta_3 x_3 + \beta_4 x_4 + \beta_5 x_5 + \beta_6 x_6 + \beta_7 x_7 + u_{it}$$

$$i = 1, 2, \cdots, 30, \quad t = 1, 2, \cdots, T \tag{4-4}$$

式中，α 为 30 个省（直辖市、自治区）的能源平均自发消费水平；α_i^* 为 i 地区自发消费对平均消费的偏离，用来反映省市间的能源消费结构差异，x_1，x_2，$\cdots$，x_7 为能源消费的影响因素，其变化决定能源消费总量变化。通过回归分析得出，能源消费的模型为

$$e_{it} = -598.8 + \alpha_i^* + 0.25p + 0.85i - 0.000\,86d + 0.52g + 302.5r \tag{4-5}$$

式中，e_{it} 为能源消费总量万吨标准煤；p 为总人口（年末）（万人）；i 为全社会固定资产投资（亿元）；g 为地区 GDP（亿元）；d 为科技研发经费（万元）；r 为人均受教育年限（年）。

其中反映各地区能源消费差异的 α_i^* 的估计结果由表 4-4 给出。

从估计的结果中可以看出，决定影响能源消费总量变化的因素对 30 个省（直辖市、自治区）的影响倾向是基本一致的，但是各个省市的能源自发消费存在显著的差异，其中，河北的能源消费最高，其次是山西、辽宁、山东等地。究其产生这种差异的原因，以人口为例，河北、山西等地人口数量比较多，人口基数比较大，人口素质增长率相对比较低，影响其能源消费。而同能源消费倾向下，江西、福建、浙江、海南等地自发能源消费比较低，就影响其变化的人口因素而言，该地区人口增长率相对比较低，人口的素质增长率比较低，可以说很大部分影响其能源消费。

表 4-4 各地区自发性能源消费差异

地 区	α_i^* 估计值	地 区	α_i^* 估计值
北 京	−81.794 97	河 南	239.109 7
天 津	−1 138.052	湖 北	425.465 2
河 北	5 100.983	湖 南	−854.129 8
山 西	4 566.947	广 东	−1 775.747
内蒙古	1 441.124	广 西	−1 883.384
辽 宁	3 864.917	海 南	−2 081.249
吉 林	−218.200 7	重 庆	−1 005.418
黑龙江	860.596 7	四 川	711.567 7
上 海	−684.713 1	贵 州	1 730.250
江 苏	−1 713.256	云 南	−148.441 4
浙 江	−2 001.675	陕 西	−674.005 2
安 徽	−1 135.841	甘 肃	285.736 5
福 建	−2 027.789	青 海	−618.838 4
江 西	−2 350.858	宁 夏	−463.196 2
山 东	1 478.052	新 疆	151.840 8

（二）模型的相关检验及经济含义

1. T 检验及拟合优度

在模型构建中，能源消费的诸多影响因素均通过检验，且效果比较显著。中国省域能源需求模型在整体上通过了 1‰ 水平的方程显著性检验，样本回归函数值与样本观测值拟合优度比较高，R^2 达到 88％。这说明总人口（年末）（万人）、全社会固定资产投资（亿元）、科技研发经费（万元）诸因素对中国内地 30 个省（直辖市、自治区）的能源消费量的解释能力达到 88％；模型残差的序列相关检验值 DW 为 1.45，由 DW 检验决策规则可知，该模型不存在自相关问题。

通过该模型预测 2009 年中国 30 个省（直辖市、自治区）的能源消费量，计算出实际值与模拟值预测值之间相对误差值的平均值为 13％，所以本书所构建的能源消费计量模型所得的模拟预测值整体上略低于实际值，总体上来说该模型是比较符合实际的，因此是可接受的。从图 4-5 中也可以看出 2009 年模拟预测各省（直辖市、自治区）能源消费趋势线与实际的各省（直辖市、自治区）能源消费线几乎重合。

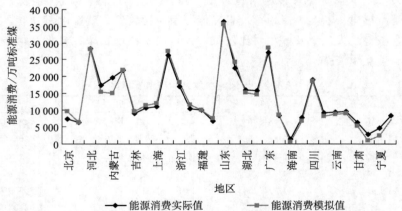

图 4-5 　2009 年若干省（直辖市、自治区）能源消费总量实际值与模拟值

2. 经济含义

模型的经济含义是在不考虑其他因素的情况下，人口影响因素每变化 1 个百分点，能源消费增长变化 0.25 个单位；全社会固定资产投资每变动 1 个单位，能源消费需求变动 0.85 个单位；科技研发经费每变动 1 个单位，能源消费需求变动 0.000 86 个单位；人均受教育年限每变动 1 个单位，能源消费量变化 302 个单位等。除了科研经费和能源消费总量是负相关关系外，其他因素和能源消费均

是正相关关系。这表明，在其他因素不变的情况下，随着科研经费的增加，经济质量提高了，居民收入水平提高了，能源的利用效率提高了，同量的能源能生产出更多的产品，总的能源消费自然就降低了。能源消费量的增加主要受人口增长、总投资及城市化率等因素的影响，并且传统的人口增长也是能源消费量增加的重要因素。

在模型中，人口的影响因素系数比较大，说明人口的影响因素对能源消费的弹性比较大，而中国人口的基数比较大，加上对能源消费的高弹性，使人口因素成为影响能源消费的主要因素。

（三）人口对能源消费的拉动作用

本书将人口数量对能源消费的贡献率和人均受教育年限对能源消费的贡献率之和定义为人口对能源消费的拉动作用，即人口数量和人口素质对能源消费总的贡献率，用 η 表示。则人口对能源消费的拉动作用为

$$\eta = \frac{0.25p}{e_{t-1}} \times \frac{\Delta p/p}{\Delta e/e} + \frac{302.5r}{e_{t-1}} \times \frac{\Delta r/r}{\Delta e/e} \tag{4-6}$$

式中，e_{t-1} 为上一年能源消费总量；p 为总人口；η 为人口数量对能源消费的拉动作用；r 为人均受教育年限；$\Delta p/p$ 为人口增长率；$\Delta e/e$ 为能源消费增长率；$\Delta r/r$ 为人均受教育年限增长率。

从图 4-6 中看出，中国各省人口对能源的拉动作用在逐年降低，呈现出能源不因为人口的增长而增长的趋势，主要是因为随着经济的发展，人口素质逐渐提高，科技水平也逐渐提高，能源的利用效率就提高了。从各省比较来看，青海人口对能源的拉动作用最大，平均拉动作用在 32%，其次为海南，海南的人口拉动作用平均在 28%。人口对能源拉动作用最低的是四川、内蒙古、辽宁等地，平均的拉动作用仅为 1%。究其产生这种状况的原因，四川地区的经济发展水平不高，人口相对比较少，增长率比较低，受教育年限增长率比较低，能源储藏量很丰富，但未得到有效的开发，因而对能源消费的拉动作用比较小；海南处在沿海地区，其经济发展水平比较高，人口的基数小，但人口自然增长率比较高，能源消费的增长率也比较高，随着人口的增加能源消费也增加，人口对能源的拉动作用还是比较大；宁夏人口稀少，能源消费的增长率比较低，人口增长率比较高，高增长率的人均受教育年限带来高素质人口，提高能源利用效率，造成人口对能源的拉动作用比较小；内蒙古虽然资源比较丰富，但人口相对比较稀少，因此有限的人口不能带动大量的能源消费；上海地区人口对能源的拉动作用比较小，主要是上海的经济发展水平比较高，技术水平比较发达，人口素质比较高，单位能耗比较少，因此，人口对能耗的直接拉动作用比较小。

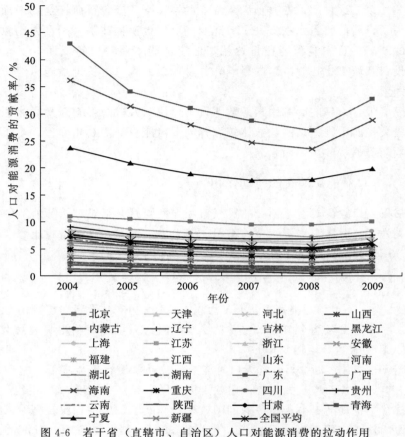

图 4-6　若干省（直辖市、自治区）人口对能源消费的拉动作用

注：2004～2009 年，就全国平均而言，人口对能源的拉动作用为 5％～8％。

（四）科技创新对节能的推动作用

利用模型（4-7），可以测算出科技创新对节能的贡献率，其公式为

$$\eta_e = 0.000\,86 \times \frac{\Delta d/d}{\Delta e/e} \tag{4-7}$$

通过上述公式可以计算出中国各地区 2000～2007 年科技创新对节能的拉动作用的具体数值。就全国而言，平均在 20％左右。

四、创新、人口与建设用地的关系模型

（一）建设用地模型构建

本研究实际所用的样本为中国除去香港地区、澳门地区、台湾地区外的 30

个省（直辖市、自治区）（由于西藏部分数据不全，所以在分析中将西藏排除）。实证中所用的数据来源于 1995～2008 年的《中国统计年鉴》。统计中主要运用的统计指标有：建设用地（万公顷）、总人口（年末）（万人）及其他相关因素。

通过 Eviews 软件，运用 30 个省（直辖市、自治区）数据经过回归分析，得出建设用地模型为

$$l_{it} = 16.58 + 0.007p + 0.0013i \times r - 0.000\,011d + 0.93l_{t-1} + \gamma_t$$

$$i = 1, 2, \cdots, 30, \quad t = 1, 2, \cdots, T \tag{4-8}$$

式中，γ_t 为反映时期影响的时期个体恒量，反映时期变化所带来的建设用地结构的变化；l_{it} 为建设用地（万公顷）；p 为总人口（年末）（万人）；i 为全社会固定资产投资（亿元）；d 为科技研发经费（万元）；l_{t-1} 为上一年建设用地（万公顷）；r 为人均受教育年限（年）。

反映建设用地差异的 γ_t 的估计结果由表 4-5 给出。从表 4-5 中看出，在模型中加入时期影响以后，2000～2008 年，全国自发建设用地数量最大的是 2000年，其次是 2001 年，而自发建设用地最少的是 2002 年，自发建设用地整体上呈现逐年减少的趋势。

表 4-5　科技、人口与建设用地关系模型

Variable	Coefficient	Std. Error	t-Statistic	Prob.
C	16.575 76	7.920 202	2.092 846	0.037 3
p	0.007 237	0.002 914	2.483 563	0.013 6
$i \times r$	0.001 328	0.000 378	3.509 089	0.000 5
d	-1.10E-05	4.98E-06	-2.218 807	0.027 4
l_{t-1}	0.927 908	0.011 267	82.353 12	0.000 0
Fixed Effects（Period）				
2000-C	40.328 58		2005-C	15.722 83
2001-C	36.800 29		2006-C	12.990 03
2002-C	-159.919 2		2007-C	2.887 499
2003-C	21.797 19		2008-C	6.752 437
2004-C	22.640 30			
R-squared	0.990 385	Mean dependent var		1 094.147
Adjusted R-squared	0.989 936	S. D. dependent var		626.293 6
S. E. of regression	62.829 00	Akaike info criterion		11.165 66
Sum squared resid	1 014 503	Schwarz criterion		11.338 92
Log likelihood	-1 494.364	F-statistic		2 206.027
Durbin-Watson stat	2.534 951	Prob（F-statistic）		0.000 000

（二）模型的相关检验及经济含义

1. T 检验及拟合优度

运用诸多建设用地的影响因素构建模型，但在实际操作中非农业人口所占的

比重、技术市场完成额（万元）、地区 GDP（亿元）、城镇居民可支配收入（元）、人均 GDP（元）、第二产业产值（亿元）、第三产业产值（亿元）、人口自然增长率、居民消费水平（元）、建筑业增加值（万元）、城市化率、第二产业在国民经济的比重等诸因素，在模型中均通不过检验，效果不显著。究其原因，主要是地区经济状况比较复杂，模型在分析中不可能面面俱到，最终导致回归的效果不好。

剔除诸多效果不显著的因素，对模型进行改进再回归，得出的结果如表 4-5 所示。从表 4-5 中可以看出，中国省域建设用地模型在整体上通过了 1% 水平的方程显著性检验。并且样本回归函数值与样本观测值拟合优度比较高，R^2 达到 0.99。拟合度高达 99%，说明总人口（年末）（万人）、全社会固定资产投资（亿元）、科技研发经费（万元）等诸变量对中国内地 30 个省（直辖市、自治区）的建设用地解释能力达到 99%；模型残差的序列相关检验值 DW 为 2.5，由 DW 检验决策规则可知，该模型不存在自相关问题。

经过改进后的模型预测 2009 年中国 30 个省（直辖市、自治区）建设用地的规模，计算出实际值与模拟值预测值之间相对误差值的平均值为 5%，所以本书所构建的建设用地计量模型所得的模拟预测值整体上略低于实际值，总体上来说该模型是比较符合实际的，因此是可接受的。从图 4-7 中可以看出 2009 年模拟预测各省（直辖市、自治区）建设用地趋势线与实际的建设用地变化线几乎重合。

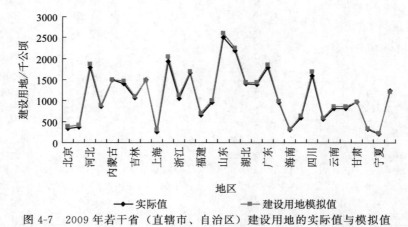

图 4-7　2009 年若干省（直辖市、自治区）建设用地的实际值与模拟值

2. 经济含义

模型的经济含义是在不考虑其他因素的情况下，人口增长变化 1 个百分点，建设用地增长变化 0.0072 个单位；全社会固定资产投资与人均受教育年限乘积每变动 1 个单位，建设用地变动 0.0013 个单位；科技研发经费每变动 1 个单位，

建设用地变动 1.1×10^{-5} 个单位。除了科研经费与建设用地是负相关关系外，其他因素和建设用地均是正相关关系。这表明，在其他因素不变的情况下，随着科研经费的增加，科技水平上升了，经济质量提高了，建设用地的利用效率提高了，建设用地总量自然就降低了。

在以上几个对建设用地起显著性作用的因素中，人口数量在建设用地模型中系数虽比较小，但人口数量对建设用地的作用是比较明显的，主要是受中国人口基数大的影响，由于其基数比较大，人口数量每个细小的变化就能引起建设用地较大规模的变化。随着人口不断向城市拥挤，也加剧了城市的住房及相应设施的建设，间接增加了建设用地的用地规模。因此，在谈到人口时，人口数量是建设用地主要影响因素之一。

总之，人口数量对建设用地的影响不但是显著的，而且在建设用地的所有影响因素中，人口的增加是占主要地位的。

(三) 人口对建设用地的拉动作用

本书将人口数量对建设用地的贡献率和人均受教育年限对建设用地的贡献率之和定义为人口对建设用地的拉动作用，即人口数量和人口素质对建设用地总的贡献率，用 η 表示，具体如下：

$$\eta = \frac{0.007p}{l_{t-1}}\times\frac{\Delta p/p}{\Delta l/l} + \frac{0.0013i\times r}{l_{t-1}}\times\frac{\Delta r/r}{\Delta l/l} \tag{4-9}$$

式中，l_{t-1} 为上一年建设用地；p 为总人口；i 为固定资产；r 为人均受教育年限；η 为人口数量对建设用地的拉动作用；$\Delta p/p$ 为人口增长率；$\Delta l/l$ 为建设用地增长率；$\Delta r/r$ 为人均受教育年限增长率。

从图 4-8 中可以看出，全国各省（直辖市、自治区）人口对建设用地的拉动作用的变化呈逐渐上升的趋势，整个国家人口对建设用地平均拉动作用在 5% 左右徘徊。其中拉动作用比较大的是上海，平均拉动作用在 25%，并且呈现出逐年增加的趋势，增加的幅度比较大。其次是北京，人口对建设用地的拉动作用仅次于上海，平均为 18%，增长幅度相对比较平缓。人口对建设用地拉动作用最小的是四川、内蒙古等地，平均拉动作用为 1% 左右，其中，四川人口增长率为负值，建设用地增长率比较低，造成人口对建设用地的拉动作用比较低。

从图 4-8 中看出，人口对各省建设用地拉动作用呈现三个层次的变化，具体定义为弱拉动作用、中拉动作用和高拉动作用。弱拉动作用的以四川、内蒙古为代表；中拉动作用的以海南、青海和后起之秀吉林等地为代表；强拉动作用的为北京和上海。多数省份人口对建设用地的拉动作用为 1%～5%，吉林由先前的弱拉动作用自 2006 年之后逐渐步入中拉动作用的行列。

综上分析，产生这种现象很大原因与各个省份的经济发展水平、人口规模、土地资源分不开。经济发展水平比较高的省份，人口对建设用地拉动作用相对比

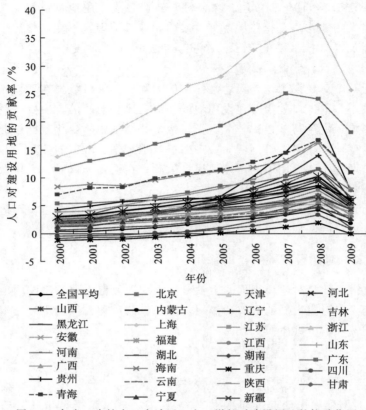

图 4-8　各省（直辖市、自治区）人口增长对建设用地的拉动作用

注：2000～2009 年，就全国平均而言，人口对建设用地的拉动作用为 3%～8%。

较高；人口规模比较大的省份，也会带动建设用地的大规模扩张，给土地资源造成不同程度的压力。

（四）科技创新对节地的推动作用

本书也用 Eviews 软件测算了科技对建设用地的贡献率

$$\eta_L = 0.000\ 011\ \frac{\Delta d/d}{\Delta L/L} \tag{4-10}$$

式中，Δd 为当年的科研经费减去前一年的科研经费的差额；ΔL 为当年建设用地与前一年的差额。

同科技对用水量的贡献率类似，出现了几个奇异点，北京、天津、广东（2006 年）、陕西（2002 年，2004 年）、湖北（2007 年）、福建（2003 年）、云南（2005 年）、河北（2002 年）、上海（2007 年）、浙江（2006 年）以及山西（2002年）的数据，都远远高于平均值。数据的波动性很大，而且呈现出一年高一年低的态势。

五、创新、人口与二氧化硫排放量的关系模型

(一) 二氧化硫排放量模型的构建

本研究实际所用的样本为中国除去香港地区、澳门地区、台湾地区外的 30 个省（直辖市、自治区），在分析中由于西藏的部分数据不全，所以，在具体的分析中，本书也将西藏排除在外。实证中的所用的数据来源于 1997～2008 年的《中国统计年鉴》。统计中主要运用的统计指标为二氧化硫排放量（万吨）、总人口（年末）（万人）及其他影响二氧化硫排放量变化的因素。

通过 Eviews 软件，运用面板数据经过回归分析得出结果，如表 4-6 所示。

表 4-6　科技、人口增长与二氧化硫排放量的变化关系模型

变量	系数	标准误	T 统计量	概率
C	−15.665 51	12.575 82	−1.245 685	0.213 8
p	0.008 507	0.003 079	2.762 986	0.006 1
$i \times r$	0.000 185	7.19E-05	2.576 027	0.010 4
d	−5.19E-06	9.93E-07	−5.224 858	0.000 0
s_{t-1}	0.883 559	0.043 777	13.330 28	0.000 0
y	0.001 112	0.000 330	3.366 782	0.000 9
样本决定系数	0.957 706	因变量的均值		69.103 61
调整后的样本决定系数	0.953 281	因变量的标准差		45.712 92
回归标准差	9.880 608	赤池信息量		7.511 191
残差平方和	31 728.58	施瓦茨信息量		7.889 006
对数似然比	−1 317.014	F 检验的统计量		216.450 4
DW 统计量	1.718 496	相伴概率		0.000 000

通过回归分析得出，二氧化硫排放量的模型为

$$s_{it} = -15.67 + 0.008\,5p + 0.000\,185i \times r + 0.000\,005\,2d + 0.88s_{t-1} + 0.001y + \alpha_i^*$$
$$i = 1, 2, \cdots, 30 \tag{4-11}$$

式中，α_i^* 为 i 地区自发二氧化硫排放量对平均排放量的偏离，用来反映省市间二氧化硫排放量的结构差异；s_{it} 为二氧化硫排放量（万吨）；p 为总人口（年末，万人）；i 为全社会固定资产投资（亿元）；d 为科技研发经费（万元）；s_{t-1} 为上一年二氧化硫排放量（万吨）；r 为人均受教育年限；y 为城镇居民可支配收入（元）。

其中反映各地区二氧化硫排放量结构差异的 α_i^* 的估计结果由表 4-7 给出。

表 4-7　各地区二氧化硫自发性排放量

地　区	α_i^* 估计值	地　区	α_i^* 估计值
北　京	5.659 708	河　南	−24.444 54
天　津	5.973 926	湖　北	−16.666 72
河　北	3.934 064	湖　南	−15.316 38
山　西	33.478 51	广　东	−22.427 13
内蒙古	31.016 25	广　西	−0.008 889
辽　宁	11.617 11	海　南	1.107 186
吉　林	−3.153 730	重　庆	13.405 38
黑龙江	−8.458 964	四　川	−19.893 43
上　海	6.318 661	贵　州	31.026 33
江　苏	−5.852 200	云　南	−12.772 37
浙　江	−9.703 892	陕　西	10.239 21
安　徽	−25.979 69	甘　肃	5.080 633
福　建	−12.346 12	青　海	6.659 115
江　西	−10.787 69	宁　夏	14.634 11
山　东	0.052 931	新　疆	7.608 629

从表 4-7 中看出，影响二氧化硫排放量变化的因素对 30 个省（直辖市、自治区）的影响倾向是基本一致的，但是各个省（直辖市、自治区）的二氧化硫自发排放量存在显著的差异。其中，山西的二氧化硫自发排放量最高，其次是贵州、内蒙古等地。产生这种差异的原因是多方面的，以人口为例，青海、宁夏等地人口数量比较稀少，自然增长率比较高，人口素质相对比较低，但这几个省矿产资源丰富，工业比较多，导致二氧化硫排放量比较大。而同二氧化硫排放量倾向下，安徽、广东、四川等地二氧化硫自发排放量比较低，就影响其变化的人口因素而言，这些地区人口比较密集，人口的自然增长率也比较高，但矿产资源相对比较匮乏，因此二氧化硫排放量比较低。

（二）模型的相关检验及经济含义

1. *T* 检验及拟合优度

在模型分析中，人均受教育年限、非农业人口所占的比重、第二产业比重、发电量（亿万千瓦时）、FDI 额（万美元）等诸因素均影响二氧化硫排放量，但是在模型的构建中，均通不过检验，即对二氧化硫排放量的影响不显著。究其原因，其他因素不多考虑，以第二产业比重为例，第二产业比重这一指标是反映工业比重的大小，工业是二氧化硫排放量的主要来源，由于各地区经济发展水平及各地区工业规模数量等情况比较复杂，最终导致其回归的效果不好。

在剔除诸多效果不显著的因素前提下，对模型进行再回归，回归结果如表 4-7 所示，该模型在整体上通过了 1‰ 水平的方程显著性检验，样本回归函数值与样本观测值拟合优度比较高，R^2 达到 0.95。这间接反映出总人口（年末）（万人）、地区 GDP（亿元）、技术市场完成额（万元）、上一年二氧化硫排放量（万吨）等诸因素对中国内地 30 个省（直辖市、自治区）二氧化硫排放量的解释能力达到 95%；模型残差的序列相关检验值 DW 为 1.7，由 DW 检验决策规则可知，该模型不存在自相关问题。

通过改进后的模型预测 2009 年中国 30 个省（直辖市、自治区）的二氧化硫排放量，计算出实际值与模拟值预测值之间相对误差值的平均值为 7.6%，所以本书所构建的化学需氧量计量模型所得的模拟预测值整体上略高于实际值，总体上来说该模型是比较符合实际的，因此是可接受的。从图 4-9 中可以看出 2009 年模拟预测各省二氧化硫的排放量趋势线与实际的各省二氧化硫线几乎重合。

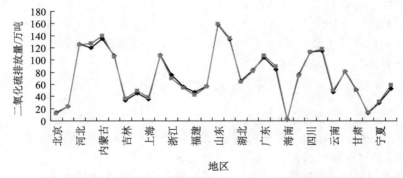

图 4-9 2009 年若干省（直辖市、自治区）二氧化硫排放量的实际值与模拟值

2. 经济含义

模型的经济含义是在不考虑其他因素的情况下，人口增长变化 1 个百分点，二氧化硫排放量变化 0.0085 个单位；固定资产和人均受教育年限的乘积，即人口素质每变动 1 个单位，二氧化硫排放量变动 0.000 185 个单位；上一年二氧化硫排放量（万吨）每变动 1 个单位，二氧化硫排放量变动 0.88 个单位；科研经费每变动 1 个单位，二氧化硫排放量变动 0.000 005 19 个单位。在上述因素中，除科研经费外，其他各因素与二氧化硫排放量均是正相关关系。这表明，在其他因素不变的情况下，地区 GDP 的增加和人口素质的提高，提高了社会经济文化水平，间接提高了环境的质量，二氧化硫排放量自然将出现减少的趋势。

在以上几个主要影响因素中，上一年二氧化硫排放量（万吨）系数最大，即上一年二氧化硫排放量（万吨）对当年的二氧化硫排放量弹性系数比较大，带来的影响也比较大。由于二氧化硫是工业的主要排放物，工业的规模通常比较大，不容易变更，所以，上一年二氧化硫排放量的多少严重影响当年二氧化硫的排放量，即使有所变动，两年的值也不会悬殊很大。在人口因素方面，人口素质的提高将减少二氧化硫的排放，而人口数量的增加将增加二氧化硫的排放。在模型中，虽然人口数量系数相对比较小，即弹性比较小，但是由于中国人口的基数比较大，每个细小的变化就能引起二氧化硫较大规模的变化。

总之，人口数量对二氧化硫排放量的影响不但是显著的，而且在二氧化硫排放量的所有影响因素中，人口的增加是占主要地位的。

（三）人口对二氧化硫排放量的拉动作用

本书将人口数量对二氧化硫排放量的贡献率和人均受教育年限对二氧化硫排放量的贡献率之和定义为人口对二氧化硫排放量的拉动作用，即人口数量和人口素质对二氧化硫排放量的贡献率，用 η 表示，则人口数量对二氧化硫排放量的拉动作用，具体如下：

$$\eta = \frac{0.008p}{s_{t-1}} \times \frac{\Delta p/p}{\Delta s/s} + \frac{0.000\,185i \times r}{s_{t-1}} \times \frac{\Delta r/r}{\Delta s/s} \tag{4-12}$$

式中，s_{t-1} 为上一年二氧化硫排放量；p 为总人口；i 为固定资产；r 为人均受教育年限；η 为人口数量对二氧化硫排放量的拉动作用；$\Delta p/p$ 为人口增长率；$\Delta r/r$ 为人均受教育年限增长率；$\Delta s/s$ 为二氧化硫排放量增长率。

运用式（4-12），计算出 1997～2008 年人口对二氧化硫排放量的拉动作用变化的数值，通过分析如图 4-10 所示。

从图 4-10 中看出，全国的人口对二氧化硫排放量的拉动作用呈现 U 形的变化趋势，起伏不大，平均值在 9% 左右。变化比较大的省份是江苏，由 1997 年的 43% 到 1998 年的 32%，1999 年回升，整体呈现 U 形曲线图，2006 年之后拉动作用呈现直线上升趋势；其次为山东，由 1997 年的 30% 开始下滑，2000 年之后开始回升，之后平稳上升。整体来看，山东和江苏两省人口对二氧化硫（SO_2）排放量的拉动作用变化也比较大，上升的幅度与其他各省相比比较大。而广东则是拉动作用一开始就在逐渐减低，这源于其人口素质的高增长，并且降低的幅度比较大。其他各省人口对二氧化硫排放量的拉动作用变化幅度相对比较小，或增长或下降。而北京、天津、上海、海南等地并未列入图中，主要是源于人口的高增长率和二氧化硫排放量的低增长率相差幅度过大，暂时无法衡量，因此，排除了这几省的拉动值，但不影响对其他各省的分析。

综上分析发现，产生不同状况的原因与各个省份的具体情况是分不开的。人口对二氧化硫排放量的拉动作用比较大，其他因素的拉动作用比较小；在人口对二氧化硫排放量的拉动作用一定时，人口数量的拉动作用比较大时，人口素质的

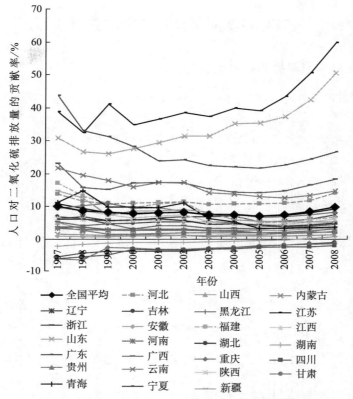

图 4-10　各省（直辖市、自治区）人口数量对二氧化硫排放量的拉动作用
注：2000～2009 年，就全国平均而言，人口对二氧化碳排放量的拉动作用为 7%～11%。

拉动作用就比较小。

（四）科技创新对减少 SO_2 排放的推动作用

科技创新对减少 SO_2 排放的贡献率模型为

$$\eta_s = 0.000\ 005\ 2\ \frac{\Delta d/d}{\Delta s/s} \qquad (4\text{-}13)$$

式中，η_s 为科技投入对降低二氧化硫排放量的贡献率；Δd 为科研投入较前一年的增加量；Δs 为二氧化硫较前一年的增加量；大部分省（直辖市、自治区）与全国平均水平变化趋势一致，从 2005～2008 年可以看出大多数省（直辖市、自治区）的科研投入量显著增加，对减少二氧化硫排放量的贡献率呈正的效应。尤其在 2008 年贡献率明显提升，说明科技投入的增加对减少二氧化硫排放量具有正的效应。

六、创新、人口与化学需氧量排放量的关系模型

(一)化学需氧量排放量模型构建

本研究实际所用的样本为中国除去香港地区、澳门地区、台湾地区的 30 个省(直辖市、自治区),由于西藏的部分指标数据不全,所以将西藏也排除在外。实证中所用的数据来源于 2003~2008 年的《中国统计年鉴》。统计中主要运用的统计指标为:废水中化学需氧排放量(COD)(万吨)、总人口(年末)(万人)及其他影响化学需氧量的排放量变化的因素。通过 Eviews 软件,利用 30 个省(直辖市、自治区)数据得到的回归结果如表 4-8 所示。

表 4-8　科技、人口增长与化学需氧量关系模型

Variable	Coefficient	Std. Error	t-Statistic	Prob.
C	9. 860 665	5. 300 218	1. 860 426	0. 064 9
p	0. 003 306	0. 001 247	2. 651 680	0. 008 9
$d \times r$	-6.42×10^{-8}	2.34×10^{-8}	$-2.746\ 534$	0. 006 8
COD_{t-1}	0. 487 968	0. 051 017	9. 564 742	0. 000 0
Fixed Effects (Period)				
2003-C	$-0.489\ 707$		2006-C	1. 071 517
2004-C	$-0.776\ 768$		2007-C	$-0.590\ 729$
2005-C	1. 838 210		2008-C	$-1.052\ 522$
R-squared	0. 995 127	Mean dependent var		45. 598 60
Adjusted R-squared	0. 993 857	S. D. dependent var		27. 911 97
S. E. of regression	2. 187 655	Akaike info criterion		4. 588 630
Sum squared resid	679. 588 7	Schwarz criterion		5. 262 699
Log likelihood	$-374.976\ 7$	F-statistic		783. 705 4
Durbin-Watson stat	2. 204 288	Prob (F-statistic)		0. 000 000

通过回归分析,得出模型为

$$COD_{it} = 9.86 + 0.0033p - 0.000\ 000\ 064\ 2d \times r + 0.49cod_{t-1} + \alpha_i^*$$
$$i = 1, 2, \cdots, 30; \quad t = 1, 2, \cdots, T \tag{4-14}$$

式中,α_i^* 为 i 地区化学需氧量自发排放量对平均排放量的偏离,用来反映省市间化学需氧量排放量的结构差异;COD_{it} 为化学需氧排放量(万吨);p 为总人口(年末)(万人);d 为科技研发经费(万元);cod_{t-1} 为上一年化学需氧排放量(万吨);r 为人均受教育年限。

其中反映各地区化学需氧量排放量差异的 α_i^* 的估计结果由表 4-9 给出。

表 4-9　各地区化学需氧量自发性排放量差异

地　区	α_i^* 估计值	地　区	α_i^* 估计值
北　京	−5.999 920	河　南	−5.723 947
天　津	−5.356 014	湖　北	2.311 657
河　北	0.980 474	湖　南	15.318 54
山　西	−1.096 504	广　东	13.958 51
内蒙古	−2.690 293	广　西	28.605 18
辽　宁	7.186 360	海　南	−7.559 482
吉　林	1.515 798	重　庆	−6.044 721
黑龙江	2.998 019	四　川	3.733 266
上　海	1.026 231	贵　州	−10.723 92
江　苏	13.025 75	云　南	−9.946 586
浙　江	4.002 747	陕　西	−4.014 342
安　徽	−7.488 866	甘　肃	−9.324 628
福　建	−1.080 765	青　海	−8.160 985
江　西	−0.269 153	宁　夏	−5.500 137
山　东	−1.731 340	新　疆	−1.950 937

通过估计结果可以看出，广西化学需氧自发排放量 28 为最高，其次是湖南、辽宁等地，而排放量比较少的是重庆、北京等地。究其原因，首先是人口因素，人口比较多、素质比较低，都将产生大量废水，间接影响化学需氧量的排放量。其次为水资源量，水资源比较丰富的地方与水资源缺乏的地方相比，水资源丰富的地方化学需氧量的排放量比较高，表 4-9 也反映了这一情况。

（二）模型的相关检验及经济含义

1. T 检验及拟合优度

从上述可以看出，影响化学需氧量的因素很多，但并非所有影响化学需氧量的因素都对其产生显著的作用，通过模型的多次构建得出：第二产业比重、发电量（亿万千瓦时）、城镇居民可支配收入（元）、技术市场完成额（万元）等因素对化学需氧量的排放不起显著的作用。针对发电量和不起显著作用，这与一般结论相悖，究其原因：一是数据本身的问题，由于火电发电量的值比较大，变化空间比较小，影响结果的分析；二是，各地区都在减少化学需氧量的排放，削减程度不同，影响结果的显著性。

综合以上结果分析，消除影响虚弱的变量，对模型进行改进，得出样本回归函数值与样本观测值拟合优度 $R^2 = 99\%$，拟合度比较高。同时也说明总人口（年末）（万人）、科技研发经费（万元）、地区 GDP（亿元）等诸变量对中国内地 30 个省域的化学需氧量的解释能力达到 0.99。在给定显著性水平 a＝0.05 时，中国省域化学需氧量模型在整体上通过了 5% 水平的方程显著性检验，模型残差的序列相关检验值 DW 为 2.204 288，由 DW 检验决策规则可知，该模型不存在自相关问题。

本书运用该模型预测 2009 年中国 30 个省（直辖市、自治区）化学需氧量的排放量，计算出实际值与模拟值预测值之间相对误差值的平均值为 12％，所以本书所构建的化学需氧量计量模型所得的模拟预测值整体上略高于实际值，如图4-11 所示，总体上来说该模型是比较符合实际的，因此是可接受的。

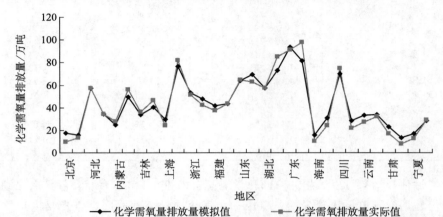

图 4-11 2009 年若干省（直辖市、自治区）废水化学需氧量排放量的实际值与模拟值

2. 经济含义

模型的经济含义是在不考虑其他因素的情况下，人口增长变化 1 个百分点，化学需氧量排放量变化 0.0033 个单位；人均受教育年限和研发经费的乘积，即人口素质每变动 1 个单位，化学需氧量排放量变动 0.000 000 064 2 个单位；上一年化学需氧量排放量每变动 1 个单位，当年化学需氧量排放量变动 0.49 个单位。上述因素中，人口素质对化学需氧量起负向作用，其他因素均是正相关。这表明，在其他因素不变的情况下，随着人口素质的提高，将会使化学需氧量减少。主要影响机理是随着科技的进步和经济的发展，社会经济质量提升，间接影响环境的变化，使环境质量也随着提升，化学需氧量将出现减少的趋势。

在以上几个主要影响因素中，人口数量的增加将增加化学需氧量，在模型中虽然系数相对比较小，即人口数量对化学需氧量的影响弹性比较小，但是由于中国人口的基数比较大，所以人口数量每个细小的变化也能引起化学需氧量较大规模的变化。

总之，人口数量对化学需氧量的影响不但是显著的，而且在化学需氧量的所有影响因素中，人口的增加是占主要地位的。

（三）人口对化学需氧量排放量的拉动作用

本书将人口数量对化学需氧量排放量的贡献率和人均受教育年限对化学需氧

量排放量的贡献率之和定义为人口对化学需氧量排放量的拉动作用,即人口数量和人口素质对化学需氧量排放量的贡献率,用 η 表示。

具体如下:

$$\eta=\frac{0.003p}{COD_{t-1}}\times\frac{\Delta p/p}{\Delta COD/COD}-\frac{0.000\,000\,064d\times r}{COD_{t-1}}\times\frac{\Delta r/r}{\Delta COD/COD} \qquad (4\text{-}15)$$

式中,COD_{t-1} 为上一年化学需氧量排放量;p 为总人口;d 为科技研发经费;r 为人均受教育年限;η 为人口数量对化学需氧量排放量的拉动作用;$\Delta p/p$ 为人口增加率;$\Delta r/r$ 为人均受教育年限增长率;$\Delta COD/COD$ 为化学需氧量排放量增长率。

人口对化学需氧量排放量的拉动作用是人口数量和人口素质对化学需氧量排放量贡献综合作用的结果。根据上述公式,计算出 2003～2008 年五年人口对化学需氧量排放量的拉动作用值。

从图 4-12 中可以看出,全国人口对化学需氧量排放量的拉动作用平均在 18% 左右,变化比较平稳,整体来看有逐渐减少的趋势。吉林、重庆正的拉动作用比较大,浙江、安徽负的拉动作用比较大,主要是吉林、重庆等省(直辖市)2003～2008 年五年间的人均受教育年限增长率、化学需氧量排放量的增长率以及人口增长率等均是负值,即两省(直辖市)人口的较少(较快)增长带来化学需氧量的较少(较快)增长。而出现负增长的浙江、安徽等均是由于其人口增长率或者是化学需氧量排放量的增长率其中之一出现负值,而人均受教育年增长率均呈现负值,即由于人口素质的提高人口不再大幅度增长,化学需氧量的排放量呈现减少趋势。其他各省(直辖市、自治区)人口对化学需氧量排放量的拉动作用程度大多集中在 0～20%,并且各省的拉动作用程度逐年变化都比较平稳,有逐渐减少的趋势,说明随着人口素质的提高,人们逐渐提高了环保意识,减低了化学需氧量的排放量。

(四)科技创新对减少化学需氧量排放量的推动作用

根据模型(4-15),可以推导出科技创新对减少化学需氧量排放量的推动作用

$$\eta_{cod}=0.000\,000\,064\,2\frac{\Delta d/d}{\Delta COD/COD} \qquad (4\text{-}16)$$

式中,η_{cod} 为科技投入对降低化学需氧量排放量的贡献率;Δd 为科研投入较前一年的增加量;ΔCOD 为化学需氧量较前一年的增加量。

大多数省(直辖市、自治区)与全国平均水平变化趋势一致,趋势平缓,个别省(直辖市、自治区)如天津、宁夏、广东等波动较大。从 2007 年以后可以看出,大部分省(直辖市、自治区)科技投入对减少化学需氧量排放量的贡献率呈增长的趋势,说明科技投入的增加对减少化学需氧量排放量具有正的效应。近

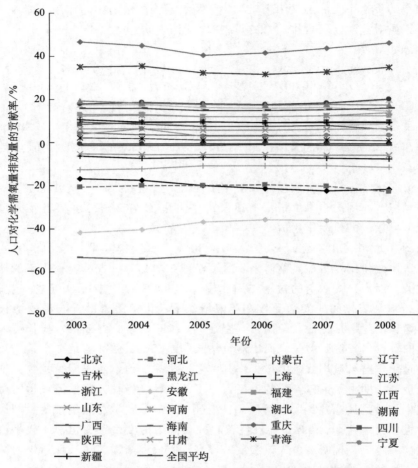

图 4-12 各省（直辖市、自治区）人口对化学需氧量排放量的拉动作用

注：2003～2008 年，就全国平均而言，人口对化学需氧量排放量的拉动作用在 13％～17％。

几年，我国的研究开发经费逐年增加，科技进步和创新日益成为加快转变经济发展方式的重要支撑，这对于环境的改善起到了越来越重要的作用。

第五章　区域创新促进生态效率革命
——以辽宁为例

如何在充分认识环境有限承载力的基础上，以最小的资源消耗来主动构建、维持自然生态系统和社会经济系统的良性循环，实现优化的、可持续发展的社会形态，对保证整个社会经济的可持续发展意义重大。基于此，本书在汲取国内外相关理论方法的基础上，借鉴国际上较为常用的定量衡量可持续发展的方法——生态足迹，以辽宁为研究对象，建立基于生态足迹的辽宁生态效率模型进行分析。

本章首先根据生态足迹理论的相关模型和公式，结合辽宁实际情况加以修正和改进，结果表明：辽宁作为重工业省，人均生态足迹逐年上升，并且在生态足迹影响因子中，化石燃料能源所占的比例最大，化石燃料消耗对生态足迹构成比例的影响接近80%。在与部分研究成果比较后发现，辽宁人均生态足迹高于全国平均水平，在全国范围内而言，也处于前列。

在此基础上，构建了包含技术进步、政府政策、居民消费、产业结构在内的辽宁生态效率模型。计算结果显示，辽宁的生态效率与这几个因素紧密相连，随着科学技术的应用、政府引导和投资主体的多元化、合理的居民消费模式及产业结构的不断优化，辽宁生态效率得到了逐步提升。根据目前的发展态势，以比较合理的假设为前提，对辽宁2020年的生态效率进行了预测，预测结果较为乐观：生态利用效率将发生革命性的提高。1990～2020年这30年的时间里，辽宁的地区生产总值将增长13.4倍，生态足迹将增长3.18倍。这样，地区GDP的增长倍数是生态足迹增长倍数的4.21倍，实现了四倍数革命。

最后，根据所测算的结论，对依靠科技提高辽宁生态效率提出了若干对策。

第一节　生态足迹及其研究状况

一、问题的提出

区域的可持续发展必须以生态环境的可持续发展作为前提和保障。"十五"时期（2001～2005年），中国经济和社会发展在取得巨大成就的同时，随着产业结构偏向高耗能产业，自然资源供给不足、供需缺口加大等问题开始显现出来，土地、淡水、能源、矿产资源和生物资源等五大战略性资源与经济发展的矛盾非常突出，中国面临的可持续发展问题比以往任何时期都更为严峻，能源消费量大，结构性问题突出。随着产量的快速上升，供求缺口一度减少，但结构问题上升为主要矛盾。

目前，中国第二产业在 GDP 中的比重已跃升至近 70%，其中重化工业增加值占到近 40%，这种重化工业带动模式是以"大量生产、大量消费、大量废弃"为特征的。《BP 世界能源统计 2005》的数据表明，中国能源消费目前已占世界总量的 13.6%。另据《2006 中国可持续发展战略报告》对世界 59 个主要国家资源绩效水平的调查排序，中国资源绩效居世界倒数第六位。由于粗放型的经济增长方式，到 2005 年年底，中国能源消耗总量为 21.1 亿吨标准煤，单位 GDP 所消耗能量比"十五"计划指标上升了 27%，比"九五"期末上升了 7%。中国的能源利用效率为 33%，比发达国家低约 10 个百分点。钢、水泥、纸和纸板的单位产品综合能耗分别比国际先进水平高 40%、45% 和 120%。中国一吨煤产生的效率仅相当美国的 28.6%，欧盟的 16.8%，日本的 10.3%，工业用水重复利用率要比发达国家低 15～25 个百分点。

目前，我国主要矿产资源消耗明显上升，资源过度开发对生态环境造成严重破坏。近年来由于钢铁、机械、石油化学等基础工业和重化工业的发展，主要矿产品需求量迅速增长，主要矿产资源的对外依存度已由 1990 年的 5% 上升到目前的 50% 以上。一些地区对矿产资源盗采滥挖或进行掠夺性开采，占地毁田，不仅造成了大量矿产资源的浪费和流失，而且对当地生态环境也造成了严重的破坏。另外，中国矿产资源的总回收率大概是 30%，比国外先进水平低了 20 个百分点；中国建筑节能、建筑高能耗问题十分突出，建筑物能耗比国外先进水平要高 50% 以上。

国际经验表明，进入到资本密集型工业化阶段后，在经济增长潜力进一步提高的同时，能源和资源的消耗也必然要出现高增长，尤其是中国的工业化是一个 13 亿人口发展中大国的工业化，这在人类历史上是史无前例的。目前，中国已成为煤炭、钢铁、铜等的世界第一消费大国，是继美国之后的位居世界第二的石油和电力消费大国，原油和成品油净进口量在 2003 年和 2004 年分别为 0.97 亿吨和 1.43 亿吨，对进口石油的依存度已经达到 40% 以上。更主要的是对能源和某些主要金属矿产的需求量已成为影响世界市场的关键因素，使得世界越来越将能源话题聚焦在中国和亚太地区。

中国在经济高速增长的同时付出沉重的环境代价。目前中国的能源消费结构中煤炭占 68%，石油占 23.45%，天然气仅占 3%。2005 年中国发电装机已达 5 亿千瓦，其中新装机已超过 6000 万千瓦，能源资源条件决定了中国以煤为主的能源消费结构在短期内难以转变，煤炭仍将在整个能源过程中发挥不可替代的作用，由此导致污染物排放居高难下。从有关部门的统计来看，全国烟尘排放量的

70％、二氧化硫排放量的 90％、氮氧化物的 67％、二氧化碳的 70％都来自于燃煤。除了能源消费过程中的污染物排放外，能源在开采、炼制及供应过程中，也会产生大量有害气体，严重影响着大气环境质量。"十五"期间，中国主要污染物排放量原计划到 2005 年比 2000 年减少 10％，但 2005 年的统计数据表明，烟尘、化学需氧量等相当一部分污染物的减排量均未实现预期目标。中国与发达国家相比，每增加单位 GDP，废水排放量要高出 4 倍，单位工业产值产生的固体废弃物要高出 10 倍以上，大气污染造成的经济损失占 GDP 的 3％～7％。

水资源短缺已经开始制约东部地区的经济发展。中国人均水资源占有量小，时空分布不均。近年来，降雨量较为充沛的华东地区也开始缺水，华南地区一些城市开始出现季度性供水紧张。长期忽视水资源的保护和水环境的治理，导致水资源短缺、浪费和污染相并存。

中国土地资源总量丰富但人均贫乏。根据国土资源部公布的数据，中国耕地、林地、牧草地总量 2004 年分别高达 12 244.43 万公顷、23 504.70 万公顷和 26 270.68 万公顷，分列世界第四位、第五位和第二位，但人均分别约为当前世界平均水平的 38％、31％和 35％。以耕地为例，中国一直以不到世界 10％的耕地养活占世界 22％的人口。1996～2004 年，全国耕地面积由 19.51 亿亩减至 18.37 亿亩，是世界上耕地资源消耗速度最快的国家之一。而随着人口不断增加，中国人均耕地面积迅速下降。在人口总量持续增加的同时，人们的食物消费结构随着生活质量的提高也有很大改善，这加剧了当前并未得到妥善解决的粮食安全问题。以人均 400 公斤计算，在当前生产技术未取得重大突破的前提下，必须保证在 2010 年和 2020 年有 1.11 亿公顷和 1.18 亿公顷耕地用于粮食生产，而 2004 年全国耕地才 1.22 亿公顷。粮食安全压力长期存在并可能加剧，这对耕地利用提出更高要求。可耕地面积日益减少，土地质量严重退化，土地资源的稀缺性凸显。随着工业化和城镇化的推进，作为农业生产资源的耕地，有一部分要用于城市建设和非农产业，耕地资源短缺的矛盾将日益尖锐。不仅如此，中国土地质量严重退化，土壤养分失衡、肥效下降，成为制约粮食增产的重要因素。工业化迅猛发展导致工业用地规模不断扩张，尤其是"重型工业"的加快发展进一步增大了对土地资源的消耗。城市化进程的快速推进继续挑战耕地资源保护。由于未来十几年中国城镇人口将净增约 3 亿，大量人口向城镇转移必将直接带动城镇住宅用地和各类公共基础设施用地需求迅猛增加，而城镇扩张又在很大程度上要通过侵占耕地来实现，耕地资源保护面临极大挑战，基础设施和消费用地需求因"投资率"和"消费率"调整而高涨。同样，生物物种及遗传资源多样性日渐减少。中国是世界上生物物种资源最丰富的国家之一，生物物种资源种类多、数量大、分布广。然而，由于人口增长、工业化带来的环境污染、不合理的资源开发和生态破坏，中国生物物种及遗传资源多样性损失严重。

国家出台的一系列政策提出大力发展循环经济、建设节约型社会、不断提高生态效率、加强区域之间的协调发展。这些年来，中国生态效率虽有较大提高，但从总体上看，生态效率与国际先进水平相比仍然较低，总体可以概括为"四低"，即资源产出率低、资源利用率低、资源综合利用水平低和再生资源回收利用率低。在生态效率方面，中国机动车每百公里油耗比欧洲高 25%、比日本高 20%、比美国高 10%。单位建筑面积采暖能耗相当于气候条件相近的发达国家的 2~3 倍。2002 年中国万元 GDP 取水量为 537 米^3，是世界平均水平的 4 倍；农业灌溉用水利用系数仅为世界先进水平的 1/2；多数城市供水管网跑冒滴漏损失率高达 20% 以上。据统计，中国目前矿产资源总回收率为 30%，比国外先进水平低 20 个百分点；共伴生矿产资源综合利用率为 35% 左右，木材综合利用率约 60%，而发达国家一般都在 80% 以上。较低的资源利用水平，已成为企业降低生产成本、提高经济效益和竞争力的重要障碍；大力发展循环经济，提高资源的利用效率，增强国际竞争力，是我们面临的重要而紧迫的任务。1999 年引入国内的生态足迹理论，从国家、区域、城市等不同的层面上，可有效地衡量人类对资源的利用程度以及资源对人类的承载能力。面对有限的自然资源，要提高对资源的利用效率就更离不开技术创新、制度创新等因素。在对地区生态足迹的动态分析基础上，建立资源效率的实证模型加以分析，是将生态足迹理论在对区域生态足迹占用值进行测算及对生态承载力进行分析基础上的新应用，对现阶段各区域的经济社会发展也具有一定的现实意义。

二、国内外研究现状

生态足迹理论是加拿大著名生态经济学家威廉·瑞教授提出并由他的学生瓦尔纳格尔（Wackernagel）进一步完善的。该方法以基于生态生产性土地的量化指标、新颖的思路和并不复杂的计算方法而日益流行。以瓦尔纳格尔为代表的"加拿大生态足迹小组"应用生态足迹法在全球、国家、城市和区域三个层面上分析了生态足迹的应用效果。在其 1997 年发表的《国家生态足迹》中，瓦尔纳格尔计算了 52 个国家和地区的生态足迹。该研究涵盖了世界 60 亿人口中的 47 亿人，这些国家有 8683.3 万公顷的生态容量，但已占用了 11 716.8 万公顷的土地，超过了其承载力的 35%。在全球尺度上，人均生态足迹需求为 2.8 公顷，人均生态承载力供给为 2.1 公顷，人均生态赤字为 0.7 公顷。2002 年，瓦尔纳格尔等利用最新的数据，更新了全球生态足迹的计算结果（Wackernagel et al.，2002）。与前次计算相比，这一次的计算几乎涵盖了世界上的所有国家。研究结果显示人类的生态足迹已经超过地球承载力的 20%，许多国家处于严重的生态赤字状态。1961~1999 年全球平均生态足迹的变化表明，在接近 40 年的时间里，全球平均生态足迹增长近 80％。与此同时，表征全球自然生态系统状态的生存环境指标在 1970～2000 年下降了 37％。在此基础上，作者基于联合国的世界人口预测、IPCC（政府间气候变化小组）对二氧化碳排放量的预测、FAQ（联合国粮农组织）对资源消费的预测研究，预测到 2050 年全球生态足迹将会超过生态承载力 100％左右。全球生态足迹的测算结果一再说明，全球的生态环境日益恶化，而且形式越发严峻，人们对生态环境构成的压力远远超过其承载能力，如果任由这样发展下去，将严重阻碍人类社会的发展。在国家层面上（1997年），所计算的 52 个国家或地区中，有 35 个国家呈现生态赤字，只有 12 个国家和地区的人均生态足迹低于全球人均生态足迹供给。要维持目前的消费水平，加拿大平均每人需要近 7.7 公顷生态生产性土地面积，而人均生态承载力为 9.6 公顷，尚有 1.9 公顷的生态盈余；美国人平均每人的生态足迹要比加拿大的数字多30％，为 10.3 公顷，但其人均生态承载力为 6.7 公顷，其总的生态赤字为 965.5万公顷，人均生态足迹与总生态赤字均居全球之最；意大利人的人均生态足迹为4.2 公顷，其人均生态承载力仅为 1.3 公顷，人均生态赤字为 2.9 公顷。在区域和城市方面，瓦尔纳格尔主要研究了渥太华、东京、伦敦等大城市。结果表明：渥太华的人均生态足迹为 5.0 公顷，其总生态足迹是渥太华城市面积的 200 倍；东京都（包括东京都 23 区和神奈川县、琦玉县、千叶县）的生态足迹为 4811.94万公顷（仅仅计算了食物、森林和废弃物吸收），是日本国土面积（3777 万公顷）的 1.27 倍，而全日本可居住的土地面积仅占其国土面积的 1/3，因此，要养活东京的人口，需要 3.834 个日本。需要指出的是，根据瓦尔纳格尔的计算，中国 1993 年的人均生态足迹需求为 1.12 公顷，而人均生态容量为 0.8 公顷，人均生态赤字为 0.4 公顷。1999 年人均生态足迹需求为 1.5 公顷，人均生态容量为1.0 公顷，人均生态赤字为 0.5 公顷。生态足迹的变化主要受生产效率以及人们的消费观念、消费水平和消费方式的影响。而生态足迹需求的赤字部分主要靠进口和过度开发自然资源获得。在区域和城市层面上，福尔克等于 1997 年以欧洲波罗的海流域 29 个大城市为研究案例，计算得出占波罗的海流域面积小于 0.1％的这些城市，其生态足迹至少需要整个波罗的海流域 75％到 1.5 倍的生态系统，是这些城市面积的 565～1130 倍；在全球 744 座大城市中生活着占全球 20％的人口，他们对海产品的消费占用了全球 25％的生产型海洋生态系统，而要吸纳这些城市排放的二氧化碳，需要全球森林全部碳汇能力再增加 10％。瓦尔纳格尔等将生态足迹指标应用于瑞典等地，改进了生态足迹与生态承载力的计算方法；维伦等计算与分析了贝宁、不丹、哥斯达黎加和荷兰等国家的生态足迹（Vuuren and Smeets，2003）。

生态足迹的概念自 1999 年引入国内后，应用生态足迹的指标方法对国内各地区的研究逐渐展开。区域生态足迹研究的实践成果最早见于 2000 年，并且较多地集中在对中国西部和台湾地区等地区级尺度的研究，比如对新疆、甘肃等西北地区生态足迹的计算和分析。2004 年 4 月在沈阳举行的第一届"环境指标：生态包袱与生态足迹两岸学术交流会"更是极大地促进了生态足迹模型在国内的研究和应用，但与国外相比，国内应用相对滞后。张志强等（2001）介绍了生态足迹的概念及计算模型，并对中国西部 12 省（直辖市、自治区）的生态足迹进行了计算。杨开忠等（2000）介绍了生态足迹分析理论与方法。徐中民等（2002）计算了中国 1999 年的生态足迹，1999 年中国人均生态足迹 1.326 公顷，人均生态承载力 0.681 公顷，人均生态赤字 0.645 公顷，生态足迹是生态承载力的 1.94 倍，中国的人地关系非常紧张。从计算结果还可以看出，除江西、云南和西藏外，中国其余 28 个省（直辖市、自治区）都存在不同程度的生态赤字。西部地区发展空间广阔，但是地区经济发展滞后，自然条件差，生态环境较为脆弱，水土流失和土地沙漠化相当严重（徐中民等，2002）。张志强等（2001）的测算结果表明，西部 12 个省（直辖市、自治区）中除云南、西藏外，其余 10 个省（直辖市、自治区）在省（直辖市、自治区）尺度上处于不可持续状态；除云南外的其余 11 个省（直辖市、自治区）在国家尺度上处于不可持续状况；新疆、西藏、内蒙古三个地区在全球尺度上处于不可持续状态。西部地区 12 个省（直辖市、自治区）总人口的生态足迹赤字相当于新疆的土地面积。西部地区的生产、生活强度都超过了生态系统的承载能力，区域生态系统处于人类的过度开发利用和压力之下。由于西部地区进出口贸易量相对较低，所以主要通过消耗自然资本存量来弥补生态承载力的不足（张志强等，2001）。针对城市生态区，张志强等率先对重庆的生态足迹进行了计算。在此之后，又有众多学者分别测算了北京、上海、澳门、台北等城市的生态脆弱区（苏筠等，2001）。从这些学者的研究结果可以看出，由于城市人口与消费的相对集中，城市强烈地依赖外部生态系统，从外部生态系统获取生物资源和能源、材料等，并解决废物吸纳等问题。随着城市化进程的推进，城市周边地区为满足城市人口的需要往往遭到过度开发，这些研究成果能够促使人们对城市可持续发展的必要性和重要性产生更为深刻的认识。白艳莹等对苏州、无锡和常州三个地区 1991～1999 年的生态足迹进行了计算分析（白艳莹等，2003），纵向分析的结果表明，苏锡常地区历年的人均生态足迹不断增加，9 年时间增加了 37.78%，而人均生态承载力却减少了 18.67%，该地区人均生态足迹均出现赤字，而且赤字在逐年增长。与其他一些地区生态足迹的横向比较分析表明，苏锡常地区人均生态足迹为 1.7469 公顷，低于全球平均水平 2.4 公顷；人均生态承载力为 0.4605 公顷，也低于全球人均水平 2 公顷；人均生态赤字远远高于世界平均水平的 0.4 公顷。

陈敏等（2005）计算了 1978～2003 年中国生态足迹，并进行了动态分析。结果表明，在研究时段内，中国人均生态足迹由 0.873 公顷升至 1.547 公顷，增长率为 77.2%；其中，耕地足迹下降 0.051 公顷，能源足迹增长 0.450 公顷，草地足迹增长 0.103 公顷，林地足迹增长 0.087 公顷，海水和淡水渔业足迹分别增长 0.067 公顷和 0.014 公顷，水电用地足迹增长 0.005 公顷。并与同期不断增加的生物供给力相比较，计算出中国生态赤字在逐年加剧，人均赤字由 0.371 公顷上升至 0.817 公顷，其中耕地由赤字（0.058 公顷）转为略有剩余（0.028 公顷），草地处于剩余状态，林地由剩余（0.007 公顷）转为赤字（0.095 公顷），中国化石能源足迹逐年增加，进一步加剧了林地短缺的危机，淡水和海水渔业足迹与供给力基本持平。张志强等（2001）、徐中民等（2002）在计算人均生态足迹的基础上，又计算了部分省级区域的万元 GDP 生态足迹，这为生态足迹的进一步研究与应用提供了很好的思路。万元 GDP 生态足迹把经济因素与生态、资源结合起来，更符合可持续发展的协调性原则，比较好地考察了对资源的利用效率。李金平和王志石（2003）结合澳门的生态足迹提出了生态压力、游客生态足迹等新的思路，对生态足迹的应用提供了较好的补充。秦耀辰和牛树海（2003）对生态足迹分析研究中的两个问题进行了有益的尝试。

（一）中间产品的生态足迹难以确定

笔者通过引入投入产出模式来完善生态足迹的计算，以解决中间产品的生态足迹问题。笔者认为生产过程不仅是投入和产出，还包括占用，占用部分至少包括以下三个内容：对各类固定资产的占用；对流动资产的占用；对各类劳动力的占用。

笔者将生产中的消耗系数又分为直接消耗系数和完全消耗系数，包含自然资源消耗的完全消耗系数的计算公式为

$$H = S(i - A - \beta D)^{-1} \tag{5-1}$$

式中，H 为在固定资产消耗情况下各部门完全占用系数矩阵，$H =（H_{ij}）$；S 为直接占用系数矩阵，$S =（S_{ij}）$；I 为单位矩阵；A 为直接消耗系数矩阵；β 为固定资产折旧对角矩阵；D 为固定资产直接占用系数矩阵。

然后通过建立投入和占用的消耗系数表来获取最终产品中所包含的各种消费项目，从而完善生态足迹的计算。

（二）偏重反映区域发展的持续性而不是发展程度，忽略了地区人群现有的消费水平和生活质量差异

笔者提出了用一个综合指标，即综合发展度（GIR）来综合衡量可持续发展情况，公式为

$$GIR = k_1(Di - D)/D + k_2(Gi - G)/G + k_3(Si - S)/S \tag{5-2}$$

式中，Di 为各区域生态赤字；D 为全国的生态赤字；Gi 为各区域人均 GDP；G

为全国人均 GDP；Si 为各区域基尼系数，这里用各区域城镇居民人均收入与农村居民人均收入之差再除以全国城镇居民人均收入与农村居民人均收入的差来代替基尼系数；Ki 为（$i=1，2，3$）为权重系数，分别取 0.3，0.4，0.3。

如果 GIR 为正值，则说明在国家尺度上，区域为可持续发展；反之，则说明在国家尺度上，区域为不可持续发展，并且可以通过各项分析得出究竟是什么因素阻碍了可持续发展。

宋旭光（2003）对生态足迹计算中三大步骤之一的等量化处理提出了非常独特的见解。他认为等量化处理的本意是要形成一个生态足迹的整体概念，试图把六种生态生产性土地通过一定的方法等量化换算并加总。这一处理方法是生态足迹测度中的第二次标准化处理。由于涉及不同类型土地的生态功能间的转化，其标准化过程较之产量调整时的标准化方法来说相对困难。因为很难找到一个合适的均衡因子，使得各类不同的生态足迹被同度量化，而且同度量化后的数据含义也发生了变化。因此，此时的加权总量指标很难说还是与地球空间相关联的生态空间。所以，不论是从技术上还是操作上来说，作这种等量化处理都是不划算的；更聪明的方法是做到第二步就停止，只给出分类的生态足迹，而不给出汇总的生态足迹；即使要给出汇总的生态足迹指标时，不妨单纯对各类足迹简单加和计算即可。

刘建兴等（2005）对经济发展与生态足迹之间的关系进行了深入研究，计算了中国 1961～2001 年的生态足迹、生态承载力和生态足迹赤字，分析了这些指标的构成及其变迁；对 1990～2000 年第一、第二、第三产业的生态足迹及其生态占用强度（生态效率）进行了计算和分析。

第二节　生态足迹的基本理论

一、生态足迹产生的背景

可持续发展是一种全新的发展战略和发展观，但要将这种发展理念变成可操作的发展模式，就必须定量测度发展的可持续性状态（张志强等，1999）。可持续发展的概念提出以来，定量测度可持续发展便成为重要的研究内容之一。从 20 世纪 90 年代起，国际上提出了一些直观的、较为易于操作的可持续发展指标体系及其定量评价和计算的方法及模式。例如，世界银行的"国家财富"指标体系、戴利和科布提出的"可持续经济福利指数"（ISEW）、科布提出的"真实发展指标"（GPI）、阿伦提出的"可持续性的晴雨表"（Barometer of Sustainability）模型等（Hardi et al.，1997）。这些指标体系和计量方法已经在一些国家、地区得到了广泛的应用。从已有的研究成果看来，发展的可持续性主要取决于自然资产（Costanza and Daly，1992）。但是由于很难定量测量生态目标，这方面的研究进展一直较为缓慢。而且自 1987 年世界环境与发展委员会（WCED）提出可持续发展的概念至今，世界人口、贫困人口、消费日益增加，生物多样性、森林面积日益减少，生态环境日益恶化。生态环境不仅是社会经济活动的承载空间，而且为社会和经济发展提供自然物质基础和废弃物消纳空间，因而成为社会经济发展的决定性因素。要实现可持续发展，就必须综合考虑资源的再生与替代能力、生命支持系统的循环与净化能力和对生物多样性的保护。正是在这样的一个大的背景下，加拿大著名生态经济学家瑞教授提出了生态足迹理论，并由他的学生瓦克纳格尔进一步完善。生态足迹不仅能够满足上述要求，并且计算结果直观明了，具有区域可比性，因此很快得到了有关国际机构、政府部门和研究机构的认可，成为国际可持续发展定量测度中的一个重要方法。

二、生态足迹模型

（一）生态足迹的概念

生态足迹是一种衡量人类对自然资源利用程度的计量方法。由于任何人都要消费自然界提供的产品和服务，并均对地球生态系统构成影响，所以，测量人类对自然生态服务的需求与自然所能提供的生态服务之间的差距具有重要的意义。生态足迹模型主要用来计算一定的人口和经济规模下，人类为了维持自身生存而利用的自然资源和吸纳所产生废物所必需的生物生产面积（biologically productive area，包括陆地和水域）。因此，生态足迹定义为"the biologically productive and mutually exclusive areas necessary to continuously provide for people's resource supplies and the absorption of their wastes"，即任何已知人（某个个人、一个城市或一个国家）的生态足迹是生产这些人口所消费的所有资源和吸纳这些人口所产生的所有废弃物所需要的生态生产性土地的总面积（Wackernagel et al.，1999）。生态足迹的计算是基于以下三个基本前提。

（1）人类可以确定自身消费的绝大多数资源及其产生废物的量。

（2）这些资源和废物可以转换成相应的生物生产面积。

（3）各类土地在空间上存在互斥性。例如，一块土地用来盖楼时，就不能同时是林地、草地等。

（二）生态足迹模型中的相关概念

1. 生态足迹的生物生产土地类型

生物生产土地是指具有生态生产能力的土地或水域，是提供各类自然资源的基础。生态足迹理论的指标也是基于这一概念来定义的，用各类土地面积来定量衡量可持续发展的程度，既方便计算，又便于不同的国家、地区进行比较。根据生产力大小，生物生产土地主要考虑以下 6 种类型（徐中民等，2003）：化石燃料用地、可耕地、林地、牧草地、建筑用地和水域。

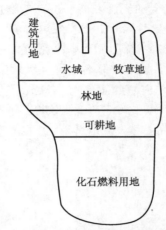

图 5-1　生物生产土地包括的六种类型土地

（1）化石燃料用地。人类所需的生态足迹反映了对自然的竞争性索取。二氧化碳的变化对人类的生存和发展至关重要。化石燃料土地是人类应该留出用于吸收二氧化碳的土地，但目前事实上人类并未留出这类土地。换句话说，人类消费的生物化石燃料的生物化学能既未被代替，其废弃物也未被吸收，即人类在直接消耗自然资本而不是其"利润"。在这里值得注意的是，将二氧化碳吸收所需要的生态空间同生物多样性保护和林地分开并非意味着重复计算，因为老年林吸收二氧化碳的能力远远低于新生林，但后者又缺乏前者所具有的生物多样性；同时用于二氧化碳吸收的林地如用于木材的生产，则在木材的加工过程中也会排放二氧化碳，因此在处理化石燃料土地类型时要将它与生物多样性的保护面积和林地面积区分开来。另外，化石原料的消费在排出二氧化碳的时候可能还会排放有毒污染物造成其他生态危害，这些在目前的生态足迹计算中未能考虑。目前还没有证据表明哪个国家专门拿出一部分土地用于二氧化碳的吸收，出于生态经济研究的谨慎性考虑原则，在生态足迹的需求方面，考虑了二氧化碳吸收所需要的化石燃料的土地面积。

（2）可耕地。从生态角度看，可耕地是所有生态生产性土地中最有生产能力的土地面积类型，在可耕地面积上生长着人类利用的大部分生物量。根据联合国粮农组织的调查，目前世界上人类总共耕种了大约 13.5×10^8 公顷的优质可耕地，而每年由于严重退化而放弃的耕地有 1000×10^4 公顷左右。这意味着，现今全人类人均占有不到 0.25 公顷的优质耕地。

（3）林地。林地包括可以提供木材的人造林和天然林。森林除了提供木材以外，还有涵养水源、稳定气候状况、维持大气水分循环、防止土壤流失等诸多功能。目前在地球上有 51×10^8 公顷的林地，人均 0.9 公顷左右，其中有 17×10^8 公顷的面积上林木的覆盖率不足 10%。由于人类对森林资源的过度开发，全世界除了一些不能接近的热带丛林外，现有林地的生物量生产能力大多较低。此外，牧草地的扩充也是林地面积减少的重要原因之一。

（4）牧草地。人类主要用牧草地来饲养牲畜。目前 33.5×10^8 公顷的草场（人均 0.55 公顷）的生产能力远远低于可耕地。这不仅因为牧草地积累生物量的能力比可耕地要低得多，而且在从植物能量转化为动物生物量的过程中，使人类损失了大约 90% 的生物量，因此人们可以利用的能量就更少了。

（5）建筑用地。建筑用地包括了各类人居设施及道路所占的土地。根据联合国的统计，目前人类定居和道路建设用地面积大约人均为 0.03 公顷。由于人类定居在最肥沃的土壤上，所以建筑面积的增加意味着生物生产量的明显降低。

（6）水域。水域包括淡水（河流、淡水湖泊等）和非淡水（海洋、盐水湖泊等）两种。目前地球上的海洋面积在 366×10^8 公顷左右，相当于人均 6 公顷。但是海洋 95% 的生态生物量来自于这 6 公顷中大约 0.5 公顷的沿海岸带。目前海洋的生物产量已接近最大。由于人类喜欢吃的鱼在食物链中排位较高，所以人类实际能从海洋中获取的食物是比较有限的。具体说来，这 0.5 公顷沿海岸带大约每年能提供鱼类 18 公斤，而其中仅有 12 公斤能最后落实在人们的饭桌上，其所能保证的仅是人类卡路里摄入量的 1.5%。盐水湖泊多地处干旱地区，其生态生产量比海洋还低。河流和淡水湖泊生态生产品的获取比海洋要容易，但是其在水域中所占比重太小，全球淡水资源，除去冰川外，不到总量的 1%，因此，其对人类所能获取的生态产品总量的贡献不大。

由于上述 6 种类型生物生产面积的生态生产力不同，要将这些具有不同生态生产力的生物生产面积转化为具有相同生态生产力的面积，以便加总计算生态足迹，在加总时需要对计算得到的各类生物生产面积乘以一个均衡因子。某类生物生产面积的均衡因子等于全球该类生物生产面积的平均生态生产力除以全球所有各类生物生产面积的平均生态生产力。均衡处理后的 6 类生态系统的面积即为具有全球平均生态生产力的、可以相加的世界平均生物生产面积（生态足迹）（Christensen，1991）。6 类生态生产性土地的均衡因子见表 5-1。

表 5-1 生态足迹测度中的土地类型说明

土地类型	主要用途	均衡因子	备注
化石燃料用地	吸收人类释放的二氧化碳	1.1	①以全球平均生态生产为 1；
可耕地	种植农作物	2.8	②按世界环境与发展委员会的
林地	提供林产品和木材	1.1	报告《我们共同的未来》建
牧草地	提供畜产品	0.5	议，生态供给中扣除 12% 的生

土地类型	主要用途	均衡因子	备注
建筑用地	人类定居和道路用地	2.8	物生产面积用来保护生物的多样性；③在实际中，人们并没有留出二氧化碳用地
水域	提供水产品	0.2	

2. 生态容量与生态承载力

哈丁在1991年明确定义生态容量为在不损害有关生态系统的生产力和功能完整的前提下，可持续被利用的最多资源量和可持续被分解的最大废物产生率。生态足迹的研究者接受了哈丁的思想，并将一个地区所能提供给人类的生态生产性土地的面积总和定义为该地区的生态承载力，以表征该地区生态容量。

3. 人类负荷与生态需求

人类负荷（human load）指的就是人类对环境的影响规模，正如前面所提到的，它由人口自身规模和人均对环境的影响规模共同决定。生态足迹分析法用生态需求来衡量人类负荷。它的设计思路是：人类要维持生存必须消费各种产品、资源和服务，人类的每一项最终消费的量都追溯到提供该消费所需的原始物质与能量的生态生产性土地面积。所以，人类系统的所有消费理论上都可以折算成相应的生态生产性土地面积。在一定技术条件下，要维持某一物质消费水平下一定人口的持续生存必需的生态生产性土地面积即为生态需求面积，它既是既定技术条件和消费水平下特定人口对环境的影响规模，又代表既定技术条件和消费水平下特定人口持续生存下去而对环境提出的需求。在前一种意义上，生态需求面积衡量的是人口目前所占用的生态容量；从后一种意义讲，生态需求面积衡量的是人口未来需要的生态容量。由于考虑了人均消费水平和技术水平，生态需求面积涵盖了人口规模与人均对环境的影响力。

4. 生态赤字/盈余

一个地区的生态赤字/盈余（ecological deficit/remainder），其大小等于生态承载力减去生态占用面积的差数/余数。生态赤字表明该地区的人类负荷超过了其生态容量，要满足其人口在现有生活水平下的消费需求，该地区要么从地区之外进口欠缺的资源以平衡生态需求，要么通过消耗自然资本来弥补收入供给流量的不足。这两种情况都说明地区发展模式处于相对不可持续状态，其不可持续的程度用生态赤字多少来衡量。相反，生态盈余表明该地区的生态容量足以支持其人类负荷，地区内自然资本的收入流大于人口消费的需求流，地区自然资本总量有可能得到增加，地区的生态容量有望扩大，该地区消费模式具有相对可持续性，可持续程度用生态盈余量大小来衡量。

5. 全球赤字/盈余

假定地球上人人具有同等利用资源的权利，那么各地区可利用的生态容量就可以定义为其人口与全球生态标杆的乘积。因此，如果一个地区人均生态需求高于全球生态标杆，即该地区对环境的影响规模超过其按照公平原则所分摊的可利用的生态容量，因而产生赤字，这种赤字称为该地区的全球生态赤字。相反，如果人均生态需求面积低于全球生态标杆，即该地区对环境的影响规模低于其按照公平原则所分摊的可利用的生态容量，因而产生盈余，这种盈余称为全球盈余。全球赤字大小用于测度地区发展不可持续程度，全球盈余多少用来衡量可持续程度。

三、生态足迹模型计算

任何一个特定人口（城市或国家）的生态足迹，就是其占用的用于生产所消费的资源与服务以及利用现有技术同化其所产生废物的生物生产性土地或海洋的总面积。其具体的计算公式如下（Wackernagel et al.，1997）

$$EF = Nef = N\sum(aa_i) = N\sum(c_i/p_i) \tag{5-3}$$

式中，i 为消费商品和投入的类型；p_i 为 i 种消费商品的平均生产能力；c_i 为 i 种商品的人均消费量；aa_i 为人均 i 种交易商品折算的生物生产面积；N 为人口数；ef 为人均生态足迹；EF 为总的生态足迹。

生态足迹模型主要用来计算在一定的人口和经济规模条件下，维持资源消费和废弃物吸收所必需的生物生产面积。由上式可知生态足迹是人口数和人均物质消费的一个函数，生态足迹是每种消费商品的生物生产面积的总和。生态足迹测量了人类的生存所必需的真实生物生产面积。将其同国家和区域范围所能提供的生物生产面积（生态承载力）进行比较，就能为判断一个国家或区域的生产消费活动是否处于当地生态系统承载力范围内提供定量的依据。

通常生态足迹模型的计算步骤如图 5-2 所示。

第一步，划分消费项目，计算各主要消费项目的消费量。

第二步，利用平均产量或消费量数据，将各消费量折算成生物生产性土地面积。

第三步，通过折算系数把各类生物生产性土地面积转换为等价生产力的土地面积。

第四步，将其汇总、加权求和，计算出生态足迹的大小及人均生态足迹。

为了考察一个地区是处于生态盈余还是生态赤字状态，通常还要计算一个地区的生态足迹供给情况。它是指区域所能够提供给人类的生态生产性土地的总和，计

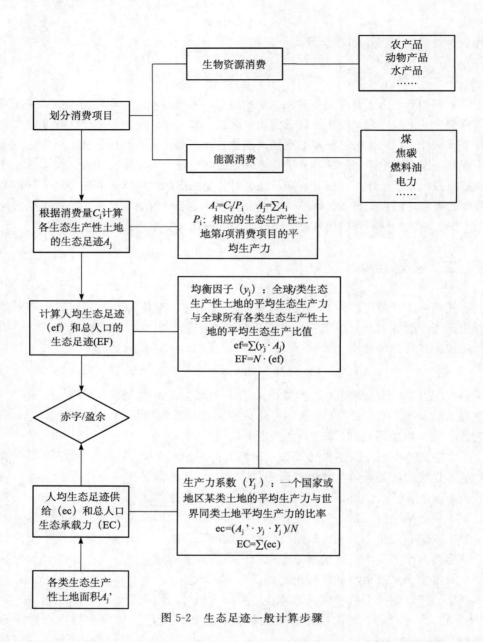

图 5-2 生态足迹一般计算步骤

算方法是将区域内各类生态生产性土地面积乘以均衡因子及产量调整系数后，求和得到总生态足迹供给，再除以总人口数即为人均生态足迹供给。计算公式如下

$$ec = \frac{\sum_{i=1}^{n} A_i EQ_i Y_i}{N} \quad (i = 1, 2, 3, \cdots, 6) \tag{5-4}$$

式中，ec 为人均生态足迹供给；A_i 为不同类型生态生产性土地面积；EQ_i 为均

衡因子；N 为总人口数；Y_i 为不同类型生态生产性土地产量调整系数，即产量因子，就是一个将各国各地区同类生态生产性土地转化为可比面积的参数，是一个国家或地区某类土地的平均生产力与世界同类平均生产力的比率。如果 $Y_i > 1$，表明区域单位面积生物生产力高于全球平均生物生产力，反之，则说明低于全球平均水平。例如，某地区的耕地产量因子取 1.33，表示该地区耕地的生物产出率比世界耕地平均产出水平高 33%。

生态足迹指标是将人类消费的资源和能源折算成全球统一的、具有同等生态生产力的地域面积，这样就可以进行不同区域的比较。区域的生态足迹如果超过了区域所能提供的生态承载能力，就会出现生态赤字；如果小于区域的生态承载力，则表现为生态盈余。区域的生态赤字或者生态盈余反映了区域人口对自然资源的利用状况。

四、生态足迹的评价

（一）生态足迹的优点

生态足迹分析法近年来正以其较为完善的理论基础、形象明了的概念框架、精确统一的指标体系及方法本身的普遍适用性而开始流行。通过引入生态生产性土地概念实现了对各种自然资源的统一描述，引入了均衡因子等系数进一步实现了各国、各地区各类生态生产性土地的可加性和可比性。这使得生态足迹分析具有广泛的应用范围，既可以计算个人、家庭、城市、地区、国家乃至整个世界的生态足迹，对它们的生态足迹进行纵向的、横向的比较和分析，也可以就不同行动方案计算生态足迹，比如开私家车上班和乘公共汽车上班的生态足迹。具体来说，可以概括出生态足迹法具有以下优点。

（1）生态足迹概念通过对一定的经济水平或人口对生产性资源需求的测定，形象地反映了人类对地球的影响；同时把自然资产的需求与支持人类生活的生物世界联系起来进行对比，包含了可持续性的机制内涵。

（2）生态足迹法将资源供给和消耗统一到了一个全球一致的面积指标，使可持续发展的衡量真正具有区域可比性，通过相同的单位比较人类的需求和自然界的供给。

（3）与其他指标相比，生态足迹资料相对容易获取、计算方法的可操作性和可重复性较强，从而使生态足迹的应用范围遍及个人、家庭、城市、地区、国家乃至全球，便于对它们进行对比分析。

（二）生态足迹的缺点

虽然生态足迹模型有其较为科学、完善的理论基础，概念清晰、实用易懂，但也存在着一定的不足，模型中土地功能的单一化假设、资源的可持续等问题仍需要作进一步的探讨，而且生态足迹模型是一种静态制表的分析方法，在预测方面有所欠缺。主要缺点可以概括如下。

（1）生态足迹的计算没有包括生物圈所遭受的所有生态影响，没有考虑臭氧层消耗的原因或效果，其结果很显然不能令人满意地用来处理排放到大气中的各种有害污染物，而且它的计算结果也低估了人类实际所耗用的生态系统服务。可见，生态足迹分析的范围是有限的。

（2）生态足迹的计算中没有包含人类利用的水资源足迹的供给，原因是目前还不能确定国民经济系统中各种商品中的水资源含量。

（3）自然和经济是动态的系统，而生态足迹方法却是静态的估算。因此，计算结果没有预测意义，它没有考虑诸如技术变化或社会系统适应能力等情况，从而简化了自然和社会的关系。

此外，还有一些批评者认为生态足迹基于生物物理限制考虑，引入了均衡因子，这与现实不符。这个内生的均衡因子对技术的长远潜力以及社会因子（如市场价格和稀缺）等缺乏响应。在能源问题上（Christensen，1991），生态足迹只选用了吸收燃烧化石燃料排放出的二氧化碳所需的生产性土地进行计算，而忽略了同时排放的也有重要生态效应的硫化物和氮化物等，并且一些新能源如水电、潮汐能、核能、风能和太阳能等不会产生温室气体。目前，生态赤字的主要来源是化石燃料的消耗，如果能源利用模式向非碳方式转变，生态足迹方法将面临危机。生态足迹分析也没有包括一些重要的生态效应，如臭氧层的破坏、水土流失、气候变化等，也无法对上述问题给出合理的解释（Kooten and Bulte，2000；Deutsch et al.，2000）。

第三节 辽宁生态效率模型

一、辽宁生态概况

（一）自然条件概况

辽宁位于中国东北地区南部，北纬 $38°43'\sim43°26'$，东经 $118°53'\sim125°46'$；地处东北亚地区的中心部位，面向太平洋；国境线长 200 多公里，南部辽东半岛插入黄渤二海之间，与山东半岛构成掎角之势。

辽宁海岸线长 2920 多公里，占全国海岸线总长的 11.5%。海域面积广阔，约为 15 万平方公里。辽宁地势大体是自北向南，自东、西两侧向中部倾斜，山地和丘陵大致分列于东西两厢，面积约占全省土地面积的 2/3；中部为东北向西南缓倾的长方形平原，面积约占全省土地面积的 1/3。东西部山地丘陵海拔在

500 米左右，少数山峰在 1000 米以上。辽宁地貌类型较多，可将全省划分为三大地貌区。东部山地丘陵区，为长白山脉向西南的延伸部分，这一地区以沈丹铁路为界划分为东北部低山地区和辽东半岛丘陵区，区域面积约 6.7 万公里^2。东北部山区，为长白山支脉吉林哈达岭和龙岗山的延续部分，由南北两列平行的山地组成，海拔 500～800 米。辽东半岛丘陵区，以千山山脉为骨干，北起本溪连山关，南到旅顺老铁山，长达 340 公里，构成辽东半岛的脊梁，山峰大都在海拔 500 米以下。西部山地丘陵区，由东北—西南走向的努鲁儿虎山、松岭、黑山、医巫闾山组成。中部平原区，由辽河及其 30 余条支流冲积而成的，面积为 3.67 万公里^2，占全省的 25％；地势从东北向西南，由海拔 250 米向辽东湾缓慢倾斜。辽北低丘区与内蒙古接壤处分布着沙丘；辽南平原区至辽东湾沿岸地势平坦，土壤肥沃，还有大面积沼泽洼地、漫滩和许多牛轭湖。

自 1998 年修订的《土地管理法》实施以来，辽宁已经连续 8 年实现了耕地总量平衡和占补平衡。近年来，辽宁对外开放招商引资项目以年均 30％的速度连年增加，"十五"期间城市化进程与招商引资齐头并进，每年需要大量的建设用地来保证引进项目"落"地，耕地保护与建设用地之间的矛盾越来越突出，所有的建设审批都必须补充同等数量和质量的耕地。在加速推进城市建设用地整理与矿山复垦、基本农田保护和增量土地储备的广义范围的土地整理的同时，辽宁充分发挥土地资源对经济发展的保障作用，把经济发展与保护资源科学统一起来，努力做到保障发展，保护资源，保持稳定。

辽宁发生了令人欣喜的"五个转变"，即由以耕地开发为主向土地整理和复垦为主转变；由单纯追求耕地数量向耕地数量、质量和土地生态条件并重转变；由简单对农村农用地整理向对项目区内田、水、路、林、村综合整治转变；由多点长线、齐头并进的推进方式向突出重点、区域突破、着力建设各种示范区转变；由国土资源部门孤军作战向多个部门配合、多种资金融合、多项技术结合、形成集成力量转变。

（二）经济发展概况

辽宁是中国东北经济区与环渤海经济区对接的黄金地带，也是吉林、黑龙江、内蒙古东部地区与东北亚经济带以及世界各大洲进行国际交往的重要通道。1949 年中华人民共和国成立后，经过 8 年的建设，辽宁成为中国最早的工业基地。当时，辽宁固定资产原值居中国第一位，工业总产值居中国第二位；中国17％的原煤产量，27％的发电量，近 27％的金属切割机床，50％的烧碱，60％的钢产量均产自辽宁。此后的 20 年里，辽宁工业在艰难曲折中发展，研制生产出中国第一架战斗机、第一艘导弹潜艇、第一艘万吨巨轮等，在中国工业的发展史上写下了辉煌的篇章。

中国进入改革开放新的历史阶段后，辽宁率先迈出了国有企业改革的步伐，在中国首开国有企业矿产和个人租赁国有中小企业的先河，开始逐步由计划经济向市场经济转变。随着市场化进程的加快，辽宁老工业基地一度陷入国有企业效益总体下滑、下岗失业人员剧增的困难境地。在中国政府的大力支持下，自1998年始，辽宁举全省之力进行了国有企业三年改革脱困攻坚战；2001年，在全省14个城市同时开展社会保障试点工作；2002年，资源枯竭城市发展接续产业首先在阜新市取得突破。这三项重大举措为辽宁老工业基地的振兴奠定了基础。

辽宁是新中国建设的最大的重工业基地，是中国主要的工业和原材料基地，石化、冶金、电子信息、机械是辽宁的四大支柱产业。辽宁老工业基地是新中国成立后，国家实施工业化发展战略，通过建设一批重点工业项目所形成的。"一五"时期，在国家的大力支持下，辽宁初步形成了以能源、冶金、机械、建材为主的重工业基地。这种重型经济结构对推动辽宁和全国的工业化进程起了积极作用，但随着改革开放的不断深入，尤其是进入20世纪90年代中期后，辽宁在长期计划经济体制下积累的深层次结构性、机制性矛盾日益突出，出现了许多不适应消费需要和市场竞争的矛盾和问题。

党的十六大明确提出："支持东北老工业基地加快调整和改造，支持以资源开发为主的城市发展接续产业。"这同时意味着实施振兴东北老工业基地的发展战略为辽宁经济的发展提供了重大机遇。当前，辽宁位于颇具经济活力的环渤海经济圈和东北亚国际大通道上，可谓具有得天独厚的地域优势。在产业方面，辽宁是中国工业化起步较早的地区之一，产业门类齐全，工业基础比较雄厚，基础设备比较完善，技术装备实力强大，工人素质较高，劳动力成本相对较低，具备吸引大批国外企业将生产和研发基地转移的能力，更具备承接发达国家产业转移的能力。辽宁被誉为共和国的"装备部"，是国家重大装备的科研生产基地，经过50余年的建设与发展，装备制造业已成为辽宁地方经济的主要支柱产业。全行业可生产农业机械、通用机械、重型矿山、机床、电工电气、汽车、食品机械等11个大类、145个小类、6000余种系列产品。主导产品的技术水平和生产规模在中国装备制造业中占有重要的地位：机床、高压输变电成套设备、重型矿山冶金设备、有色金属冶炼设备、大型机电辅机设备、石化工程成套设备、大型高速公路施工设备等方面的生产能力闻名中国；轻型客车、大型客车、车用柴油机产销量始终居中国前列。2004年，装备制造业增势强劲，完成工业增加值581.9亿元，占规模以上工业增加值的25.8%，比2003年增长34.1%，拉动全省工业经济增长8.6个百分点。

辽宁冶金工业具有近百年的发展史，被誉为"共和国钢铁工业的摇篮"。新中国制造的第一辆解放牌汽车、第一台发电机、第一颗人造地球卫星、第一枚运载火箭，都采用了辽宁生产的钢铁。目前，辽宁钢铁工业已形成了包括矿山、烧结、焦化、炼铁、轧钢以及相应的铁合金、耐火材料、炭制品等在内完整的钢铁工业体系。钢、生铁、钢材分别占全国产量的11%左右，鞍钢炼钢能力、全省板材生产能力均超过1000万吨。辽宁的大型钢铁企业主要分布在鞍山、本溪、抚顺、大连、凌源等地。本溪钢铁公司生产的船舶钢获挪威、美国、英国、中国四家船级社认证；鞍山钢铁公司生产的重轨产品先后出口到朝鲜、泰国、伊朗、巴基斯坦、印度等国家；抚顺生产的特钢广泛用于航天、航空、船舶、石油、化工、汽车、机械、轻纺等领域，不但销往中国各地，还远销美国、德国、英国、韩国、东南亚等20多个国家和地区。2004年，冶金工业完成增加值406.1亿元，增长25.2%。

辽宁是中国重要的石油化工基地之一，已形成了石油化工加工系列石化产品、化学矿、化学肥料、有机化工、无机化工、合成材料、橡胶加工、化工机械等门类齐全、配备性较强的综合性石化工业体系。目前，全行业具有较强发展实力和优势，拥有在全国占有举足轻重地位的8大炼油厂、4大化工集团、3大合资企业，其中大连石化突破了千万吨炼油加工能力。2004年，石化工业完成增加值601.9亿元，增长16.3%；全省原油加工量增长14.2%。辽宁是中国重要的建材工业生产和出口基地，有规模以上建材企业1000余家。水泥、玻璃、陶瓷等传统建材行业年产值居中国前10位；塑料型材、铝塑门窗、塑料管等新型建材年产值居中国第5位。2004年，辽宁全省建材工业完成增加值99.5亿元，增长22.2%。大连实德、沈阳金德、沈阳远大、营口东林、辽阳忠旺等是中国知名的建材企业集团。大连实德是目前亚洲最大的化学建材生产基地，沈阳金德为亚洲最大的铝塑管生产企业。坚持走新型工业化道路，符合辽宁目前的发展现状。2003年辽宁人均GDP达到1760美元，第一、第二、第三产业在GDP中的比重为10.3%、48.3%、41.4%，城市化率达到53%，制造业增加值占总商品生产增加值比重达到33%，从总体上看辽宁处于工业化中期阶段，正在向工业化后期阶段迈进。

中国加入世界贸易组织后，不但推动纺织、服装产品、机电产品和部分农产品进一步扩大出口，而且有利于引进外资和先进技术与设备等，促进结构调整和产业升级。近年来，辽宁同周边国家合作的力度加大。日本和韩国的贸易额已占到辽宁进出口总额的50%以上。在全国经济高速发展的带动下，辽宁经济将进入新一轮增长周期的上升阶段，经济全球化、新技术革命、世界产业结构大调整等宽松的外部环境和国家支持老工业基地改造，扶持发展装备制造业等政策为辽宁经济实现跨越式发展提供了有利的外部条件（王蔻华，2006）。

（三）面临的生态环境问题

可持续发展是以人为中心的"自然-经济-社会"大系统的可持续发展，其实质是通过更广泛意义上的新发展方式而实现经济增长方式的转变。当前，中国经济增长的方式再次引起政府的高度重视，高投入、高能耗的增长方式，不但会造成煤电油运输紧张，更会制约未来经济发展的后劲。

近年来，辽宁在生态环境保护方面取得了一些显著成就。颁布了一系列环境保护法规，启动了多项生态建设工程。自然保护区、生态示范区和重要生态功能区等"三区"建设不断扩大。全省共建立 81 个自然保护区，已建成 20 个国家级生态示范区。建立浑河、太子河源头水源涵养和辽西北防风固沙 2 个省级重要生态功能区。辽宁的生物多样性也得到了有效的保护，在保护区内有国家重点保护动物 100 余种，重点保护植物 40 余种。辽宁是世界候鸟迁徙的重要通道，每年有 200 多种候鸟经过，同时也是世界上珍稀植物双蕊兰的唯一的基因保护地。大连市、葫芦岛市被评为国家级园林城市。在城市环境方面，城市环境质量逐步改善，空气质量达到二级标准的城市有 6 个，达到三级标准的城市 7 个。为有效控制城市冬季烟尘污染，辽宁连续 6 年对烟尘开展了大规模的整治，全省建成烟尘控制区 93 个，总面积达 1460.6 公里^2。建成投产、年处理能力 24 万吨的沈阳危险废物安全填埋厂，可以满足东北地区的危险废物无害化处理要求，工艺技术达到国际先进水平。在水环境方面，为解决缺水和水污染问题，辽宁制定了主要水系辽河流域及鸭绿江与大凌河两大河流治理大纲。全省 14 个省辖市中有 11 个市已经或正在建设污水处理厂，有条件的县级市也在积极筹划兴建污水处理厂，"十五"末期全省将形成污水处理能力 590 万吨/日。辽宁也不断加强港口和船舶的污染治理。从 2001 年 7 月起，在中国率先全面禁止销售和使用含磷洗涤用品，每年减少 1500 吨磷入海，城市无磷化率达 94％，辽宁海域含磷浓度由禁磷前的全国第 4 位下降到第 8 位。近岸海域海水水质有所好转，全省近岸海域功能区达标率为 78.5％，比 2000 年上升 1.6 个百分点。主要污染指标无机氮、活性磷酸盐和化学需氧量浓度分别比 2000 年下降 26.8％、10.6％、和 31.9％。在人工造林方面，辽宁大力实施退耕还林还草和天然林保护的一系列措施，"九五"以来，人工造林 1796 万亩，成活率 80％以上；新封山育林 1353 万亩，治理水土流失 1670 万亩。

在看到成绩的同时也必须清醒地认识到，辽宁是重化工业大省，资源消耗和环境污染负荷很大，要实现经济的平稳、健康增长，必须高度重视并切实解决好经济增长方式的转变问题。随着国民经济的快速发展和人口的较快增长，辽宁所面临的生态环境形势依然很严峻，主要存在以下问题。

1. 地区发展不平衡

分析辽宁的地域组成可以看到，它由 14 个不同等级规模的城市组成，各个城市的经济发展水平有较大差距。2002 年，沈阳和大连的 GDP 就占到了全省的

1/2，而且不同城市的产业构成也有较大差异。从自然生态环境条件看，辽宁西部地区是环境比较脆弱的地区，也是经济欠发达地区。近年来，辽宁各地用于环境保护和环保产业发展的资金投入状况在逐年增加。但是，由于受整体经济发展水平的影响，与发达国家和中国一些先进地区相比仍然有很大差距，所占 GDP 的比重还比较低。

2. 渔业资源萎缩，渤海出现赤潮

渔业水域是渔民赖以生存的"土地"。水域污染直接损害渔业资源及其生态环境，破坏渔业生产，危及渔业可持续发展。由于城市生活污水和含有机物的工业废水大量排入大海，海水营养化程度明显加重，导致赤潮发生频率、规模和危害大增。进入 21 世纪以后，渤海环境污染仍未得到有效控制，污染海域面积仍然较大，轻度、中度和严重污染海域的总面积呈上升趋势。根据环保部门公布的数据显示，2004 年严重污染海域面积较 2001 年有所增加，尤其是中度污染海域面积增加，海水中主要污染物无机氮、活性磷酸盐的含量居高不下。

3. 水资源稀缺，水资源不足，时空分布不均匀

辽宁是中国淡水资源严重缺乏的省份之一，制约辽宁经济发展的最主要因素将是水资源的短缺问题。淡水资源污染与否直接关系到人民的身体健康。全省在水资源的有效利用、污染防治和节水等方面，也存在着很多不足。辽宁省淡水资源稀缺，水资源不足。第一，水资源污染比较严重。由于工业废水及百姓日常生活污水的大量排放，全省境内的许多河流已成为一条条排污河。第二，水资源损失浪费现象仍然存在。从农业方面看，传统的农业灌溉方式，造成跑水、漏水严重，加上灌区工程不配套，管理落后，造成灌溉水量利用系数低；从工业方面看，水重复利用率还不高，部分产品单位耗水量较大。第三，水资源受时空分布不均限制。随着经济社会发展对水资源的不断增长需求，一些城市受降雨分布和年际变化不均衡影响，水资源总量过少，水资源供需矛盾突出。

4. 土地沙漠化，耕地沙漠化，草地沙漠化严重

目前，辽宁局部土地沙漠化趋势正在加重，全省 14 个地级市中有 9 个遭受不同程度的沙漠化侵袭。由于近几年严重干旱的影响，辽宁境内许多河流断流，裸露的河床成为辽宁扬沙天气的重要沙源，一些地方过度垦荒也造成局部沙漠土地有所扩大，局部地区的土地沙漠化呈恶化趋势。目前辽宁沙区森林覆盖率为 22.3%，低于全国平均水平，在沙漠化重点地区森林覆盖率只有 18% 多一点。沿辽宁与内蒙古交界地带的一些流动沙丘，每年随季风不断向辽宁腹地移动，给辽宁带来严重威胁。同时，由于植被破坏、超载放牧、不合理开垦以及草原工作

的低投入、轻管理等，辽宁可利用天然草地不同程度地退化。目前草地退化、沙化、盐碱化使平均产草量下降。造成草地退化的原因主要如下：一是长期超载过牧，过度使用；二是气候干旱，使草地逐步沙化；三是人为采樵、滥挖药材、开矿和滥猎，破坏草地植被，致使草地退化（朱晓波，2005）。

在今后一段时间内辽宁仍保持较高的经济增长速度，因此，如果不同时加大环保力度，经济快速增长会加剧环境污染和生态的破坏，而且经济增长也难以持续。

二、辽宁生态足迹测算

（一）计算说明

本书对生态足迹的测算参考了国内外众多学者关于生态足迹的多种核算方法，并结合辽宁的实际情况和数据支持，对某些项目的计算内容进行了改进，计算的数据主要来源为各年《辽宁统计年鉴》。

各类项目的数据计算均为当地居民的实物消费量，土地类型包括化石燃料用地、耕地、牧草地、建筑用地和水域。

根据生态足迹计算的理论与方法，在生态足迹计算中，将消费项目划分为生物资源消费和能源消费两大类。生物资源消费项目主要包括农产品、动物产品和水产。需要说明的是，由于资料的限制，本研究中没有测算林产品的生态足迹，但林产品的单产多受自然因素的影响，随年份的变化较小，对最后的研究结果影响相对较弱，所以本书的研究结果略低于实际值。

农产品：粮食（谷物、豆类、薯类）、蔬菜、油料（花生、油菜籽、芝麻）、糖（甜菜）。其中，谷物主要包括的是稻谷、小麦、玉米；豆类主要指大豆；薯类主要包括马铃薯。

动物产品：肉类（猪肉、牛肉、羊肉、禽肉等）。

水产品：主要包括鱼类。

能源消费项目主要包括煤炭、石油制品、电力等。在计算煤炭、焦炭、原油、燃料油、汽油、柴油等能源消费项目的生态足迹时，将这些能源消费转化为化石燃料用地面积。

在生物资源面积的折算中，采用联合国粮农组织1993年计算的有关生物资源的世界平均产量资料（Wackernagel and Rees，1996）（采用这一公共标准主要是使计算结果可以进行国与国、地区与地区之间的比较），将辽宁1990～2003年的生物资源消费转化为提供这些消费所需要的生物生产面积，从而计算历年生物资源消费的生态足迹。

能源消费部分采用世界上单位化石燃料用地面积的平均发热量为标准（徐中

民等，2002），将能源消费所消耗的热量折算成一定的化石能源土地面积，计算出历年能源消费的生态足迹。

将辽宁历年生物资源消费和能源消费资源计算得到的各种生物生产面积类型进行汇总，乘以相应的均衡因子，最终得到历年的生态足迹消费。由于本书的分析角度重在基于生态足迹的资源效率模型研究，故没有测算生态承载力的数值大小，也没有与生态足迹的占用值进行比较，但从众多的研究成果来看，目前绝大部分经济比较发达的地区，生态环境均处于赤字状态，需要靠外界进口资源或者过度消耗本地的自然资本。

（二）1990～2003 年辽宁生态足迹计算

1. 生物资源账户部分

应用生态足迹理论的生态足迹计算公式，对辽宁进行生态足迹计算，本书测算了 1990～2003 年辽宁的生态足迹情况。生物资源的计算采用联合国粮农组织 1993 年有关生物资源的世界平均产量资料（使计算结果可以比较），将辽宁各年份的消费转化为提供这类消费需要的生物生产面积，具体见表 5-2。

生物资源消费采用的计算方法如下

$$\mathrm{EF}_i = \frac{c_{i(\mathrm{average})}}{P_{i(\mathrm{average})}} \times \mathrm{EQ}_i \tag{5-5}$$

表 5-2　生物资源生态足迹计算的相关参数

类型	全球平均产量/（千克/公顷）	等量化因子	生产面积类型
粮食	2 744	2.8	耕地
蔬菜	18 000	2.8	耕地
油脂类	1 856	2.8	耕地
猪肉	74	0.5	草地
牛羊肉	33	0.5	草地
蛋类	400	0.5	草地
水产品	29	0.2	水域
食糖	490	2.8	耕地
酒	13 720	2.8	耕地

根据所选取的统计资料，利用辽宁 1990～2003 年居民消费生物资源数据，测算这些年生态足迹账户的生物资源部分，并根据辽宁历年的人口数据计算出各年的人均生态足迹占用值，所有数据均来自辽宁相关年份统计年鉴并计算整理。

根据式（5-5）计算出辽宁 1990～2003 年生态足迹账户（生物资源）的生态

足迹，如表 5-3 所示。

表 5-3 辽宁 1990～2003 年生态足迹账户（生物资源） 单位：10⁴ 公顷

年份	粮食	蔬菜	油脂类	猪肉	牛羊肉	蛋类	水产品	食糖	酒	合计	人均
1990	679.1	109.2	33.0	391.0	140.1	46.3	187.5	1.6	308.4	1896.1	0.4840
1991	660.2	110.1	44.9	418.5	159.6	55.7	205.2	1.5	342.9	1998.5	0.5074
1992	548.4	114.0	34.2	408.9	117.8	57.1	191.0	1.5	374.8	1847.5	0.4668
1993	509.7	111.0	36.2	404.3	194.9	55.3	176.1	1.4	380.3	1869.1	0.4693
1994	540.1	108.5	42.9	400.3	159.7	61.8	204.5	1.5	391.2	1910.6	0.4768
1995	539.9	96.3	45.1	430.9	149.7	62.3	246.2	1.7	361.5	1933.7	0.4794
1996	497.8	108.9	42.3	434.4	206.3	54.9	241.6	1.9	372.6	1960.6	0.4833
1997	475.8	106.9	44.3	398.8	251.6	64.1	250.5	2.1	364.9	1959.1	0.4805
1998	463.0	107.2	47.9	433.6	254.8	57.9	263.4	2.5	342.7	1973.0	0.4823
1999	449.8	112.3	50.4	517.5	227.9	62.9	253.3	2.8	328.2	2005.0	0.4886
2000	438.5	109.9	54.4	482.1	275.1	71.8	256.8	3.0	376.1	2067.7	0.5000
2001	439.8	99.6	55.3	476.3	276.7	69.7	260.7	3.2	387.2	2068.5	0.4988
2002	429.0	89.4	60.6	485.3	281.6	73.8	269.7	3.4	396.8	2089.6	0.5029
2003	411.9	81.6	45.3	438.1	474.8	81.4	210.6	3.6	396.3	2143.6	0.5151

2. 能源账户部分

辽宁能源账户部分为以下几种：煤炭、焦炭、原油、燃料油、汽油、柴油、电力。计算足迹时将能源消费转化为化石燃料生产用地面积。数据采用世界上单位化石燃料生产土地面积平均发热量为标准，将当地能源消费所消耗的热量折算成化石燃料土地面积。能源消费计算方法如公式（5-6），结果如表 5-4 所示。

$$\mathrm{EF}_i = \frac{c_i \times \theta_i}{P_i} \times \mathrm{EQ}_i \qquad (5\text{-}6)$$

式中，θ_i 表示第 i 种能源消费品的折算系数。

表 5-4 能源消费生态足迹计算的相关参数

燃料种类	全球平均足迹/（吉焦耳/公顷）	折算系数/（吉焦耳/公顷）	等量化因子	生产面积类型
煤炭	55	20.934	1.1	化石燃料用地
焦炭	55	28.47	1.1	化石燃料用地
原油	93	41.815	1.1	化石燃料用地
燃料油	71	50.2	1.1	化石燃料用地
汽油	93	43.124	1.1	化石燃料用地
柴油	93	42.705	1.1	化石燃料用地
电力	1000	11.8003	2.8	建筑用地

注：电力折算系数为吉焦耳/千瓦时。

如上所述，选取辽宁 1990～2003 年的能源消费数据，测算生态足迹账户的能源部分。根据式（5-4）计算出辽宁生态足迹账户（能源部分）的生态足迹，具体如表 5-5 所示。

表 5-5 辽宁 1990～2003 年生态足迹账户（能源部分） 单位：公顷

年份	煤炭	焦炭	原油	燃料油	汽油	柴油	电力	合计	人均
1990	24 584 471	4 806 875	11 621 782	4 921 580	272 887	409 141	153 161	46 769 897	1.193 9
1991	25 792 363	4 978 264	11 757 299	4 450 265	291 759	464 704	161 603	47 896 257	1.216 1
1992	27 672 655	4 818 263	12 233 585	4 188 943	309 102	496 021	178 487	49 897 054	1.260 7
1993	26 299 384	3 654 979	12 208 361	4 000 728	563 116	704 936	202 606	47 634 110	1.196 0
1994	29 810 016	4 950 364	12 769 716	4 071 503	251 974	707 158	124 217	52 684 948	1.314 8
1995	44 862 734	5 110 877	12 298 178	3 880 566	607 288	715 795	193 629	67 669 069	1.677 5
1996	44 868 763	5 054 336	13 164 594	3 592 878	402 189	709 128	205 950	67 997 838	1.676 1
1997	43 734 685	4 955 830	14 947 181	3 311 800	263 145	550 321	217 475	67 980 435	1.667 4
1998	42 342 992	5 074 834	14 606 411	2 811 320	377 196	729 080	208 342	66 150 176	1.617 2
1999	40 747 696	4 996 941	16 491 427	2 367 849	379 593	716 503	236 080	65 936 089	1.606 9
2000	44 309 365	4 999 901	19 336 978	2 321 262	759 799	990 324	247 383	72 965 013	1.764 4
2001	44 895 056	5 124 600	19 783 441	2 099 915	969 131	1 161 760	254 414	74 288 318	1.791 4
2002	45 486 316	5 960 935	20 727 210	1 905 712	1 202 079	1 383 050	267 515	76 932 817	1.851 4
2003	53 238 135	6 440 028	22 555 150	1 497 473	1 162 651	1 352 187	299 978	86 545 602	2.079 6

由于已经测算出相关年份生态足迹账户的生物资源部分和能源部分，而且在生态足迹账户核算中，生物生产面积主要考虑耕地、草地、水域、建筑用地和化石燃料用地。因为各种土地生产能力大小不同，根据有关资料进行调整后可以进行加总和比较，最终把这些资源消耗转换为生物生产面积，如表 5-6 所示。

表 5-6 辽宁 1990～2003 年人均生态足迹消费 单位：公顷

年份	耕地	草地	水域	建筑用地	化石燃料用地	人均合计
1990	0.288 8	0.147 4	0.047 9	0.003 9	1.190 0	1.678 0
1991	0.294 4	0.160 9	0.052 1	0.004 1	1.212 0	1.723 5
1992	0.271 0	0.147 5	0.048 2	0.004 5	1.256 2	1.727 4
1993	0.260 7	0.164 3	0.044 2	0.005 1	1.190 9	1.665 2
1994	0.270 6	0.155 2	0.051 0	0.003 1	1.311 7	1.791 5
1995	0.258 9	0.159 4	0.061 0	0.004 8	1.672 7	2.156 8
1996	0.252 3	0.171 5	0.059 9	0.005 1	1.671 1	2.159 5
1997	0.243 8	0.175 3	0.061 5	0.005 3	1.662 0	2.147 9
1998	0.235 5	0.182 4	0.064 4	0.005 1	1.612 1	2.099 6
1999	0.229 9	0.197 0	0.061 7	0.005 8	1.601 2	2.095 5
2000	0.237 4	0.200 5	0.062 1	0.006 0	1.758 5	2.264 5
2001	0.237 5	0.198 4	0.062 9	0.006 1	1.785 2	2.290 2
2002	0.235 7	0.202 3	0.064 9	0.006 4	1.845 0	2.354 3
2003	0.225 6	0.238 9	0.050 6	0.007 2	2.072 4	2.594 7

（三）辽宁人均生态足迹动态分析

从年际间生态足迹的纵向比较，可以排除在采用生态足迹分析法计算各区域生态足迹中因选择的某些消费指标的差异而带来的影响，可以相对准确地判断出一个地区的可持续性状况。通过上面的计算，可以得到以下几点结论。

1. 生态足迹总体变化趋势

1990～2003 年，辽宁人均生态足迹逐年上升，从 1.6780 公顷升至 2.5947 公顷，耕地足迹从 0.2888 公顷降至 0.2256 公顷，草地足迹从 0.1474 公顷升至 0.2389 公顷，建筑用地足迹从 0.0039 公顷升至 0.0072 公顷，化石燃料用地足迹从 1.1900 公顷升至 2.0724 公顷。在这一时段内，生态足迹的构成比例发生了变化，如图 5-3～图 5-5 所示。

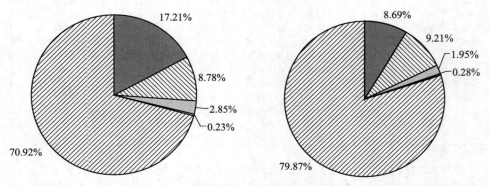

■耕地 ▨草地 ▨水域 □建筑用地 ▨化石燃料用地　　■耕地 ▨草地 ▨水域 □建筑用地 ▨化石燃料用地
图 5-3　1990 年辽宁生态足迹构成比例图　　图 5-4　2003 年辽宁生态足迹构成比例图

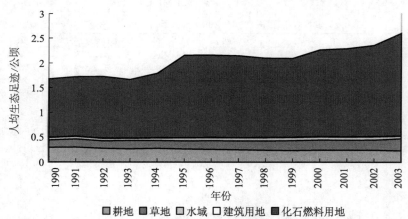

■耕地 ▨草地 ▨水域 □建筑用地 ■化石燃料用地
图 5-5　1990～2003 年辽宁人均生态足迹

从图 5-3 和 5-4 明显地可以看出，耕地比例从 17.21% 下降至 8.69%，化石燃料用地从 70.92% 上升至 79.87%。根据世界野生动物基金会等的计算，中国 1997 年的人均生态足迹为 1.2 公顷（World Wildlife Fund，2002），根据徐中民等的计算，1999 年中国人均生态足迹为 1.326hm²（徐中民等，2002）；根据本书测算，辽宁 1999 年其人均生态足迹为 2.0955 公顷，并在 2003 年达到了 2.5947 公顷。由此明显看出，辽宁作为重工业省，其消耗的自然资本存量远远高于全国平均水平，并且在生态足迹影响因子中，化石燃料能源所占的比例最大，如图 5-3 所示。化石能源消耗的增长，极大地促进了生态足迹需求的增长，研究结果显示，2003 年辽宁化石燃料消耗对生态足迹构成比例的影响接近 80％。

2. 辽宁生态足迹与其他地区的比较

首先将本书计算的结果——辽宁人均生态足迹（2001 年数据）与世界野生动物基金会（World Wildlife Fund，2002）计算的中国人均生态足迹进行比较。辽宁 2001 年人均生态足迹达到 2.3 公顷，而同一年在世界野生动物基金会的计算结果中，中国的人均生态足迹是 1.5 公顷，世界平均水平为 2.2 公顷，世界平均化石燃料消耗占总生态足迹的 54.5％。与全国平均水平和世界平均水平相比，辽宁人均生态足迹较高，化石燃料消耗所占比重较大。刘金花对山东 1990～2002 年的人均生态足迹进行了测算（刘金花，2005），唐焰对湖南 1996～2002 年人均生态足迹进行了测算（唐焰，2005）。将本书辽宁的人均生态足迹测算结果与之分别比较，如图 5-6 和图 5-7 所示。

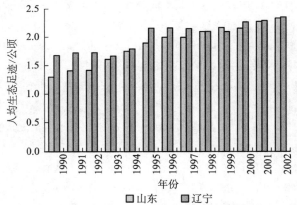

图 5-6 1990～2002 年山东与辽宁人均生态足迹比较

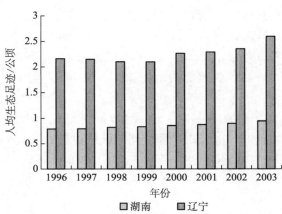

图 5-7 1996～2003 年湖南与辽宁人均生态足迹比较

　　参考部分研究成果，经过比较后发现，辽宁人均生态足迹高于全国平均水平，略高于世界的平均水平；在全国范围内而言，辽宁的人均生态足迹也处于前列，图 5-6 和图 5-7 显示了辽宁近年来的人均生态足迹略高于山东省，远远高于湖南。这也与辽宁是一个工业大省，化石燃料用地面积的占用比较大有关。

　　3. 本书计算结果与其他研究成果的比较

　　毕哲浩特等对中国各省（直辖市、自治区）2001 年的生态足迹及生态承载能力进行了测算，测算结果中辽宁的生态足迹占用值为 2.01 公顷（毕哲浩特和彭希哲，2005）。张令等计算和分析了辽宁 2002 年生态足迹和生态承载力，据其计算，2002 年辽宁人均生态足迹 2.4 公顷（张令等，2004）。董泽琴等计算了辽宁 1999～2001 年三年的生态足迹，计算结果分别是 2.8 公顷、2.9 公顷、3.0 公顷（董泽琴和孙铁珩，2004）。由于不同研究者选取的均衡因子、统计项目等存在差异，因此结果在数值上往往存在一定的差异。

　　就 2008 年的生态足迹测算而言，张可云、博帅雄、张文彬指出，发达地区通过向欠发达地区转移污染型行业，导致污染由发达地区向欠发达地区转移（张可云等，2011）。同样，在资源的开发利用过程中，生态破坏在区域之间也存在着明显的间接转移。一个地区使用了大量的生态资源，但其绝大部分资源都可能是靠输入的，在这种情况下，输入资源地区的生态系统受到了很好的保护，而输出资源地区的生态系统却承受了巨大的生态压力。他们通过实证研究，应用改进的生态足迹模型分析比较了 2008 年中国 31 个省（直辖市、自治区）的生态承载力，并讨论了区域间生态破坏转移问题，为实现以生态文明为核心价值取向的区域协调发展战略目标提供了决策参考。他们的研究发现，全国各省市区的建设用地都未出现赤字，盈余较多的地区主要集中在西部和东北，包括内蒙古、新疆、青海、黑龙江、吉林。这些省（自治区）幅员辽阔，绝大多数地区的城市化水平不高，所以城市建设用地所占比率相对较低。但发达地区的建设用地紧张，例如上海、北京、广东、浙江等的生态盈余相对较低，如果以后在建设用地的审批和使用上不加以控制，则很快会出现生态赤字。近几年来，东部地区在实施产业结构升级战略时，逐渐淘汰了一些技术落后、高污染、高耗能、低附加值的行业，大力发展高端装备制造、电子信息、生物医药以及现代服务业等一系列新兴产业。这些行业都具有高集聚、规模化、集约化的空间布局特点，东部地区通过结构升级、产业转移为新兴产业让路，在一定程度上缓解了地区建设用地生态承载压力，如表 5-7 所示。

表 5-7 2008 年中国各省（直辖市、自治区）人均生态盈余（赤字）

单位：全球标准公顷

地区	化学燃料地	建筑用地	总的生态足迹	扣除保护面积的实际生态承载量	总的生态盈余/赤字
北京	−0.073 08	0.079 12	0.830 55	0.191 54	−0.639 01
天津	−1.837 37	0.130 98	3.173 62	0.307 34	−2.866 28
河北	−0.362 18	0.109 39	2.929 92	0.571 18	−2.358 74
山西	−4.901 06	0.105 71	5.956 73	0.796 54	−5.160 19
内蒙古	−4.422 83	0.270 63	7.986 28	3.382	−4.604 28
辽宁	−0.620 27	0.139 84	3.672 08	0.665 22	−3.006 86
吉林	−0.532 18	0.175 09	3.732 39	1.304 39	−2.428 00
黑龙江	−1.677 33	0.175 53	4.522 6	1.941 72	−2.580 88
上海	−0.034 34	0.042 42	0.564 91	0.110 13	−0.454 78

资料来源：张可云等，2011。

本书运用国家生态足迹账户计算方法，计算和分析 2008 年辽宁生态足迹和生态承载力，对辽宁生态环境承载力进行评价。结果显示：2008 年辽宁人均生态足迹为 5.307 公顷，高于人均生态承载力 0.636 公顷，出现人均生态赤字 4.671 公顷，与 2007 年人均生态赤字 4.088 公顷相比略有增加，如表 5-8 所示（梁洪志，2011）。

表 5-8 辽宁人均生态足迹和人均生态承载力

土地类型	人均生态足迹（均衡面积，公顷/人）	土地类型	人均生态承载力（均衡面积，公顷/人）
耕地	0.566 487 6	耕地	0.447 165
草地	1.185 151 4	草地	0.000 781
林地	0.032 665 6	林地	0.134 35
建筑用地	0.032 272 8	建筑用地	0.136 671
水域	0.803 820 8	水域	0.003 462
化石能源用地	2.686 872 1	二氧化碳吸收地	0
		人均生态承载力	0.722 43
		12%的生物多样性保护面积	0.086 69
人均生态足迹	5.307 27	可利用的人均生态承载力	0.635 74

资料来源：梁洪志，2011。

三、生态效率实证模型与四倍数革命

（一）万元 GDP 的生态足迹计算

将总（人均）生态足迹除以其总（人均）地区 GDP，所得结果即为万元 GDP 的生态足迹占用值。万元 GDP 的生态足迹占用值越小，表明其资源的生产效率越高。计算结果见图 5-8。1990～1994 年，万元 GDP 生态足迹占用值便开始以较大的速率下降，1995 年小有涨幅后就一直保持平稳的下降。这说明辽宁土地的生产效率不断提高，但提高幅度有所减弱。

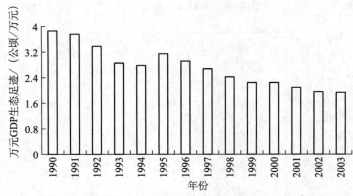

图 5-8　辽宁万元 GDP 的生态足迹（1990～2003 年）

1990～2008 年，辽宁的人均生态足迹、人均 GDP 均在不断增加，万元 GDP 足迹在不断降低，可以看出，辽宁的经济在快速发展，资源利用的经济产出率也在不断增加，由于经济增长方式的转变和各行业生态效率、各工艺技术的改进，经济增长方式正在向非资源消耗型转变，或者说是经济发展对资源的依赖性有所减弱。

通过以上一些已有的研究成果可以发现，北京、上海等地尽管人均生态足迹占用值较高，但其 GDP 远远高于其他地区，因而其万元 GDP 生态足迹是国内的最低水平；西藏、青海、内蒙古等地万元 GDP 生态足迹是国内的最高水平，辽宁基本处于中上游水平。通过比较，可以基本判定在现阶段中国各区域的发展过程中，区域的万元 GDP 生态足迹基本与区域总体经济发展水平相似，经济越发达的地区，人均生态足迹越高，相应的万元 GDP 生态足迹越低，即资源的利用效率越高。

（二）建立生态效率模型

自生态足迹理论引入国内以来，多被应用于测算全国或地区的生态足迹消费和生态承载力情况，进而衡量某个地区的生态环境是否处于可持续的发展状态。而作为一种侧重于生态的可持续评价手段，生态足迹分析往往难以全面反映区域的可持续发展能力，很多学者主张将生态足迹指标与其他社会经济指标相结合，以创建复合指标的方法来评估区域生态与经济的协调发展。而与社会经济指标相结合，大部分研究成果只是测算某个地区的万元 GDP 生态足迹占用值，从而考察生态效率的发展态势，或对不同区域进行横向比较，分析不同区域间生态效率的高低情况，这部分研究结论大多作为测算区域生态足迹消费情况、与生态承载力比较后是否赤字或盈余后的附属部分，对不同区域的生态效率高低进行初步判断；或对某个地区进行时间序列的动态分析，考察一个时间段内该地区生态效率的动态变化情况，这部分研究成果也多基于对某地区生态足迹消费情况和生态承载力情况测算后的一个附属结论。

在生态足迹理论与社会、经济指标相结合，分析社会经济等因素对生态足迹所产生的影响方面，赖力等的研究取得了突破性的进展。他们以江苏为例，建立了区域人均生态足迹的社会经济驱动模型，分析了部分社会经济发展指标对人均生态足迹的强烈驱动作用。他们把江苏的社会经济快速发展全方位变革划分成五个方面：① 经济发展迅速，城市化水平显著提高；②产业结构演变升级迈入工业化后期阶段；③资源、能源消费剧增；④土地利用变化强度高，人均耕地资源下降；⑤居民生活消费水平与结构变化。在这些社会经济驱动因素的共同作用下，导致江苏人均生态产品需求压力加大，生态承载力难以持续支持社会经济发展需要。因而必须运用政策手段来调整社会经济发展模式，减少人均生态压力，以实现生态节约型社会的发展目标。其作用机理具体如图 5-9 所示（赖力等，2006）。

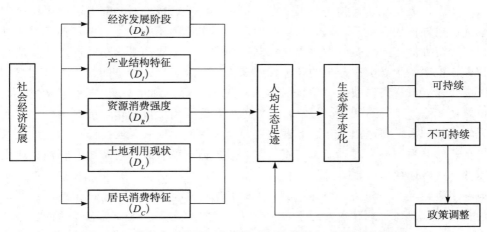

图 5-9　区域社会经济发展与生态占用变化的相互作用机理示意

根据区域社会经济发展与生态足迹变化的作用机理，构建了人均消费足迹的驱动函数：$EFC = f(D_E, D_I, D_R, D_L, D_C)$。根据这些社会经济驱动力，选择了八个指标参入模型，如表 5-9 所示。

表 5-9　模型指标

指标	说明
人均 GDP	区域经济发展水平与阶段，在技术水平和产业结构一定的情况下，其可大致表明居民生产生活的资源消耗水平
城市化率	考察城市化水平阶段与人均生态足迹的关系，也暗示着城乡居民人均足迹的差距
重工业化率	重工业具有资源、能源消耗量大的特征，区域资源环境压力同区域重工业化进程有较高的相关性。这里以重工业增加值占全部工业增加值的比例，来考察区域产业结构特征所驱动的对能源或物质的依赖关系

指标	说明
万元 GDP 能源消费量	近年来江苏综合能源消费总量增长迅猛,已经成为人均足迹中贡献最大的因子。这里以每万元增加值能源消费量(按标准煤)来考察能源利用集约度对人均足迹的影响
耕地占用强度	以每年建设占用耕地面积占年末实际耕地面积的比例为准,来考察土地利用方式的改变对人均足迹的影响
土地利用集约度	这里采取单位国土面积的固定资产投资为衡量指标,来考察土地利用集约度对人均足迹的影响
城镇居民基尼系数	以历年统计年鉴公布的城镇居民可支配收入的调查数据为准
恩格尔系数	考察居民消费结构对生态足迹的影响。一般城市居民的生态足迹占全民生态占用的比重更大,这里取城镇居民恩格尔系数进行考察

在他们选取变量指标(社会经济指标)与因变量(人均生态足迹)的相关系数分析中,人均生态足迹与人均 GDP、城市化率、重工业化率、城镇居民基尼系数、耕地占用强度、土地利用集约度等六项指标都正相关,说明江苏人口、社会、经济发展与人均生态占用强度在同步加大。城镇居民基尼系数同人均足迹正相关,说明了生态资源分配的公平性欠缺会导致生态足迹消费的加大,这也暗示了高收入人群生态消费的高偏好。而人均生态足迹与万元 GDP 能源消费量、城镇恩格尔系数则为负相关。近年来,江苏人均能源消费量剧增,能源消费已成为人均足迹的最大贡献因子,因此通过能源利用集约程度来说明能源使用强度同人均足迹的联系很有必要。而城镇恩格尔系数越低,说明居民消费中食物消费比重越低,消费层次以及占用总量也相应提高。仅从分析的结果来看,生态足迹与土地利用集约度为正相关,但并不表明土地利用集约度的提高驱动了生态足迹的增加。相反,提高土地利用集约度作为应对土地资源瓶颈、减少生态足迹的反馈措施,往往无法遏制这种生态占用增加的势头。以江苏人均生态足迹为因变量,建立其与所选取八个变量之间的多元线性回归模型,以此来表示诸多社会经济因素共同作用下驱动人均生态足迹的机理,模型结果令人满意,证明江苏社会经济发展对人均消费足迹水平具有强烈驱动。

叶依广等分析了中国土地、水、矿产等资源压力情况和 GDP 的增长与能源消耗情况,发现中国资源现状形势严峻。就土地资源来看,中国土地资源居世界第三位,但人均耕地仅相当于世界人均耕地的 43%,全国有 666 个县突破了联合国粮农组织确定的人均耕地警戒线;能源方面,中国既是能源生产大国,也是能源消费大国,中国的实际 GDP(以 1978 年为不变价)在 1949~1953 年,总共增长了 30.8 倍,能源消费同时增长了 46.1 倍,是实际 GDP 增长的 1.5 倍,这说明中国在工业化初期,主要是以大量能源投入为代价换取社会财富的,生态效率很低,自 1985 年以后能源消耗不断降低,实际 GDP 增长了 10.25 倍,而能源消耗仅增加了 1.59 倍,说明中国经济发展已经迈入健康的轨道,但同时也应看到资源效率仍然很低，与发达国家相比仍然有很大差距。具体如表 5-10 所示（叶依广和孙林，2002）。

表 5-10 能源消耗与 GDP 增长

年份	名义 GDP/亿元	实际 GDP/亿元	能源消费/万吨标准煤
1985	8 964	8 238.97	76 682
1990	18 548	18 166.5	98 703
1995	58 478	50 946.86	131 176
1996	78 345	80 436.34	132 214
1997	81 911	84 444.33	122 000
1998	132 214	135 743.33	1 783.45
1999	122 000	125 773.196	819.11

基于这些分析，他们提出虽然提高生态效率的途径很多，但科技创新才是最根本的途径。随着科技创新商业化，必然对产品和生产方式带来变革，从而产生巨大的经济效益。科学技术作为一种潜在的生产力，一旦应用到生产实践中，就会变成强大的社会力量，成为发展生产和实现可持续发展的力量。科技创新对生态效率的作用表现如图 5-10 所示。

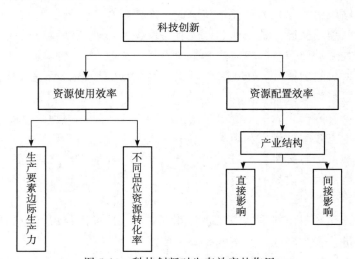

图 5-10 科技创新对生态效率的作用

在一定技术水平条件下，随着资本、劳动力等生产要素投入的增加，会造成收益的递减或生产要素的边际效率递减，而技术进步可以抵消资本积累造成的收益递减，使资源能够在生产中得到更加有效的利用，能在资源投入不变甚至减少的情况下，使经济得到更快的增长，能够提高单位资源存量的效能，即提高了资本、劳动力等生产要素的边际生产率。随着对高品位资源的不断开采和利用，其数量将越来越少，生产就会转向低品位资源的开发，其开发成本会很高。科技创新通过采用先进的技术设备和生产方法，可以提高低品位资源向高品位资源的转化率，并且使所耗的能源降低，减少污染，降低生产和转化成本。在以往经济学的理论中，无论是把技术看成经济增长的外生变量或内生变量，都充分肯定了技术进步对经济增长的决定作用，特别是罗默新增长理论关于知识、技术是现代经济增长的决定因素的论证。但是，以往的分析都只注重利用科学技术提高资源的利用效率，只注重利用科技进步提高单位资源的效能，即注重提高单位资源能够生产的产值，而忽视了科技创新通过影响和促进产业结构的优化、转换和升级而提高资源配置效率的分析。科技创新对产业结构的优化、升级起到主导和决定性的作用。产业结构优化实际上就是资源在产业间的优化配置，所以产业结构的转换必定伴随着资源在不同产业、部门间的再分配。技术进步能够决定产业间生产要素流动的方向、流量和流动格局，产业结构作为"资源的转换器"，合乎客观规律和实际情况的产业结构的高级化，必然会带来资源进一步的优化配置，从而提高资源的配置效率。产业结构优化升级对资源效率的提高有明显的作用，技术创新影响产业结构的高级化，其直接影响表现为采用新生产技术或设备，或运用新的管理方法，则生产成本会因科技创新而降低；同时新产品的改善科技创新又会引起需求结构的变化，即科技创新引起生产要素在部门间的转移，引起不同部门的扩张和收缩，从而促进产业结构的有序调整。另外，创新通过改变各种生产要素，尤其是劳动和资本的相对边际生产率，改变收益率之间的平衡，从而影响不同生产要素之间的替代，还可以促进生产高质的产品，提高人民的生活水平等，这些可以视为间接影响。

以上两个研究成果，一个探讨了区域人均生态足迹的驱动因素，一个探讨了科技创新对生态效率的作用和影响。本书深入分析了这两篇研究成果，参照了赖力等社会经济指标与区域生态足迹相结合的思路和叶依广等所提出的科技创新是提高生态效率的根本途径的观点，在此基础上，又提出了政府的政策因素对生态效率的影响，测算了辽宁1990～2003年人均生态足迹及万元GDP生态足迹的占用值，尝试建立基于生态足迹的辽宁资源效率模型，进而探讨资源效率的影响因素，为今后进一步提高辽宁生态效率提供依据。

辽宁是中国重要的工业基地，改革开放以来，经济和社会发展较快，社会、经济、资源等方面发生了巨大的变化，地区生产总值连年保持快速增长，人民的生活水平也日益提高，产业结构不断优化。根据本书的计算结果，辽宁1990～2003年人均生态足迹的占用逐年增加，构成比例中化石能源的比重日益增大，同时生态效率不断提高，这其中有多种因素相互交织、共同作用。作用机理如图5-11所示。

（1）技术进步。在经济学理论中，无论是把技术看成经济增长的外生变量还是内生变量，都充分肯定了技术进步对经济增长的决定作用。技术进步可以抵消

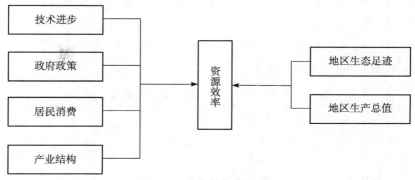

图 5-11 生态效率作用机理

资本积累造成的收益递减，使资源能够在生产中得到更加有效的利用，而通过采用新的技术或设备更是可以达到降低生产成本、提高生态效率的目的。

（2）政府政策。合理、高效地利用有限的资源是摆在政府面前的一项重要任务，要提高一个区域的生态效率，通常需要政府的政策辅助。

（3）居民消费。居民的生活消费水平和消费结构直接影响着对资源的利用水平。

（4）产业结构。产业结构的变化对资源利用效率影响很大，过去辽宁产业结构单一，造成了一些地区资源的过度开采而面临枯竭，近年来已经有了较大的改善。2003 年，辽宁人均 GDP 达到 1760 美元，第一、第二、第三产业在 GDP 中的比重为 10.3％、48.3％、41.4％，城市化率达到 53％，制造业增加值占总商品生产增加值比重达到 33％，从总体上看辽宁处于工业化中期阶段，正在向工业化后期阶段迈进。

根据图 5-11，构建生态效率函数：$Y_R = f\ (D_T, D_G, D_C, D_I)$。相应地，可以根据这几方面，选取以下指标参入模型，如表 5-11 所示。

表 5-11 模型指标

指标	说明
企业科技经费支出占地区生产总值的比重	企业科技经费支出的高低直接决定着资源利用效率的高低，而考察其在地区 GDP 中所占的比重，可以反映出一个地区的技术进步水平
国有投资占总固定资产投资的比重	考察政府的政策因素对区域资源效率的影响
恩格尔系数	考察居民消费结构对生态效率的影响
第三产业所占比重	第三产业具有资源、能源消耗量小的特点，对区域资源环境压力相对较小，这里以第三产业比重来考察区域产业结构对生态效率的影响

把企业科技经费支出占地区生产总值的比例、恩格尔系数、国有投资占总固定资产投资的比重、第三产业所占比重等作为"自变量"，把万元 GDP 的生态足迹作为"因变量"，利用辽宁 1990～2003 年的数据（表 5-12）来建立多元线性回

归模型，模型拟和效果良好，通过了检验，回归分析得到的方程为

$$Y = 1/(0.568 + 41.074 \times X_1 \times X_4/X_3 - 0.173 \times X_2 - 41.717 \times X_1) \quad (5\text{-}7)$$

式中，X_1 为企业科技经费支出占地区 GDP 的比重；X_2 为国有投资占总固定资产投资的比重；X_3 为恩格尔系数；X_4 为第三产业所占比重。

表 5-12　辽宁省万元 GDP 的生态足迹测算数据

年份	万元产出的生态足迹/公顷	企业科技经费支出占地区GDP 的比重/%	国有投资占总的固定资产投资的比重/%	恩格尔系数	第三产业所占比重/%
1990	3.8637	0.0088	0.8290	0.5527	0.3325
1991	3.7605	0.0102	0.8210	0.5585	0.3576
1992	3.3788	0.0097	0.8310	0.5435	0.3642
1993	2.8527	0.0090	0.6630	0.5046	0.3535
1994	2.7767	0.0085	0.6700	0.5150	0.3590
1995	3.1422	0.0096	0.6600	0.5188	0.3620
1996	2.9133	0.0094	0.6260	0.5009	0.3629
1997	2.6742	0.0088	0.6330	0.4806	0.3808
1998	2.4214	0.0068	0.6190	0.4460	0.3852
1999	2.2406	0.0069	0.6010	0.4338	0.3954
2000	2.2408	0.0092	0.5120	0.4068	0.3901
2001	2.0850	0.0103	0.5000	0.3958	0.4069
2002	1.9489	0.0137	0.4800	0.3883	0.4137
2003	1.9296	0.0153	0.4500	0.3940	0.4145

通过所建立的资源效率模型方程，可以从以下几个方面来分析辽宁生态效率发展状况。

（1）企业科技经费的支出情况。这些年来，辽宁的企业科技经费支出占地区生产总值的比例总体上呈上升的趋势，这表明企业依靠科技进步求生存发展的意识在不断地增强。特别对一些耗能较高的产业而言，依靠科技进步更是可以提高资源的利用率。

（2）第三产业的发展。第三产业耗能低，对环境污染少，从模型也可以看出第三产业比重增大，万元 GDP 的生态足迹也相应地降低，这也说明积极发展第三产业、保持合理的产业结构也是提高生态效率的一个有效途径。

（3）恩格尔系数。恩格尔系数考察的是一个地区居民食品消费占总消费的比重。它反映出人们的生活质量状况和经济发展水平。经济发展较好、生活质量高的地区，居民的食品消费所占比重也比较低。因此，恩格尔系数越小说明地区的经济发展较好，人们生活质量越高。通过模型可以得出辽宁的恩格尔系数与万元 GDP 的生态足迹同方向变动，即经济发展良好，人们生活质量较高，相应地，生态效率也较高。

（4）国有投资占总固定资产投资的比重。从辽宁这些年国有投资占总的固定资产投资的比重变动可以看出，国有投资所占比重在逐年降低，说明国有投资不再是单一的投资来源，并且通过分析后得出，多元化的投资来源有助于资源效率的提高。

（三）生态效率预测

通过上面的分析，根据现有数据对辽宁未来万元 GDP 的生态足迹进行推算，因此需要作一些假设。

（1）辽宁企业科技经费支出占地区 GDP 的比重平均每年增加 0.0008，地区 GDP 以每年 9% 的速率增长。

（2）国有投资占总的固定资产投资的比重平均每年减少 0.001。

（3）恩格尔系数平均每年减少 0.0025。

（4）第三产业所占比重每年增加 0.007。

由此，根据式（5-7），以 2003 年为基年，对辽宁 2011～2020 年万元 GDP 的生态足迹进行推算，结果如表 5-13 所示。

表 5-13　辽宁万元 GDP 生态足迹预测

年份	万元产出生态足迹/公顷	地区 GDP/亿元	企业科研经费占地区 GDP 比重/%	恩格尔系数	第三产业所占比重/%	国有投资占总固定资产投资的比重/%
2011	1.413 7	11 150.4	0.021 7	0.374 0	0.470 5	0.442 0
2012	1.350 0	12 153.9	0.022 5	0.371 5	0.477 5	0.441 0
2013	1.288 2	13 247.8	0.023 3	0.369 0	0.484 5	0.440 0
2014	1.228 6	14 440.1	0.024 1	0.366 5	0.491 5	0.439 0
2015	1.171 1	15 739.7	0.024 9	0.364 0	0.498 5	0.438 0
2016	1.115 9	17 156.2	0.025 7	0.361 5	0.505 5	0.437 0
2017	1.063 0	18 700.2	0.026 5	0.359 0	0.512 5	0.436 0
2018	1.012 5	20 383.3	0.027 3	0.356 5	0.519 5	0.435 0
2019	0.964 3	22 217.8	0.028 1	0.354 0	0.526 5	0.434 0
2020	0.918 4	24 217.4	0.028 9	0.351 5	0.533 5	0.433 0

1990～2020 年，辽宁的地区 GDP 将增长 13.4 倍，生态足迹增长 3.18 倍。这样，地区 GDP 的增长倍数是生态足迹增长倍数的 4.21 倍，实现了 4 倍数革命。

第四节　加快创新和提高生态效率的对策

环境问题的不断恶化，既与现阶段所处的工业化、城镇化、市场化和国际化迅速发展的特定历史阶段密切相关，同时还与资源管理中存在的一些问题有关。

从宏观层面来看，首先，中国自然资源税没有起到有效的调节作用。其次，资源性产品价格长期偏低，价格形成机制不完善。中国资源性产品价格形成机制不完善，体现了市场供求的能力较弱，不能杜绝对资源的无偿或廉价使用。"十二五"时期（2011～2020 年），要实现党的十六届五中全会确定的"生态效率显著提高，单位 GDP 能源消耗显著降低，生态环境恶化趋势基本遏制，耕地减少过多状况得到有效控制"的发展目标，就必须通过多种途径，提高资源的利用效率。本书通过对辽宁 1990～2003 年的生态足迹研究和万元 GDP 的生态足迹测算分析，得出了今后要在较低的能耗下保持经济增长，提高资源使用效率还需要在多方面作出相应调整的结论。

一、充分发挥老工业基地的创新资源和人才优势

2006 年，胡锦涛总书记在全国科学技术大会上发出号召："坚持走中国特色自主创新道路，为建设创新型国家而努力奋斗。"要全面建设小康社会，提高经济效益和质量，改善生态环境，提高生态效率，促进人与自然的和谐发展，必须依靠科技的充分发展和广泛应用。当代世界许多国家探索实现工业化、现代化发展道路的实践经验也充分说明了这一点。辽宁在科学技术方面有着一定的优势，拥有全国乃至世界一流的科研院所和庞大的科研队伍（从事科研活动人员 16 万人，其中科学家和工程师 11.7 万人），也拥有全国乃至世界先进的高新科技成果，自新中国成立以来，辽宁就创造出第一台工业机器人、第一架喷气式飞机、第一艘万吨巨轮等数十个新中国"第一"。"九五"以来，辽宁共取得国际领先或先进水平的科技成果 3300 余项，获得国家奖励成果 111 项。在这些重大科技成果中，中科院沈阳自动化研究所 6000 米无缆自治水下机器人的研制成功使中国机器人的总体技术水平跻身于世界先进行列，成为世界上拥有该项技术的少数国家之一；东软集团自主开发的全身 CT 扫描机使中国成为世界上第四个能生产 CT 的国家；沈阳农业大学开发的超级粳稻平均亩产达到 830.7 公斤，使中国在水稻超高产育种领域处于世界领先地位；大连造船新厂生产的 30 万吨油轮填补了国内大吨位油轮设计、制造的空白；沈阳 606 所研制成功的"昆仑"号航空发动机，使中国成为第五个独立研制涡轮喷气式发动机的国家。有着这样的客观基础和优越条件，就要求辽宁更应充分利用各种资源，否则就有愧于辽宁的光荣历史，更有愧于时代。加快建立和完善科技创新体系，以企业为主体、市场为导向，产学研相结合；建设科学研究与高等教育有机结合的知识创新体系，统筹协调和高效利用科研机构、高等院校以及社会公益研究机构等科技资源，集中力量形成若干优势科学领域、科研基地和人才队伍。

从目前的情况来看，尽管企业对科技创新越发重视，并不断增加在科技经费

上的投入，企业整体上的生产技术和工艺流程的技术水平也有所提高，一批高科技企业迅速成长。但在能源消耗较大的产业和项目上，科技进步的作用还有待提高。从宏观上来看，资源使用效率仍然偏低。当今世界发达国家的科技研发投入一般都占其 GDP 的 2％以上，有的高达 3％。而中国的这一比例目前只有 1.5％～1.7％，辽宁也不足 1.8％，因而许多重要产业的核心技术只能靠从国外引进，以致目前中国的对外技术依存度高达 50％，设备投资的 60％以上依靠进口，科技进步贡献率还不到 40％。因此，今后可以向能耗较大的产业和项目给予科技经费投入上的倾斜，调整财政支出结构，制定鼓励企业自主创新的优惠政策，从多方面筹集资金，加大科技研发投入，在提高产出的同时，尽可能地减少对生态资源的过度消耗。

二、拓宽创新和投资渠道

目前，辽宁国有投资占总固定资产投资的比重已经从 1990 年的 82％下降到了 2003 年的 45％，经分析，国有投资比重降低、吸引各种外资和民间资本进入有利于提高资源的使用效率。当然并不是说国有投资比重越低、外资和民间资本越多就越好，而是就目前辽宁的现状而言，国有投资的比重还远高于其合理的区间，因此，今后将会有更多领域面向外资和民间资本开放，国有投资所占的比重还会进一步降低，而政府在这一过程中既要保护好投资人的合法权益，同时又要加以引导和监督，引导资金进入那些商业利益还没有高到能立即吸引到大量投资的效率创新，克服包括变革成本与克服惰性成本在内的巨额交易成本的阻碍，保持对资源的使用效率持续提高。

三、不断优化产业结构，推动高新技术产业的发展

辽宁作为老工业基地，曾经受"产业结构一头沉"现象的困扰，产业结构调整缓慢，高新技术产业比重低。辽宁第二产业特别是工业所占比重较大，尤其是对环境污染严重的企业仍然占有很大比重。而具有广阔市场前景和增长潜力的高新技术产业总值规模小，比重低，缺乏对经济增长的整体带动作用。例如，2000年辽宁高新技术产业产值为 1000 亿元，而同期广东为 2700 亿元，江苏为 1775亿元（王亚平和王亚军，2002）。高新技术产业规模小，导致辽宁老工业基地增长缺乏后劲，难以充分发挥对传统产业的改造、提升作用；同时，限制或影响到环保节能技术在企业中的应用和推广。企业生产过程中技术水平低、工艺落后，必然造成污染物质的大量排放。因为经济活动中的"三废"排放主要来源于各种工艺流程和设备的运行过程。工艺技术水平的高低、设备的先进程度直接决定了

"三废"产生量的大小。此外，从工业设备技术水平看，占有较高比例的小型设备超期限使用、过时使用，更会造成污染环境的危害。近些年来，辽宁积极发展第三产业，使第三产业成为全省经济建设中的一股新生力量，2003年辽宁第三产业所占比例已经到达41％，与1990年相比提高了8个百分点。正是由于对环境污染小，能源消耗低，同时还可以解决一些就业问题这几大优点，辽宁第三产业的发展将发挥出更加重要的作用；同时，辽宁的高新技术产业也取得了较大的进展，辽宁全省7个高新区2004年高新技术产品产值实现623.1亿元，增长58.2％。辽宁注重培育高新技术的产业链，促进产业集群的形成，使产业结构不断深化，已形成以电子信息、先进制造、新材料、生物工程与制药四大领域为重点的高新技术研究与产业化发展格局。目前，辽宁高新技术企业达到1500余家，其中销售收入超亿元的有170家，超10亿元的有28家，涌现出东软集团、沈阳都市通网络股份公司、大连海辉科技股份有限公司、鞍山聚龙自动化设备有限公司、丹东金丸有限公司、朝阳电源有限公司等一批高科技骨干企业。数控机床系列产品、数字化医疗设备等高科技产品的市场占有率在业界名列前茅。机器人制造、流程工业自动化、基因重组多肽药物、纳米材料制备与处理等技术在中国处于领先地位。辽宁现有沈阳、大连、鞍山三个国家级和锦州、营口、辽阳三个省级高新技术产业开发区，已开发土地面积80平方公里，进区企业8000余家。高新区设施齐备、服务优质、政策优惠、环境优美，拥有创业中心、海外学子创业园、软件园等多种孵化器。几年来，全省7个高新区发展迅速，技工贸总收入年均增长速度达到了50％。今后，应继续加强高新技术产业的发展，充分发挥产业园区的优势，向自主创新的内涵式转变，培育具有自主知识产权的企业。

四、加强对节能减排和生态环境保护的投入

政府应完善环保法规，规范生态建设中各个环节的行为。一方面要规范政府的环保管制行为，另一方面要限制破坏环境的行为。在环保的资金方面，政府应统一安排环保资金，把环境保护列入财政预算的支出范畴，并充分发挥市场的资源配置作用，建立多元化的环保投融资方式，通过对污染者收费的原则，使企业承担包括环境污染风险在内的投资经营风险，并付出相应的代价和成本。由于环境保护是一种提供集体利益的公共物品和劳务，它往往被集体加以消费，属于社会公益事业，需要政府投入大量的资金，由于辽宁财力有限，就更需要有效的渠道筹集，为经营发展营造良好的自然生态环境。保护生态环境，坚持可持续发展的目标不能通过单一的手段来实现，它需要多种政策相配合，形成一个完整的政策系统，目前辽宁的环保政策比较零散，缺乏相互间的支撑与协调，因此，建立相互配合的系列环保政策是最终实现经济可持续发展的基础条件。根据国际经

验，当治理环境污染的投资占国内生产总值的比例达到 $1\%\sim1.5\%$ 时，可以控制环境污染恶化的趋势；当该比例达到 $2\%\sim3\%$ 时，环境质量可有所改善（世界银行，1997）。可见，为了控制环境污染和生态破坏，改善环境质量，就必须有充足的资金投入。因此，在相关预算科目中稳定提高政府财政对环境保护的支出，支出内容主要包括行政管理、环境监理、环境监测、环境规划、环境信息、环境宣传和环境科学研究等。对于森林资源不足、河流污染、矿区塌陷等亟待解决的生态和环境问题，必须由政府直接投入资金。对于采用新技术、新设备减少环境污染的企业，可以给予一定比例的专项补助或低息贷款，这些措施也会对激励企业起到一定的效果。

五、加快农业创新和土地生产力的提高

土地是人类生存和发展的基础，为人类提供物质基础等基本的生活资料。尽管辽宁土地资源丰富，但随着人口的增多，生态环境的恶化和有限的土地资源要求我们必须走可持续的发展道路。如果提高土地的生产力，就可以相应地提高人们从土地上所获取的资源，减小土地的压力。要实现内涵式的开发，可以从以下几方面入手：提高单产，从而提高耕地的投入产出比；提高复种指数，对稳定播种面积有一定的积极作用，可有效地实现增产；扩大投入的规模，调整种植结构；加强机械化和科学技术在农业中的推广和应用等。只有合理利用土地，提高土地的生产力，充分达到土地资源的优化配置，才能实现经济、社会、生态的可持续发展。

六、建构全产业链创新网络，促进全产业链的升级和转型

学习美国苹果公司引领的国际化的移动产品全产业链网络化创新经验，从产品全生命周期角度构建全产业链从变革型的研发平台设计、重要材料的创新、关键模块创新、装配过程创新、到营销服务创新的五阶段一体化创新模式，从企业之间及其与消费者之间的关系的角度进行全产业链的三维度创新——组织结构创新、商业模式创新、生态环境创新。

促进全产业链创新要营造"高风险取得高收益"的环境条件。就全产业链上的某一阶段产品（或模块产品）i 而言，相对于其收益率 x_i，如果其收益为 a_ix_i，那么其风险则为 $b_ix_i{}^2+c_i\sum_{j\neq i}^{n}w_{ij}x_ix_j$，而"风险与收益成比例"意味着（$b_ix_i{}^2+c_i\sum_{j\neq i}^{n}w_{ij}x_ix_j$）$/a_ix_i=d$，其中 d 为风险与收益的比例系数。这样，按照"风险

与收益成比例"的原则，则应按照 $x_i = da_i/b_i - c_i \sum_{j \neq i}^{n} w_{ij}x_j/b_i$ 确定某一阶段产品（或模块产品）i 的收益率。

七、促进高校与企业的网络化协同创新

由大学、企业、独立科研机构及中介组织、投资机构等组成创新联盟，以大学和企业等的发展需求和各方的共同利益为基础，以"满足国家急需、达到世界一流"为目标，以具有法律约束力的契约为保障，形成资源整合、优势互补、利益共享、风险共担的协同创新组织，建构"科学发现—技术创新—孵化服务"一体化的网络创新模式。改变高校研究机构现行的"国有个体经营体制"，采取"官助民营"的新体制，大规模的联盟组织可以聘请专业的管理团队模拟风险投资公司机制进行市场化管理和运作；探索投资者、学者、管理者"三权分立"的治理机制、面向全产业链创新的平台构建机制、基于专利池的知识产权运营机制、多创新体和多学科的跨地域创新网络的动态调节优化机制等新机制。并由政府建立引导基金，吸引海内外创新投资、风险投资等共同组建创新投资公司或基金，建立"政府引导基金＋私募投资＋专业顾问＋市场加速"的"官助民营"的协同创新推进模式。

参 考 文 献

安婧博，陆亚琴．2009．辽宁省经济增长因素分析．消费导刊，(11)：83，84

安立仁．2003．资本驱动的中国经济增长：1952～2002．人文杂志，(06)：45～48

白艳莹，王效科，欧阳志云．2003．苏锡常地区生态足迹分析．资源科学，(6)：31～37

北京大学中国国民经济核算与经济增长研究中心．2009．中国经济增长报告2009．北京：中国
　　发展出版社：92，93

毕哲浩特，彭希哲．2005．环境经济学前沿．上海：复旦大学出版社

陈光，唐福国．2001．我国科技创新能力的地区差异分析、框架、指标与评价．中国科技信息，
　　(11)：54～56

陈建．2006．谈中部区域经济发展的路径选择．经济问题，(2)：5，6

陈敏，张丽君，王如松，等．2005．1978～2003年中国生态足迹动态分析．资源科学，(6)：
　　132～139

成邦文，何榕．2003．对未来我国研究与发展经费的预测．中国软科学，(10)：106～109

程津培．2004．加速由要素推动型向创新引领型转变．安徽科技，(3)：4，5

迟妍，邓宏钟，谭跃进，等．2004．军事复杂适应系统理论基本框架研究．军事运筹与系统工
　　程，(2)：52～55

迟妍，邓宏钟，谭跃进等．军事复杂适应系统理论基本框架研究．军事运筹与系统工程，2004
　　(2)：13～17

邓华，段宁．2004．"脱钩"评价模式及其对循环经济的影响．中国人口·资源与环境，(06)：
　　44～47

邓须军，李玉凤．2006．海南省经济增长因素的研究．技术经济与管理研究，(1)：66，67

丁焕峰．2001．论区域创新系统．科研管理，(6)：1～8

丁堃．2009．论绿色创新系统的结构和功能．科技进步与对策，(15)：116～119

董泽琴，孙铁珩．2004．生态足迹研究——辽宁省生态足迹计算与分析．生态学报，(12)：
　　2735～2739

杜伟．2004．关于技术创新主体问题的理论分析与实证考察．经济评论，(3)：32～35

范恒山．2011-03-05．努力实现"十二五"区域发展的新突破．中国经营报，第1版

方福康，袁强．2002．经济增长的复杂性与"J"结构．系统工程理论与实践，(10)：12～20

冯清平，杨清明．2003．创新思路与重庆经济跨越式发展．重庆大学学报（社会科学版），9
　　(3)：7～9

冯彦杰，王浣尘．2003．基于智能体的企业战略绩效仿真模型．系统仿真学报，(7)：914～918

冯艳芬，王芳．2010．基于脱钩理论的广州市耕地消耗与经济增长总量评估．国土与自然资源
　　研究，(1)：36，37

冯之俊.1999.国家创新系统的理论与政策.北京：经济科学出版社

付炳中.2008.资源节约型和环境友好型社会构建研究.青岛：青岛大学硕士学位论文

盖尔·约翰逊.D.2005.人口增长与经济财富.中国人口科学，(10)：25～31

高策，郭淑芬.2003.技术创新主体的演化史刍议.山西大学学报（哲学社会科学版），(3)：9～12

高洪深.2002.区域经济学.北京：中国人民大学出版社

高晶，2004.制度创新是振兴东北老工业基地的关键.哈尔滨商业大学学报（社会科学版），
　　(6)：107～110

龚荒.2003.关于区域创新体系几个关系的界定.科技进步与对策，(3)：17～19

龚小庆.2004.经济系统涌现和演化——复杂性科学的观点.财经论丛（浙江财经学院学报），
　　(5)：12～18

龚小庆.1999.关于复杂适应系统理论的思考.武汉水利电力大学学报（社会科学版），1999
　　(5)：8～12

顾珊珊，陈禹.2004.复杂适应性系统的仿真与研究——基于CAS理论的交通模拟.复杂系统
　　与复杂性科学，(1)：82～88

顾新.2001.区域创新系统的运行.中国软科学，(11)：105～108

郭志刚.2008.人口、资源、环境与经济发展之间关系的初步理论思考.http：//www. cpirc.
　　org. cn/yjwx/yjwx _ detail. asp? id＝2481［2008－11－12］

国家发展和改革委员会地区经济司.2009.十二五时期经济发展的战略思路研究.http：//
　　www. sndrc. gov. cn/View. jsp? ID＝13394

国家统计局，科学技术部.1999.中国科技统计年鉴.北京：中国统计出版社

国家统计局，科学技术部.2001.中国科技统计年鉴.北京：中国统计出版社

国家统计局，科学技术部.2002.中国科技统计年鉴.北京：中国统计出版社

国家统计局，科学技术部.2003.中国科技统计年鉴.北京：中国统计出版社

韩保江.2008.中国奇迹与中国发展模式.成都：四川人民出版社

韩瑾.2007.创新型城市的内涵特征及发展路径.浙江工商职业技术学院学报，6 (1)：5～8

韩丽姣，赵晶.2008.老工业基地振兴背景下的辽宁经济体制改革与创新.沈阳工业大学学报
　　（社会科学版），1 (2)：160～164

韩启祥，杜威，张建强，等.2006.创新与聚集——"十一五"时期加快我市经济增长方式转
　　变的研究.天津经济，(1)：12～16

何敦煌.2002.人口、生态、经济与可持续发展.厦门：厦门大学出版社

何一农.2004.环境污染、内生人口增长与经济增长模型.华中科技大学学报，(9)：9～14

何铮，谭劲松.2005.复杂理论在集群领域的研究——基于东莞PC集群的初步探讨.管理世
　　界，(12)：108～115

亨利·埃茨科维茨.2005.三螺旋.周春彦译.北京：东方出版社

侯仁勇，胡树华.2004.国外区域创新对我国中部发展战略的启示.武汉理工大学学报（信息
　　与管理工程版），26 (4)：59～64

胡鞍钢.2001.知识与发展：21世纪新追赶战略.北京：北京大学出版社

胡锦涛.2011.在庆祝清华大学建校100周年大会上的讲话.中国民族教育，(5)：4～6

胡敏红.2009.两型社会的建设与评价——以武汉城市圈为例.武汉：武汉理工大学硕士学位

论文

胡莹，袁佳．2010．江苏经济增长因素分析及政策建议．华东经济管理，24（7）：14～18

胡志坚．1999．面向新世纪建设国家创新系统．中国软科学，（8）：76

胡志坚，苏靖．1999．区域创新系统理论的提出与发展．中国科技论坛，（6）：21～24

胡志坚，苏靖．区域创新系统理论的提出与发展．中国科技论坛，1999（6）：20～23

湖南省科学技术协会．2008．创新推动"两型社会"建设：2008年湖南科技论坛论文选编．长沙：湖南科学技术出版社

黄昌熊．2004．发展循环经济落实科学发展观中国环境科学学会2004年学术年会论文集．北京：中国环境科学出版社

黄国华，吕开颜．2006．珠江三角洲经济增长因素分析．南方经济，（3）：5～18

黄鲁成．2000．关于区域创新系统研究内容的探讨．科研管理，（2）：43～48

江静．2006．中国省际R&D强度差异的决定与比较——基于1998—2004年的实证分析．南京大学学报（哲学、人文科学、社会科学），（3）：13～25

江永红．2007．中国可持续发展背景下人力资本研究．北京：经济科学出版社

姜照华．2004．中国区域经济增长因素分析．大连大学学报，25（4）：66～69

姜照华．2006．科技进步与经济增长的分配理论——对十五个国家的测算．科学学与科学技术管理，（09）：113～118

蒋毅一，兰文芳．2011．后危机时代中国劳动力成本优势状况分析．商业时代，（4）：11，12

蒋志学．2000．人口与可持续发展．北京：中国环境科学出版社

金长城，唐抗宇．2007．中国经济增长方式转变的目标与对策．东北农业大学学报（社会科学版），6（3）：25～27

金吾林，郭元林．2004．运用复杂适应系统理论推进国家创新系统建设．湖南社会科学，（6）：18～22

金玉国．2001．宏观制度变迁对转型时期中国经济增长的贡献．财经科学，（2）：24～28

井水明．2009．美国再工业化转身带来的思考．中国工业报，12（2）：1，2

科学技术部农村与社会发展司．2006．中国地方可持续发展规划指南．北京：社会科学文献出版社

赖力，黄贤金，刘伟良．2006．区域人均生态足迹的社会经济驱动模型——以1995年～2003年江苏人均足迹为例．资源科学，（1）：14～18

兰冰．2009．新疆经济增长与环境质量的关联性研究．乌鲁木齐：新疆大学博士学位论文

冷俊峰，任胜钢．2006．中部区域创新体系制度建设对策研究．科学·经济·社会，（4）：29

李碧云．2010．社会进步视野中的"两型社会"．湘潭大学学报，34（3）：16～52

李博，贾志永，靳取．2009．四川省经济增长因素的实证分析．贵州商业高等专科学校学报，22（1）：16～19

李朝晨，胡志坚，李普，等．2005．中国区域创新能力报告（2004～2005年）．北京：知识产权出版社

李光．2001．山西经济增长因素实证分析．生产力研究，（2）：99～105

李虹．2004．区域创新体系的构成及其动力机制分析．科学学与科学技术管理，（2）：34～36

李金平，王志石．2003．澳门2001年生态足迹分析．自然资源学报，18（2）：197～203

李丽莎.2008.中国劳动力成本上升的影响及对策分析.时代经贸,(6):73

李荣平,李剑玲.2003.产业技术创新能力评价方法研究.河北科技大学学报,(1):13～17

李汝.2003.沿海开放城市经济增长因素分析.市场周刊,(5):29～32

李善民,李海东.2005.以科技创新促进广东小康建设.南方经济,(12):71～73

李文明,袁晓莉.2006.科技创新及其微观与宏观系统构成研究.科学管理研究,(9):225～228

李习保.2007.中国区域创新能力变迁的实证分析:基于创新系统的观点.管理世界,(12):18～30

李旭东.2010.贵州省人口增长及经济发展对耕地资源的影响实证研究.安徽农业科学,(3):33～37

李振龙.2003.复杂适应系统的博弈分析研究.计算机工程与应用,(13):25～28

李正风,张成岗.2005.我国创新体系特点与创新资源整合.科学学研究,(5):703～707

李仲生.2009.人口经济学.北京:清华大学出版社,3:215～246

梁洪志.2011.基于生态足迹的辽宁省环境承载力评价.科技信息,(18):739～740

辽宁省科学技术厅软科学课题组.2005.关于尽快构建东北区域创新体系的建议.科技创新,(3):87,88

廖守亿,戴金海.2004.复杂适应系统及基于Agent的建模与仿真方法.系统仿真学报,(1):113～117

林湄.2010-07-11.人口学界首提建"三型"社会理念.京华时报,第1版

林毅夫,蔡昉,李周.1999.比较优势与发展战略对"东亚奇迹"的再解释.北京大学经济研究中心讨论稿系列

刘洪,姚立.2004.管理复杂适应组织的策略.系统辩证学学报,(2):42～47

刘家强.2004.人口经济学新论.成都:西南财经大学出版社

刘建华,姜照华.2006.基于创新和投资能力的区域经济发展战略.经济经纬,(5):61～63

刘建华,姜照华.2008.我国区域研究开发经费投入强度模拟分析.工业工程与管理,(3):68～72

刘建兴,顾晓薇,李广军.2005.中国经济发展与生态足迹的关系研究.资源科学,(5):33～39

刘金花.2005.基于"生态足迹"的山东省土地可持续利用研究.济南:山东师范大学硕士学位论文

刘劲杨.2002.知识创新、技术创新与制度创新概念的再界定.科学学与科学技术管理,5:5～8

柳卸林.2003.区域创新体系成立的条件和建设的关键因素.中国科技论坛,(1):18～22

柳新华,吕志国.1999.创新与区域经济发展.城市发展研究,(3):46～49

卢小珠,卢宁宁,邹继业,等.2007.创新型城市评价指标体系及标准研究.经济与社会发展,(10):56～60

路甬祥.2006.立足国情建立国家创新体系.中国科学院院刊,(2):89

吕永波,胡立成,方素梅.2000.区域技术创新序贯优化与评价研究.中国科技论坛,

罗洁.2009.重庆城市化动力机制及发展模式研究.重庆:西南大学博士学位论文

罗士喜.2007.河南产业集群发展:优势、不足及对策.中州学刊,(6):68～71

罗守贵,甄峰.2000.区域创新能力评价研究.南京经济学院学报,(3):31～35

罗云毅 . 2008. 高投资支撑了中国经济奇迹 . 中国投资，(11)：35～37

马尔立 . 2003-01-15. 努力实现西部民族地区的跨越式发展 . 陕西日报理论版，(5)

迈克尔・波特 . 1998. 竞争优势 . 陈小悦译 . 北京：华夏出版社

孟繁兴，宋维演 . 2009. 金融危机下的量化宽松货币政策之分析 . 山东商业职业技术学院学报，9 (3)：37～39

孟淑波 . 2009. 创新是社会发展的动力 . 黑龙江教育学院学报，28 (4)：18，19

孟晓晨，刘洋，戴学珍 . 2005. 中国主要省区物质资本与人力资本利用效率及投资取向 . 经济地理，25 (4)：458～462

潘德均 . 2001. 西部地区区域创新系统建设 . 科学学与科学技术管理，(1)：38～40

乔翠霞 . 2006. 山东省经济增长因素实证分析 . 理论学刊，147 (5)：35～37

秦耀辰，牛树海 . 2003. 生态占用法在区域可持续发展评价中的运用与改进 . 资源科学，(3)：1～8

秋正 . 2010. 浅析中国劳动力成本上升之原因及应对 . 经济研究，(10)：42

任锦鸾，顾培亮 . 2000. 基于复杂理论的创新系统研究 . 科学学研究，(04)：437～440

上海市科技发展研究中心 . 2011. 关于政府在推进产学研合作中角色和功能的若干思考. http：//www. shszx. gov. cn

尚勇，朱传柏 . 1999. 区域创新系统的理论与实践 . 北京：中国经济出版社

盛昭瀚，吴广谋，朱乔 . 1996. DEA 理论、方法与应用 . 北京：科学出版社

世界银行 . 1997. 世界银行 1997 年度报告 . 北京：中国财政经济出版社

宋旭光 . 2003. 生态占用测度问题研究 . 统计研究，(2)：44～47

苏多杰 . 2010. 东西部区域协调发展与构建和谐社会调查分析 . 攀登，29 (2)：86～90

苏筠，成升魁，谢高地 . 2001. 大城市居民生活消费的生态占用初探 . 资源科学，(6)：24～28

孙玉红，姜小冉，刘中文 . 2009. 浅议区域技术创新与区域经济可持续发展 . 消费导刊，(4)：70

谭文华，曾国屏 . 2005. R&D 强度的“S”曲线与现实我国投入稳定增长的若干思考 . 中国软科学，(1)：94～98

汤进华 . 2010. 湖北省经济增长因素贡献率分析 . 云南地理环境研究，22 (1)：48～51

唐德祥 . 2008. 科技创新与区域经济的非均衡增长——基于中国东、中、西部地区的实证研究 . 重庆：重庆大学博士学位论文

唐雯，王臣林，雪峰，等 . 2006. 构建和谐社会的运行原理 . 改革与战略，(05)：10～12

唐彦东 . 2003. 西部地区区域创新能力评价 . 新疆财经学院学报，(4)：68～71

唐焰 . 2005. 湖南省生态足迹初步研究 . 长沙：湖南师范大学硕士学位论文

唐勇 . 2009. 北京改革开放 30 年经济增长因素分析 . 当代经济，(7)：102，103

田雪原 . 2006. 全面建设小康社会、人口与可持续发展报告 . 北京：中国财政经济出版社

童玉芬 . 2010. 北京市水资源人口承载力的动态模拟与分析 . 中国人口资源环境，20 (9)：42～47

王兵，颜鹏飞 . 2007. 技术效率、技术进步与东亚经济增长——基于 APEC 视角的实证研究 . 经济研究，(5)：91～103

王春法 . 2002. 国家创新体系与东亚经济增长前景 . 北京：中国社会科学出版社 . 25～72

王锋，辛欣，李锦学 . 2010. 中国能源消费与经济发展的“脱钩”研究 . 中国市场，(13)：69～71

王桂新，刘旖芸 . 2005. 上海市人口增长与能源消费的相关性研究 . 中国人口科学，(S1)：200～205

王国贞.2000.河北省经济增长因素分析.河北科技大学学报,21 (1):39～44

王缉慈.1999.论区域的技术创新模型及其创新网络——以北京中关村地区为例.北京大学学报,36 (195):32

王缉慈.2001.创新的空间:企业集群与区域发展.北京:北京大学出版社

王蔻华.2006.对我省经济社会发展态势的思考.经济瞭望,(2):28,29

王磊.2008.技术创新对陕西经济增长影响的实证研究.长安大学学报,10 (1):65～68

王灵梅.2006.煤炭能源工业生态学.北京:化学工业出版社

王钦池.2010.促进人口均衡发展建设人口均衡型社会.人口与计划生育,(7):74～76

王世巍.2008.城市人口均衡发展研究.北京:社会科学文献出版社

王文博,陈昌兵,徐海燕.2002.包含制度因素的中国经济增长模型及实证分析.当代经济科学,24 (02):33～37

王贤文,姜照华.2006.基于可计算 GIS 的区域科技体系研究.科学管理研究,24 (4):27～30

王亚平,王亚军.2002.东北老工业基地怎样在调整中加速发展.宏观经济研究,(04):29～32

王一鸣.2009.调整与转型——中国发展战略和中长期规划研究.北京:中国计划出版社

王志敏.2005.河南省区域创新体系构成要素实证研究.中原工学院学报,(1):13～15

魏茨察克,魏茨泽克,洛文斯.2000.四倍数:资源使用减半,人民福祉加倍.吴信如译.台湾:联经出版社

魏松龄.2004.数据包络分析.北京:科学出版社

魏颖辉,陈树文.2006.创新型城市高水平人才的培养与凝聚机制研究.人才与教育,(12):171～173

吴玉鸣.2007.中国区域研发、知识溢出与创新的空间计量经济研究.北京:人民出版社

西南财经大学《川渝经济开发建设研究》课题组.2004.川渝经济区开发建设研究.财经科学,(3):92～96

夏泽义,张炜.2009.中国能源消费与人口、经济增长关系的实证研究.人口与经济,(5):2～28

肖洪钧,姜照华.2003.科技进步与美国新经济.科学学研究,(6):605～608

新华社.2010.我国人口学界首提建设三型社会理念.http://www.cnnz.gov.cn/bbxq_content/2010～07/12/content_749007.htm [2010-7-12]

邢路岩,宋兴斌.2009.河南省经济增长因素的数量分析.技术经济与管理研究,(2):122～125

徐文华.2005.经济崛起的制度内涵及其对江西经济发展的启示.江西行政学院学报,7 (3):55～57

徐中民,陈东景,张志强,等.2002.中国 1999 年生态足迹分析.土壤学报,(03):441～445

徐中民,张志强,程国栋.2003.生态经济学理论方法与应用.郑州:黄河水利出版社

许国志.2000.系统科学.上海:上海科技教育出版社

许宁,胡伟光.2003.环境管理.北京:化学工业出版社

许正权,潘雄锋.2008.点—线—面一体的创新型城市建设构架.科技与经济,21 (5):6～9

薛领,杨开忠.2003.城市演化的多主体（multi-agent）模型研究.系统工程理论与实践,12

闫维,杨黎.2007.基于水资源承载力的昆明市适度人口规模研究.资源环境与发展,(3):15～18

阎官法,魏艳,陈一静.2005.河南省区域创新体系建设研究.地域研究与开发,(2):20～24

颜亚玉.2001.旅游资源开发.厦门：厦门大学出版社

杨冬梅,赵黎明,闰凌州.2006.创新型城市：概念模型与发展模式.科学学与科学技术管理,
 (8)：97～101

杨红丽.2007.上海经济增长影响因素的因子分析.改革与战略,23(8)：104～106

杨开忠,杨咏,陈洁.2000.生态足迹分析理论与方法.地球科学进展,2000(6)：630～636

杨林,龙方.2008.中国区域协调发展战略的演化路径.湖南农业大学学报(社会科学版),9
 (6)：61～65

杨希.2009.政府投资效用及经济增长方式转型.商业文化,(6)：46

姚树荣.2001.论创新型人力资本.财经科学,(5)：10～14

姚先国,薛强军,黄先海.2007.效率增进、技术创新与GDP增长——基于长三角15城市的
 实证研究(上).中国工业经济,(2)：60～66

叶依广,孙林.2002.资源效率与科技创新.中国人口·资源与环境,(6)：17～19

殷尹,梁梁.2001.区域技术创新能力短期评估.中国软科学,(1)：71～74

于学军.2010.为什么要建设"人口均衡型社会".人口研究,(3)：40～52

余国合,吴巧生.2007.中国人口结构与能源消费关系探讨.中国石油大学学报(社会科学
 版),23(6)：1～5

袁宇涛,李金林.2003.作为复杂适应性系统理论研究对象的金融系统.北京理工大学学报
 (社会科学版),(6)：30～32

原艳梅,林振山,徐志华.2009.基于人口、经济的我国能源可持续发展的动力学研究.自然
 资源学报,24(5)：791～798

约瑟夫·熊彼特.1990.经济发展理论.何畏,易家祥译.北京：商务印书馆

张兵,曾珍香,李艳双.2004.基于CAS理论的企业可持续发展的动态支撑机制研究.科学学
 与科学技术管理,(1)：77～80

张发余.2001.试论我国转型时期的区域创新.广西社会科学,(2)：61～63

张杰,刘志彪,郑江淮.2007.中国制造业创新活动的关键影响因素研究——基于江苏省制造
 业企业问卷的分析.管理世界,(6)：62～74

张可云,傅帅雄,张文彬.2011.基于改进生态足迹模型的中国31个省级区域生态承载力实证
 研究.地理科学,9(9)：1084～1089

张令,项学敏,周集体.2004.辽宁省可持续发展定量研究——生态足迹方法应用.大连理工
 大学学报(社会科学版),(2)：10～15

张侠.2008.县域土地资源可持续利用的评价与预警研究.北京：中国大地出版社

张正栋.2005.海南岛耕地变化与人口经济发展间的相关分析.中国沙漠,(5)：35～38

张志强,孙成权,程国栋.1999.可持续发展研究：进展与趋向.地球科学进展,(6)：589～595

张志强,徐中民,程国栋.2001.中国西部12省(市区)的生态足迹.地理学报,(5)：598～609

赵丹丹,邵洪涛.2010.低碳经济的内涵及我国发展对策.商业时代,(3)：12～14

赵刚.2010.再工业化是一个持续创新过程.经济参考报,4(5)：1～5

赵建世,王忠静,翁文斌.2002.水资源复杂适应配置系统的理论与模型.地理学报,(6)：
 639～647

赵捷.2004.地区科技投入强度与经济发展对比.中国科技论坛,(3)：50～54

赵伟 . 2005. 美国区域创新体系研究 . 大连：大连理工大学硕士学位论文

赵文秀 . 2009. 资源节约型、环境友好型社会建设研究——以长株潭城市群为例 . 重庆：重庆大学博士学位论文

甄峰，黄朝永，罗守贵 . 2000. 区域创新能力评价指标体系研究 . 科学管理研究，(6)：5～8

郑秉文 . 1998. 知识经济与国家创新体系 . 北京：经济管理出版社

郑春白 . 2005. 中西部区域创新体系建设现状、问题与对策建议 . 科技管理研究，(6)：21～24

中国环境与发展国际合作委员会 . 2009. 机制创新与和谐发展——中国环境与发展国际合作委员会年度政策报告 . 北京：中国环境科学出版社

《中国科技发展研究报告 (1999)》研究组 . 1999. 中国科技发展研究报告 . 北京：经济管理出版社

中国科技发展战略研究小组 . 2002. 中国区域创新能力报告 . 北京：经济管理出版社

钟水映，简新华 . 2005. 人口、资源与环境经济学 . 北京：科学出版社

钟鑫 . 2009-12-10. 西部大开发 10 年路：由"开发"转向"开放" . 中国民族报，第 2 版

周春彦 . 2006. 大学产业政府三螺旋创新模式——亨利·埃茨科维茨《三螺旋》评介 . 自然辩证法研究，(4)：75～82

周锡荣，黄莉，胡亚莲 . 2005. 党员干部经济理论读本 . 北京：红旗出版社

周亚庆，张方华 . 2001. 区域创新系统研究 . 科技进步与对策，(2)：44，45

周祝平，柴志春 . 2008. 人口、资源、环境协调指数的构建方法初探 . 当代财经，(9)：24～29

朱承亮，岳宏志，李婷 . 2009. 中国经济增长效率及其影响因素的实证研究：1985～2007 年 . 数量经济技术经济研究，(9)：52～63

朱晓波 . 2005. 辽宁生态建设和环境保护的近期财税政策选择 . 财经问题研究，(12)：58～63

朱勇 . 1999. 新增长理论 . 北京：商务印书馆

邹会聪 . 2010. 湖南人口发展方式转变研究：基于"两型社会"的视角 . 长沙：湖南大学硕士学位论文

邹再进 . 2009. 论区域创新对区域经济发展的促进作用 . 经济管理，29 (9)：47，48

邹祖烨，刘东 . 2004. 我国区域创新体系建设的战略重点和模式选择 . 未来与发展，(5)：2～5

Acs Z J，Audretsch D B，Feldman M P. 1994. R&D spillovers and recipient firm size. Review of Economics and Statistics，76 (2)：336～340

Alain W，Osler D. J. 2003. Catalogue of books printed on the continent of Europe from the beginning of printing to 1600 in the library of the Max-Planck-Institut für Europäische Rechtsgeschichte，Frankfurt am Main. The Legal History Review，(1)：210-225

Amory B. 2000. Factor four：doubling wealth～halving resource use. Ernst Ulrich von Weizsacker，Lovins，75 (8)：255～278

Asheim B T，Isaksen A. 1997. Localization，agglomeration and innovation：towards regional innovation systems in Norway? European Planning Studies，5 (3)：299

Asheim T，Isaksen A. 2002. Regional innovation systems：the integration of local 'Sticky' and global 'Ubiquitous' knowledge. Journal of Technology Transfer，(27)：77～86

Barbier E B. 1996. Rural poverty and natural resource depletion in rural poverty in Latin American. *In*：Lopez R，Valdes A. Agriculture and Rural Development Report. Washington D C：

World Bank

Bilsborrow R M. 1993. Geores population. *In*: Pearce D, Brown K. Land Use and the Environment in Deleloping Countries: What Can We learn from Cross: National Data in The Causes of Deforestion. New York: Oxrord University Press

Birdsall N. 1992. Population and Global Wanning: Another Look. T hesis presented at United Nations Expert Group Meeting on Population. New York: Environment and Development, (1): 20~24

Bruijn P J M. 2004. Mapping innovation: regional dimension of innovation and networking in the nethlands. Tijdschrift voor Economische en Sociale Geografie, 95 (4): 433~440

Calvert J, Senker J. 2004. Biotechnology innovation systems in two small countries: a comparison of Portugal and Ireland. Science and Public Policy, 31 (5): 359~370

Christensen P. 1991. Driving forces, increasing returns, and ecological sustainability. *In*: Costanza R. Ecological Economics: The Science and Management of Sustainability. New York: Columbia University Press

Cooke P. 1992. Regional innovation system: competitive regulation in the new Europe. Geoforum, (23): 135~143

Cooke P. 1996. Regional innovation systems: an evolutionary approach. *In*: Baraczyk. London: London University Press

Cooke P. 2001. Regional innovation systems, clusters, and the knowledge economy. Industrial and Corporate Change, 10 (4): 945~974

Cooke P. 2002a. Innovation advantages of cities: from knowledge to equity in five basic steps. European Planning Studies, 10 (2): 233~250

Cooke P. 2002b. Metropolitan innovation systems: theory and evidence from three metropolitan regions in Europe. European Planning Studies, 10 (2): 275~277

Cooke P. 2004. The role of research in regional innovation systems: new models meeting knowledge economy demands. International Journal of Technology Management, 28 (6): 507~533

Cooke P, Bocholt P, Toedtling F. 2000. The Governance of Innovation in Europe. London: Pinter Cooke P, Heidenreich M. 1996. Regional Innovation Systems. London: UCL Press: 2~25

Cooke P, Roper S, Wylie P. 2003. The Golden Thread of Innovation' and Northern Ireland's Evolving Regional Innovation System. Regional Studies, 37 (4): 365~379

Cooke P, Roper S, Wylie P. 2003. The golden thread of innovation and Northern Ireland's evolving regional innovation system. Regional Studies, 37 (4): 365~379

Costanza R, Daly H. 1992. Natural capital and sustainable development. Conservation Biology, (4): 192~195

Davis L, North D. 1970. Institutional change and American economic grouth. The Journal of Eoonomic History, 30 (1): 131~149

Debresson C. 2001. Estimating gaps disparities. Seminar on the Measurement of Innovation Activities in OECD and NonOECD Countries, Pretoria, 35 (5): 175~178

Deutsch L, Jansson A. Troell M, et al. 2000. The ecological footprint: communicating human dependence on nature's work. Ecological Economics, 24 (9): 55~59

Diez M A. 2001. The evaluation of regional innovation and cluster policies: towards a participatory approach. European Planning Studies, 9 (7): 907~923

Doloreux D. 2004. Regional innovation systems in Canada: a comparative study. Regional Studies, 38 (5): 481~494

Doloreux D, Edquist C, Hommen L. 2003. The institutional and functional underpinnings of the regional innovation system of East: Gothia in Sweden. Paper presented at the DRUID Summer Conference 2003 on Creating, Sharing and Transferring Knowledge: The Role of Geography, Institutions and Organizations. Copenhagen, (6): 2~14

Ethierw, Wilfred J. 1982. National and international returns to scale modern theory of international trade. American Economic Review, 72 (3): 389~405

Fischer M, Frohlich. 2001. Knowledge, Complexity and Innovation Systems. Berlin: Springer Verlag

Freeman C. 1987. Technology Policy and Economic Performance: Lessons From Japan. London: Francis Pinter

Frenken K. 2004. Technological innovation and complexity theory. Economics of Innovation and New Technology, 15 (2): 151~155

Fritsch M. 2000. Interregional differences in R&D activities: an empirical investigation. European Planning Studies, 8 (4): 409~427

Fritsch M. 2001. Cooperation in regional innovation systems. Regional Studies, 35 (4): 297~307

Fritsch M, Schwirten C. 1999. Enterprise-University co operation and the role of public research institutions in regional innovation system. Industry and Innovation, 6 (1): 69~83

Griliches Z. 1979. Issues in assessing the contribution of research and development to productivity growth. Bell Journal of Economics, 10 (1): 92~116

Griliches Zvi. 1998. R & D and Productivity. Chicago: University of Chicago Press

Hardi P, Barg S, Hodge T, et al. 1997. Measuring sustainable development: review of current practice. Occasional Paper, 17 (1): 49~51

Helsinki Region Centre of Expertise. 2004. The High Tech Cluster in the Helsinki Metropolitan Region. Helsinki: Eero Holstila Culminatum Ltd

Hemphill T A. 2003. Role of competition policy in the US innovation system. Science & Public Policy, 30 (4): 285~294

Heraud J A. 2003. Regional innovation systems and European research policy: convergence or misunderstanding. European Planning Studies, 11 (1): 41~56

Holdren J P. 1991. Population and the energy problem. Population & Environment, (3): 231~255

Ietri D, Lamieri M. 2004. Innovation creation and diffusion in a social network: an agent based approach. www. wild/ace

IMD. 2007. World competitiveness yearbook. www. imd. ch/wcc

Jaffe A B. 1989. Real effects of academic research. American Economic Review, 79 (5): 957~970

Jiang Z H. 2000. J-system reconstructability: a formalized study. International Journal of General System, 29 (2): 363~371

Jonathan L. 2002. Living planet report 2002. http: //www. wwf. org. uk/filelibrary/pdf/living planet 2002. pdf [2002－12－24]

Kaufmann A. 2000. Systems of innovation in traditional industrial regions: the case of styria in a comparative perspective. Regional Studies, 34 (1): 29~40

Kooten G, Bulte E. 2000. The ecological footprint: useful science or politics. Ecological Economics, 15 (7): 65~78

Koschatzky K, Sternberg R. 2000. R&D cooperation in innovation systems: some lessons from the European regional innovation survey (ERIS) . European Planning Studies, 8 (4): 487~501

Krugeman P. 1991. Development, Geography, and Economic Theory Cambridge. MA: MIT Press

Kuznets S. 1985. Driving forces of economic growth: What can we learn from history? Review of World Economics, 116 (3): 409-431

Lambooy J G. 2004. The transmission of knowledge, emerging networks, and the role of universities: an evolutionary approach. European Planning Studies, 12 (5): 643~657

Levin E J, Robert E. 1999. Special Issue: Why does the bid ask spread vary over the day? Applied Economics Letters. 6 (9): 563~567

Looy B V, Ddbackere K, Andries P. 2003. Policies to stimulate regional innovation capabilities via university—industry collaboration: an analysis and an assessment. R&D Management, 33 (2): 209~299

Lopes A L . 2009. Impacts of water resources development on flow regimes in the Brazos River. Environmental Monitoring and Assessment, (10): 331~345

Lucas R E. 1988. On the mechanics of economic development. Journal of Monetary Economics, (22): 3~42

Lundvall B, Borras S. 1992. National Systems of Innovation: Towards a Theory of Innovation and Interactive Learning. London: London Printer

Lutz W. 1994. What we need more urgently: better data, better mode or better question? *In*: Zaba B, Clarke J I. Envionment and Population Change, 16 (6): 47~62

Maskell P, Malmberg A. 1999. The competitiveness of firms and regions: unification and the importance of localized learning. Europe Urban and Regional Studies, 6 (1): 6~9

Meadows D H, Meadows D L, Randers L. 1972. The Limits to Growth: A Report for the Club of Rome's Project on the Predicament of Mankind. New. York: Universe Books: 179~189

Metcalfe J S. 1995. Technology systems and technology policy in an evolutionary framework. Cambridge Journal of Economics, 19 (1): 25~46

Metcalfe J S. 2000. Innovation, Growth and Competition: Evolving Complexity or Complex Evolution. Oxford: Complexity and Complex Systems in Industry Conference. University of Warwick

Michiehe J, Oughton C. 2001. Regional innovation strategies: integrating regional industrial and innovation policy. New Economy，8（3）：164～169

Nessen J，Arild J，Dolva，et al. 1997. Organizing innovation：integrating knowledge system. European Planning Studies，5（3）：331～349

Neupert R F. 1999. Population，nomadic pastoralism and the environment in the mongolian plateau. Population and Environment，（5）：413～441

North D. 1981. Structure and Change in Economic History. New York：W. W. Norton & Company

North D，Lance D. 1971. Institutional change and American economic growth. The Journal of Economic History，30：131～149

Pimentel D，Huang X W，Cordova A，et al. 1997. Impact of population growth on food supplies and environment. Population and Environment，（1）：9～14

Porter M. 1998. Clusters and new economics of competition. Harvard Business Review，76（6）：77

Pyka A，Fagiolo G. 2005. AgentBased modelling：a methodology for neo Schumpeterian economics. No 272，Discussion Paper Series from Universitaet Augsburg，Institute for Economics，3（2）：89～107

RAND. 2002. New foundations for growth：the U. S. innovation system today and tomorrow，a complex and adaptive national innovation system. Prepared for National Science and Technology Council：13～18

Repetto R. 1989. Renewable resources and population growth：past experiences and future prospects. Population and Environment，（4）：221～236

RIVM/UNEP. 1997. The Future of the Global Environment：A Model-Based Analysis Supporting UNEP's First Global Environment Outlook. Netherlands：RIVM：54～58

Robert K，Stearn D. 1991. Evidence for human influnce on climate from hemispheric temperature relations. Nature，7（3）：39～44

Romer P M. 1986. Increasing returns and long run growth. Journal of Political Economy，94（5）：1002～1037

Romer P M. 1987. Growth based on increasing return due to specialization. American Economic Review，77（2）：56～62

Romer P M. 1990. Endogenous technological change. Journal of Political Economy，98（5）：71～102

Rosero L，Palloni A. 1998. Population and deforestation in costa rica. Population and Environment：A Journal of Interdisciplinary Studies，（20）：149～185

Shukla J B，Dubey B. 1997. Modelling the depletion and conservation of forestry resources：effects of population and pollution. Journal of Mathematical Biology，（4）：71～94

Simon A. 1996. The Sciences of the Artificial. 3rd ed. Cambridge：The MIT Press

Simon A. 1999. Fragile Dominion：Complexity and the Commons. Cambridge：Perseus Publishing

Smith H L. 2003. Local innovation assemblages and institutional capacity in local hightech economic development：the case of Oxfordshire. Urban Studies，40（7）：1353～1369

Solow R M. 1956. A contribution to the theory of economic growth. Quarterly Journal of Economics, (7): 65~94

Sternberg R. 2000. Innovation networks and regional development—evidence from the European regional innovation survery (ERIS): theoretical concepts, introduction to the theme issue. European Planning Studies, 8 (4): 389~407

Stern S, Porter M E, Furman J L. 2000. The determinants of national innovative capacity. NBER Working Paper. no. 7876

Taylor R. 2005. Knowledge, innovation and economic geography. Barcelona: Knowledge and Regional Economic Development Conference, (7): 9~11

Tödtling F, Kaufmann A. 1999. Innovation systems in regions of European-a comparative perspective. European Planning Studies, 7 (6): 666~717

Vuuren Van D P, Smeets E M W. 2003. Ecological footprint of benin costa rica and the netherlands. Ecological Economics, (3): 76~82

Wackernagel M, Monfreda C, Deumling D. 2002. Ecological footprint of nations: how much nature do they use? how much nature do they have? http://www.redefini-Ngprogress.org/publications/ef1999.pdf

Wackernagel M, Onisto L, Bello P, et al. 1997. Ecological Footprints of Nations. Commissioned by the Earth Council for the Forum. International Council for Local Environmental Initiatives, Toronto

Wackernagel M, Onisto L, Bello P, et al. 1999. National natural capital accounting with the ecological footprint concept. Ecological Economics, (29): 375~390

Wackernagel M, Rees W. 1996. Our Ecological Footprint: Reducing Human Impact on the earth. Gabriola Island: New Society Publisher

Wiig H, Wood M. 1995. What comprises a regional innovation system? An empirical study. In: Regional Association Conference. Regional Futures: Past and Present, East and West. Gothenburg, Sweden, 6~9th May

Windrumand P, Birchenhall C. 2005. Structural change in the presence of network externalities: a coevolutionary model of technological successions. Evol Econ, 15: 123~148

Wolman M G, Ragan R M, et al. 1982. Study of land transformation processes from space and ground observation. In: Proceedings of Symposium 10 of The COSPAR Twenty~fourth Plenary Meeting held in Ottawa, Canada. New York: Pergmon Press for the Committee on Space Research

World Wildlife Fund. 2002.7.11. Living planet report. www.panda.org/livingplanet

Yeates G W, Newton P C D. 2009. Long-term changes in topsoil nematode populations in grazed pasture under elevated atmospheric carbon dioxide. Biology and Fertility of Soils, (8): 799~808

Zarzoso I M, Morancho A B, Lage R M. 2007. The impact of population on CO_2 emissions: evidence from European countries. Environmental and Resource Economics, (12): 497~512